Conteúdo digital exclusivo!

Cadastre-se e transforme seus estudos em uma experiência única de aprendizado!

Acesse agora

Portal:
www.editoradobrasil.com.br/apoema

Código de aluno:
4312292A1269182

Lembre-se de que esse código é pessoal e intransferível. Guarde-o com cuidado, pois é a única forma de você utilizar os conteúdos do portal.

ADILSON LONGEN
- Licenciado em Matemática pela Universidade Federal do Paraná (UFPR)
- Mestre em Educação com linha de pesquisa em Educação Matemática pela UFPR
- Doutor em Educação com linha de pesquisa em Educação Matemática pela UFPR
- Professor do Ensino Fundamental e do Ensino Médio

APOEMA
MATEMÁTICA 8

1ª edição
São Paulo, 2018

Dados Internacionais de Catalogação na Publicação (CIP)
(Câmara Brasileira do Livro, SP, Brasil)

Longen, Adilson
  Apoema: matemática 8 / Adilson Longen. – 1. ed. –
São Paulo: Editora do Brasil, 2018. – (Coleção apoema)

  ISBN 978-85-10-07031-7 (aluno)
  ISBN 978-85-10-07032-4 (professor)

  1. Matemática (Ensino fundamental) I. Título. II. Série.

18-20726   CDD-372.7

Índices para catálogo sistemático:
1. Matemática: Ensino fundamental 372.7

Maria Alice Ferreira – Bibliotecária – CRB-8/7964

© Editora do Brasil S.A., 2018
Todos os direitos reservados

Direção-geral: Vicente Tortamano Avanso

Direção editorial: Felipe Ramos Poletti
Gerência editorial: Erika Caldin
Supervisão de arte e editoração: Cida Alves
Supervisão de revisão: Dora Helena Feres
Supervisão de iconografia: Léo Burgos
Supervisão de digital: Ethel Shuña Queiroz
Supervisão de controle de processos editoriais: Marta Dias Portero
Supervisão de direitos autorais: Marilisa Bertolone Mendes

Supervisão editorial: Valéria Elvira Prete
Edição: Andriele de C. Landim
Assistência editorial: Cristina Perfetti e Rodolfo da Silva Campos
Apoio editorial: Anne Pessota e Karina Danza
Coordenação de revisão: Otacilio Palareti
Copidesque: Gisélia Costa, Ricardo Liberal, Sylmara Beletti
Revisão: Alexandra Resende, Andréia Andrade, Elaine Silva e Rosani Andreani
Pesquisa iconográfica: Amanda Felício
Assistência de arte: Letícia Santos
Design gráfico: Patrícia Lino
Capa: Megalo Design
Imagem de capa: Hoshinom/Shutterstock.com
Ilustrações: DAE (Departamento de Arte e Editoração), Daniel Queiroz Porto, Eduardo Belmiro, Fernando Raposo, Ilustra Cartoon, Jane Kelly/Shutterstock.com (ícones seções), Pablo Mayer, Paula Haydee Radi, Paulo César Pereira, Reinaldo Rosa, Ronaldo Barata, Zubartex, Waldomiro Neto
Produção cartográfica: DAE (Departamento de Arte e Editoração), Simone Soares, Sônia Vaz
Coordenação de editoração eletrônica: Abdonildo José de Lima Santos
Editoração eletrônica: N Public/Formato Comunicação
Licenciamentos de textos: Cinthya Utiyama, Jennifer Xavier, Paula Harue Tozaki e Renata Garbellini
Controle de processos editoriais: Bruna Alves, Carlos Nunes, Jefferson Galdino, Rafael Machado e Stephanie Paparella

1ª edição / 1ª impressão, 2018
Impresso na BMF Gráfica e Editora

Rua Conselheiro Nébias, 887
São Paulo, SP – CEP 01203-001
Fone: +55 11 3226-0211
www.editoradobrasil.com.br

APRESENTAÇÃO

Queremos convidá-lo a estudar Matemática não como uma ciência completamente alheia à realidade e parada no tempo. Ao contrário, o estudo que aqui propomos é dinâmico e pensado para aqueles que desejam de fato compreender como os conceitos e as teorias relacionados a essa disciplina foram elaborados e como aplicá-los.

Há a ideia equivocada de que a Matemática é feita de regras, fórmulas e relações que aparentemente não têm sentido. Ao observarmos a construção de um enorme prédio na cidade, depararmo-nos com relógios digitais ou mesmo telas de computadores, contarmos, fazermos estimativas de medidas e mesmo uma simples observação sobre as letras e os algarismos da placa de um automóvel, a Matemática está presente. Compreendê-la, portanto, é ampliar a percepção do mundo que já conhecemos.

Esperamos que a vontade de compreender essa ciência, aliada ao desejo de investigação, sejam motivos suficientes para conduzi-lo ao estudo que aqui propomos. Que ao final você perceba que a Matemática é uma atividade humana repleta de significados e aplicações.

Bom estudo!

O autor

SUMÁRIO

UNIDADE 1 – Números racionais 8

CAPÍTULO 1 – Os números racionais 10

Utilizando os números racionais 10

• As dízimas periódicas 15

Conviver – Dízima periódica 17

CAPÍTULO 2 – Potenciação com números racionais 19

Potenciação 19

• Propriedades da potenciação 23

• Notação científica 27

Ciências em foco 30

CAPÍTULO 3 – Radiciação com números racionais 31

Raiz quadrada 31

• Raiz quadrada e decomposição em fatores primos 34

Conviver – Aproximação de raízes quadradas 36

Radiciação e potenciação com números racionais 37

Retomar 41

UNIDADE 2 – Geometria plana 44

CAPÍTULO 4 – Segmentos, ângulos e retas 46

Retas, semirretas e segmentos 46

Congruência de ângulos 50

Conviver – Ângulos congruentes 53

Ângulos entre duas retas no plano 54

• Ângulos entre duas retas paralelas com uma transversal 56

CAPÍTULO 5 – Triângulos 59

Classificação de triângulos 59

Congruência de triângulos 63

• Casos de congruências de triângulos 65

CAPÍTULO 6 – Quadriláteros 69

Paralelogramo 69

• Diagonais de um retângulo 71

• Diagonais de um losango 72

Retomar 74

UNIDADE 3 – Razões e proporções 78

CAPÍTULO 7 – Razão e proporção 80

Razão 80

• Velocidade média 81

• Densidade demográfica 81

Proporção 82

CAPÍTULO 8 – Razão e porcentagem 85

Cálculo com porcentagem 85

De olho no legado – O sinal de porcentagem 89

CAPÍTULO 9 – Grandezas diretamente e inversamente proporcionais **90**

Grandezas diretamente proporcionais 90

Grandezas inversamente proporcionais 93

Retomar **96**

UNIDADE 4 – Medidas: comprimento e superfície **100**

CAPÍTULO 10 – Áreas de figuras planas **102**

Cálculo de áreas: triângulos e quadriláteros 102

De olho no legado – Geometria científica 107

CAPÍTULO 11 – Circunferência **108**

Circunferência e arco de circunferência 108

De olho no legado – Mandalas 111

Capítulo 12 – Círculo e setor circular **113**

Área do círculo 113

Setor circular 115

Caleidoscópio – A geometria dos vitrais 118

Retomar **120**

UNIDADE 5 – Contagem e probabilidades **124**

CAPÍTULO 13 – Problemas de contagem **126**

Efetuando contagens 126

Princípio fundamental da contagem 127

CAPÍTULO 14 – Probabilidade **131**

Ideias iniciais 131

De olho no legado – Probabilidade e história 133

Cálculo de probabilidades 134

CAPÍTULO 15 – Propriedades das probabilidades **138**

Evento certo e evento impossível 138

Eventos complementares 140

Retomar **142**

UNIDADE 6 – Estatística **146**

CAPÍTULO 16 – Pesquisa estatística **146**

De olho no legado – Coleta de dados 148

Planejamento de uma pesquisa estatística 149

• Pesquisa amostral e pesquisa censitária 150

CAPÍTULO 17 – Organização de dados **155**

Gráficos e tabelas 155

Conviver – Tipos de inteligência 158

Conviver – Tabela de distribuição de frequência 161

CAPÍTULO 18 – Medidas de tendência central **162**

Média, mediana e moda 162

• Média 162

• Mediana 163

• Moda 164

• O uso da média, mediana e da moda 165

Conviver – Elaboração de uma pesquisa estatística 169

Retomar **170**

■■■ **UNIDADE 7 – Álgebra** **174**

CAPÍTULO 19 – Equações do 1º grau e expressões algébricas **176**

Resolução de sistemas de equações do 1º grau 176

Expressões algébricas 180

• Operando com expressões algébricas 184

De olho no legado – A idade de Diofante 187

Sequências recursivas e não recursivas 187

CAPÍTULO 20 – Sistemas de equações do 1º grau **191**

Resolução de sistemas de equações do 1º grau com duas incógnitas 191

• Representação no plano cartesiano 196

Interpretação geométrica de um sistema de equações do 1º grau com duas incógnitas 198

CAPÍTULO 21 – Equações do 2º grau **204**

Equações e problemas 204

Energia em foco 208

De olho no legado – Frutas típicas 209

Retomar **210**

■■■ **UNIDADE 8 – Construções geométricas e medidas** **214**

CAPÍTULO 22 – Construções geométricas **216**

Construções de ângulos 216

Conviver – Ângulo e bissetriz 222

Construções de polígonos regulares 224

Conviver – Polígonos regulares 230

CAPÍTULO 23 – Transformações geométricas **232**

Translação, rotação e reflexão 232

Conviver – Translação, rotação e reflexão 236

CAPÍTULO 24 – Volume e capacidade **238**

Relacionando volume com capacidade 238

• Cálculo do volume de blocos retangulares 241

• Cálculo do volume de cilindro reto 243

Retomar **250**

Gabarito **254**

Referências **272**

UNIDADE 1

Ilustração do Sistema Solar.

Antever

Muitas vezes é necessário representar a medida de grandezas microscópicas ou grandezas macroscópicas. Nesses casos, usam-se os conceitos de potência e notação científica. A velocidade da luz, por exemplo, é representada como $3 \cdot 10^8$ metros por segundo.

Números racionais

Feixes de luz visíveis pelo movimento de automóveis.

1 A velocidade da luz está escrita em notação científica?

2 Como representar a medida 0,000000023 m em notação científica?

CAPÍTULO 1

Os números racionais

Utilizando os números racionais

Você sabia que existe uma ciência que estuda as medições e suas aplicações na vida cotidiana? O uso de medidas em processos industriais e comerciais segue padrões rigorosos e há uma ciência própria para este fim: a Metrologia.

Essa ciência abrange os aspectos teóricos e práticos que asseguram a precisão exigida nos processos produtivos.

Você se lembra de que, nos anos anteriores, em algumas atividades nas quais era preciso fazer medições, muitas vezes os resultados encontrados por você eram diferentes daqueles obtidos pelos colegas? Isso acontece porque, em geral, as medidas são representadas por números não inteiros e a precisão da medida depende, entre outros fatores, do instrumento utilizado.

Na história da Matemática, um problema que demorou muito tempo para ser resolvido estava ligado à impossibilidade de se estabelecer exatamente a medida da diagonal de um quadrado, outro problema similar foi o de encontrar o comprimento de uma circunferência.

Podemos observar, na imagem acima, que, quando uma gota de água cai na superfície de um lago, diversas circunferências são formadas.

Responda:
1. Como você procederia para desenhar uma circunferência de raio igual a 5 cm?
2. Como você faria para descobrir a medida do comprimento de uma circunferência de raio igual a 5 cm?

Em anos anteriores, você estudou os números naturais, os números inteiros e os números racionais. Agora vamos retomar algumas das ideias principais já abordadas. Para iniciar, observe abaixo um diagrama que mostra a relação entre esses conjuntos numéricos.

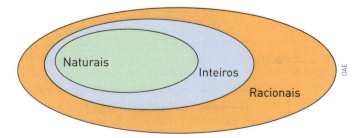

Pela representação, podemos concluir que:
- qualquer número natural é também um número inteiro;
- qualquer número natural é também um número racional;
- qualquer número inteiro é também um número racional.

> Números que podem ser escritos na forma fracionária, ou seja, na forma $\frac{a}{b}$, com a e b inteiros e $b \neq 0$, são chamados de **números racionais**.

Os números naturais, inteiros e racionais foram criados porque a humanidade, ao longo do tempo, tinha necessidades práticas – por exemplo, medir quantidades, mensurar e comparar áreas – que exigiam a ampliação do campo numérico.

Quando pensamos nas possibilidades operacionais, percebemos que alguns resultados não são possíveis em determinados conjuntos numéricos. Ao efetuar a subtração 15 − 20 no conjunto dos números naturais, por exemplo, não obtemos um resultado que pertença a esse conjunto, logo, essa operação não pode ser realizada no conjunto dos números naturais. Vejamos mais alguns exemplos a seguir.

Exemplo 1

A subtração de dois números naturais nem sempre é um número natural.

Observe que o resultado das subtrações abaixo não é um número natural. Efetue essas subtrações em uma calculadora para verificar.

$$2 - 25 = ?$$
$$45 - 60 = ?$$

O resultado dessas operações pode ser encontrado no conjunto dos números inteiros:

$$2 - 25 = -23$$
$$45 - 60 = -15$$

Observações

- Lembramos que os números inteiros podem ser assim representados na reta numérica:

[−] −10 −9 −8 −7 −6 −5 −4 −3 −2 −1 0 1 2 3 4 5 6 7 8 9 10 [+]

- A comparação entre dois números inteiros é feita examinando a posição em que os números estão representados na reta. Aquele que estiver mais à esquerda é menor do que aquele que estiver mais à direita na reta. Assim, o número −15 é maior que o número −23 porque está mais à direita na reta.

Exemplo 2

A divisão de dois números inteiros nem sempre é um número inteiro. Observe que o resultado das divisões abaixo não é um número inteiro.

$$2 \div 5 = ?$$
$$90 \div 4 = ?$$
$$2 \div 5 = \frac{2}{5} = 0,4$$

→ número escrito na forma fracionária
→ número escrito na forma decimal

$$90 \div 4 = \frac{90}{4} = 22,5$$

Já no conjunto dos números racionais, o resultado dessas operações pode ser determinado e escrito na forma fracionária ou na forma decimal.

Lembre-se de que qualquer número racional pode ser representado como a razão de dois números inteiros.

Exemplo 3

João estava conferindo uma mercadoria. Na embalagem, a medida da massa era de 1,5 kg. Ele recolheu e mediu as massas de uma amostra de 10 caixas e anotou as diferenças das medidas em uma tabela.

No final da medição, João comparou a massa real com a esperada para as 10 embalagens (15 kg) e indicou a diferença. Qual foi a massa encontrada por João?

Veja, a seguir, como João procedeu.
- primeiro, ele adicionou as diferenças positivas:
  $0,030 + 0,063 + 0,039 + 0,022 + 0,023 = 0,177$;
- depois, adicionou as diferenças negativas:
  $(-0,120) + (-0,052) + (-0,025) + (-0,046) + (-0,052) =$
  $= -0,295$;
- então adicionou os resultados anteriores e obteve:
  $0,177 + (-0,295) = -0,118$.

Concluiu, assim, que havia 0,118 kg a menos. Portanto, a massa total das 10 embalagens é igual a 14,882 kg. Como você faria essa averiguação?

Observações
- Os números racionais também podem ser representados na reta numérica:

Caixa	Diferença de massa (em kg)
1	+0,030
2	−0,120
3	−0,052
4	+0,063
5	+0,039
6	−0,025
7	−0,046
8	−0,052
9	+0,022
10	+0,023

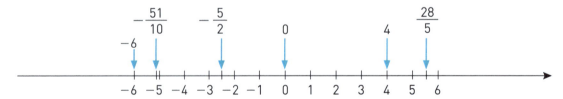

- A comparação entre dois números racionais é feita pela posição em que o número está representado na reta, como ocorre na comparação de números inteiros.
- Lembre que um número racional pode ser representado na forma fracionária ou na forma decimal.

Atividades

1 Escreva na forma fracionária os números racionais representados na forma decimal.

a) 0,32

b) –1,5

c) 6,52

d) –2,5

e) 0,02

f) 9,1

2 Escreva na forma decimal os números racionais representados na forma fracionária.

a) $-\dfrac{7}{2}$

b) $\dfrac{8}{5}$

c) $-\dfrac{33}{4}$

d) $-\dfrac{2}{100}$

e) $\dfrac{7}{1\,000}$

f) $-\dfrac{25}{4}$

3 Utilize uma calculadora para escrever cada número a seguir na forma decimal.

a) $\dfrac{111}{4}$

b) $\dfrac{720}{25}$

c) $-\dfrac{930}{64}$

d) $\dfrac{1}{80}$

e) $-\dfrac{15}{160}$

f) $\dfrac{1\,600}{128}$

4 Responda às questões a seguir.

a) Dois números racionais positivos estão representados na reta numérica. Como podemos saber qual deles é maior?

b) Dois números racionais negativos estão representados na reta numérica. Como podemos saber qual deles é o menor?

5 Observe os números racionais do quadro a seguir.

–32	–3,2	0,9	25	–9,01	9
–4,5	45	450	$\dfrac{5}{3}$	$-\dfrac{7}{2}$	–13
42	4,2	–8,1	$-\dfrac{2}{5}$	99,1	24

Responda às questões.

a) Quais desses números são naturais?

b) Quais desses números são inteiros?

c) Qual desses números é o maior? Justifique.

d) Qual desses números é o menor? Justifique.

e) Quais desses números são racionais não inteiros?

6 Copie e complete as sentenças a seguir com um dos sinais de comparação:

> (maior que), < (menor que) ou = (igual a).

a) −2,91 ▨ −2,92

b) 2,91 ▨ 2,92

c) −2,5 ▨ −$\frac{5}{2}$

d) 4,01 ▨ 4,002

e) −4,005 ▨ −4,05

f) −0,91 ▨ 0,91

7 Na reta numérica a seguir, alguns números racionais estão representados. Considerando que os intervalos entre eles têm a mesma medida, escreva:

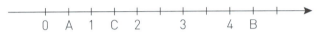

a) o número racional correspondente ao ponto A;

b) o número racional correspondente ao ponto B;

c) o número racional correspondente ao ponto C.

8 A quantia de R$ 25,00 deverá ser dividida igualmente entre 4 pessoas. Quanto caberá a cada uma?

9 Na conta-corrente de Márcia, há um saldo devedor de R$ 10,25. Ela fez um depósito de R$ 30,45. Qual é o saldo atual?

10 Numa reta numérica estão representados os números 0 e −0,5. Além disso, estão indicados dois pontos: P e Q. Considere todos os pontos igualmente espaçados.

Responda às questões a seguir.

a) Que números os pontos P e Q representam?

b) Quais são os opostos desses dois números?

11 Copie as afirmações corrigindo aquelas que julgar falsas.

a) Todo número natural é inteiro.

b) Todo número inteiro é natural.

c) Todo número inteiro positivo é natural.

d) Os números naturais podem ser positivos e negativos.

e) Um número racional pode ser um número inteiro.

f) Os números racionais são números inteiros.

12 Avalie se cada situação a seguir pode ser representada por um número racional inteiro ou racional não inteiro.

a) O número de alunos da sua escola.

b) A altura em metros da porta de sua sala de aula.

c) A quantidade de andares de um estacionamento projetado no subsolo de um edifício.

d) A quantia em reais correspondente a 3 moedas de 25 centavos.

e) A quantia em reais correspondente a cédulas de 2 reais.

As dízimas periódicas

Ao escrever a forma decimal de um número racional podemos obter um **decimal exato** ou uma **dízima periódica**.

Os números racionais a seguir são representados por decimal exato:

- $\dfrac{5}{10} = 0,5$: possui número finito de casas decimais depois da vírgula;

- $-\dfrac{3}{8} = -0,375$: possui número finito de casas decimais depois da vírgula;

- $-\dfrac{21}{16} = -1,3125$: possui número finito de casas decimais depois da vírgula.

> ↑ Um número racional é denominado decimal exato quando sua representação decimal admite um número finito de casas decimais depois da vírgula.

Há também números racionais cuja representação decimal tem infinitas casas decimais depois da vírgula. Esses números racionais são denominados dízimas periódicas.

- $\dfrac{5}{3} = 1,666... = 1,\overline{6}$: número com infinitas casas decimais periódicas depois da vírgula;

- $-\dfrac{22}{15} = -1,4666... = -1,4\overline{6}$: número com infinitas casas decimais periódicas depois da vírgula;

- $\dfrac{53}{11} = 4,818181 = 4,\overline{81}$: número com infinitas casas decimais periódicas depois da vírgula.

Nesses três exemplos, para indicar qual é a parte decimal repetida na representação decimal do número, utilizamos um traço em cima do algarismo (ou algarismos) correspondente(s). A parte que se repete é denominada período da dízima.

> **zoom**
> Quando uma fração corresponde a uma dízima periódica, ela é denominada fração geratriz.

Note que, efetuando a divisão do numerador pelo denominador, com ou sem calculadora, obtivemos uma dízima periódica, ou seja, em cada caso, a fração dada representa a fração geratriz da dízima. O inverso também é possível, ou seja, conhecendo a dízima periódica, podemos determinar a fração geratriz.

Nas três situações a seguir, vamos obter a fração geratriz de uma dízima periódica.

1ª situação

Vamos obter a fração geratriz do número racional $0,777...$

- Indicamos pela incógnita x a dízima dada:

$$x = 0,777...\ \text{(I)}$$

- Multiplicamos os dois membros dessa igualdade por 10, de tal maneira que a vírgula se desloque uma casa decimal para a direita; assim, mantemos iguais as casas decimais depois da vírgula.

$$x = 0,777...$$
$$10x = 7,777...\ \text{(II)}$$

- Subtraímos (I) de (II), membro a membro, e determinamos x na forma fracionária:

$$10x - x = 7,777... - 0,777...$$
$$9x = 7$$
$$x = \frac{7}{9}$$

Obtivemos, desse modo, a fração geratriz da dízima periódica, ou seja, $0,777... = \dfrac{7}{9}$, verifique!

2ª situação

Agora vamos obter a fração geratriz da dízima periódica 0,727272...

- Indicamos pela incógnita x a dízima dada:

$$x = 0,727272... \text{ (I)}$$

- Multiplicamos os dois membros dessa igualdade por 100 para que a vírgula se desloque duas casas decimais para a direita, mantendo iguais as casas decimais depois das vírgulas:

$$x = 0,727272...$$
$$100x = 72,727272... \text{ (II)}$$

- Subtraímos (I) de (II), membro a membro, e determinamos x na forma fracionária:

$$100x - x = 72,727272... - 0,727272...$$
$$99x = 72$$
$$x = \frac{72}{99}$$

Obtivemos, desse modo, a fração geratriz da dízima periódica, ou seja, $0,727272... = \frac{72}{99}$, verifique!

3ª situação

Vamos escrever na forma fracionária o número 2,5438438438...

- Indicamos pela incógnita x a dízima dada:

$$x = 2,5438438438... \text{ (I)}$$

- Temos aqui um decimal com uma parte periódica e outra não periódica. Transformamos inicialmente a parte não periódica em inteiro. Para isso, multiplicamos por 10:

$$x = 2,5438438438... \text{ (I)}$$
$$10x = 25,438438438... \text{ (II)}$$

- Como (II) tem uma parte periódica em que três algarismos se repetem, multiplicamos (II) por 1000:

$$10x = 25,438438438...$$
$$10\,000x = 25\,438,438438438... \text{ (III)}$$

- Assim, como nos exemplos anteriores, subtraímos (II) de (III):

$$10\,000x - 10x = 25\,438,438438438... - 25,438438438...$$
$$9\,990x = 25\,413$$
$$x = \frac{25\,413}{9\,990}$$

Obtivemos, desse modo, a fração geratriz da dízima periódica, ou seja:

$$2,5438438438... = \frac{25\,413}{9\,990}.$$

As dízimas periódicas podem ser representadas de formas diferentes. Veja algumas delas a seguir.

- Em forma de fração: $7,222... = \frac{65}{9}$

- Com um traço sobre os algarismos que se repetem: $0,1653653653... = 0,1\overline{653}$.

Conviver

Dízimas periódicas com números primos

Com os colegas, investiguem dízimas periódicas que envolvam números primos.

Participantes:
- 2 ou 3 alunos

Material:
- lápis;
- papel;
- calcualdora.

Encaminhamento:

Até o momento vocês trabalharam com o estudo de dízimas periódicas infinitas, cujo denominador da fração geratriz eram números como 9, 90, 990 etc. Frações cujo denominador é composto de números primos diferentes de 2 e 5 também geram dízimas periódicas infinitas. Vamos realizar um trabalho de verificação.

Parte I – Por que não os números primos 2 e 5?

Em grupo, estudem as dízimas geradas pelas frações $\frac{1}{2}$, $\frac{4}{5}$, $\frac{8}{10}$, $\frac{32}{20}$ e $\frac{93}{200}$.

a) As dízimas obtidas são finitas ou infinitas e periódicas?

b) Decomponham os denominadores dessas frações. Há fatores primos diferentes de 2 e 5?

c) Por que não devemos considerar os números primos 2 e 5 como geradores de dízimas periódicas infinitas?

Parte II – Números primos 7, 11, 13 e 17

Agora, o grupo deve analisar se os números $\frac{1}{7}$, $\frac{1}{11}$, $\frac{1}{13}$ geram dízimas periódicas finitas ou periódicas e infinitas, sem o uso da calculadora. Utilizem o algoritmo de divisão que julgarem mais apropriado.

a) As dízimas obtidas são periódicas finitas ou infinitas?

b) Qual a fração geratriz da dízima 0,0$\overline{7142857}$? O número 9 é fator do denominador dessa fração geratriz?

Parte III – Leitura na calculadora

O visor da calculadora não permite que avaliemos com exatidão um número a ponto de determinar se ele é uma dízima periódica finita ou infinita. Por exemplo, ao digitarmos $\frac{1}{9}$ na calculadora, seu visor nos mostra o número 0,1111111111111111. Dizemos que esse número é uma dízima periódica porque consideramos que o período 1 se repete infinitamente, mesmo que nesse caso, ele se repita apenas 16 vezes.

a) Retomando os números $\frac{1}{7}$, $\frac{1}{11}$ e $\frac{1}{13}$, digitem-nos na calculadora e verifiquem o número obtido. Em cada um é possível identificar, na calculadora, o período correspondente a cada dízima periódica obtida?

b) Considerem a fração $\frac{1}{x}$, onde x é um número natural primo. Qual o menor número x que inviabiliza o uso da calculadora para verificar o período de sua dízima periódica infinita?

Atividades

1 Obtenha a fração geratriz de cada dízima periódica. Explique como você fez.
   a) 0,343434...
   b) −0,272727...
   c) 0,545454...
   d) 0,787878...

2 Escreva os números racionais a seguir na forma decimal. Depois confira os resultados usando a calculadora.
   a) $\dfrac{22}{90}$
   b) $\dfrac{1250}{8}$
   c) $\dfrac{80}{90}$
   d) $\dfrac{4000}{3}$
   e) $\dfrac{150}{9}$
   f) $\dfrac{25}{300}$
   g) $\dfrac{26}{500}$
   h) $\dfrac{2}{2500}$

As dízimas periódicas foram representadas corretamente na calculadora? Justifique.

3 Em relação aos números racionais do exercício anterior, responda às questões.
   a) Quais são dízimas periódicas?
   b) Quais são decimais exatos?

4 Escreva na forma fracionária os números racionais a seguir.
   a) 1,888...
   b) 0,321321321...
   c) 1,717171...
   d) 8,555...

5 A seguir, para cada número racional escrito na forma decimal, faça uma aproximação para apenas 3 casas decimais.
   a) 1,9888...
   b) 0,326326326...
   c) 1,712712712...
   d) 10,341341341...

6 Uma dívida de R$ 400,00 deverá ser paga em três parcelas iguais. Entretanto, ao dividir o valor por 3, não encontramos uma divisão exata. Explique como pode ser feita essa divisão?

7 Elabore um problema sobre uma compra paga em 6 parcelas, de tal maneira que os valores das parcelas não sejam exatos. Então, proponha uma solução para os valores das 6 parcelas. Apresente o problema e a respectiva solução aos colegas.

8 Um computador está sendo vendido por R$ 1.500,00 em 9 parcelas iguais sem acréscimo. É possível que todas as parcelas tenham o mesmo valor?

9 Sendo $a = 0{,}888\ldots + 0{,}222\ldots$ e $b = 0{,}3 + 0{,}05$, determine o valor de $\dfrac{a}{b}$.

CAPÍTULO 2
Potenciação com números racionais

Potenciação

A potenciação com expoentes naturais é uma maneira de representar a multiplicação com fatores iguais. Por exemplo, podemos empregar a potenciação para indicar a quantidade de pequenos cubos de cada uma das figuras a seguir.

Vamos contar a quantidade de pequenos cubos que formam cada uma delas.

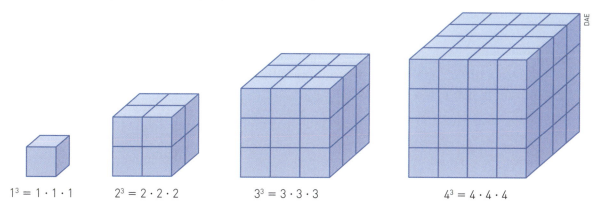

$1^3 = 1 \cdot 1 \cdot 1$ $2^3 = 2 \cdot 2 \cdot 2$ $3^3 = 3 \cdot 3 \cdot 3$ $4^3 = 4 \cdot 4 \cdot 4$

Assim, quando escrevemos **a^n**, o número que representa a base a deverá ser multiplicado por ele mesmo tantas vezes quanto for o número natural n. Em símbolos, escrevemos:

$$a^n = \underbrace{a \cdot a \cdot a \cdot (...) \cdot a}_{n \text{ vezes}}$$

Responda:
1. Qual número é maior: 6^3 ou 3^6?
2. Determine se a igualdade a seguir é verdadeira ou falsa:
   $1^3 + 2^3 + 3^3 + 4^3 = (1 + 2 + 3 + 4)^2$

Na potenciação, quando elevamos um número racional a um expoente natural maior que 1, estamos representando a multiplicação desse número racional por ele mesmo tantas vezes quanto for o expoente. Abaixo, observe alguns exemplos para recordar o cálculo de potências com expoentes naturais.

- $(-0,4)^3 = (-0,4) \cdot (-0,4) \cdot (-0,4) = -0,064$
- $\left(\dfrac{3}{2}\right)^4 = \left(\dfrac{3}{2}\right) \cdot \left(\dfrac{3}{2}\right) \cdot \left(\dfrac{3}{2}\right) \cdot \left(\dfrac{3}{2}\right) = \dfrac{3 \cdot 3 \cdot 3 \cdot 3}{2 \cdot 2 \cdot 2 \cdot 2} = \dfrac{81}{16}$

Agora, quando o expoente é igual a 1, o resultado é o próprio número que estiver na base.

$5^1 = 5$

Observe abaixo os padrões numéricos para potências de mesma base:

$$3^6 = 729$$
$$3^5 = 243$$
$$3^4 = 81$$
$$3^3 = 27$$
$$3^2 = 9$$
$$3^1 = 3$$
$$3^0 = ????$$
$$\vdots$$

Observe que, ao diminuir 1 no expoente, o resultado fica dividido por 3.

Então, qual é o resultado da potência 3^0? Se a base for diferente de zero e o expoente for igual a zero, então o resultado será igual a 1.

$$3^0 = 1$$

Se continuarmos diminuindo o expoente de 1 em 1, poderemos obter expoentes negativos.

Responda:

1. Junte-se a um colega e copiem em uma folha o quadro abaixo. Depois, preencham com os números que estão faltando.

3^6	3^5	3^4	3^3	3^2	3^1	3^0	3^{-1}	3^{-2}	3^{-3}	3^{-4}	3^{-5}	3^{-6}
729	243	81	27	9	3	1						

Com base em padrões numéricos para uma base diferente de zero, como o anterior, observamos que toda potência de expoente inteiro negativo e base diferente de zero é igual ao inverso da potência que se obtém conservando a base e trocando o sinal do expoente.

> Se $a \neq 0$ e n é um número natural, definimos:
> $$a^{-n} = \frac{1}{a^n} \text{ ou } a^{-n} = \left(\frac{1}{a}\right)^n$$

Observe nos exemplos a seguir como podemos calcular potências com expoentes inteiros negativos mesmo quando a base também é um número negativo.

- $(-1,2)^{-2} = \dfrac{1}{(-1,2)^2} = \dfrac{1}{1,44} = \dfrac{1}{\frac{144}{100}} = \dfrac{100}{144} = \dfrac{25}{36}$

- $\left(\dfrac{1}{4}\right)^{-3} = \dfrac{1}{\left(\frac{1}{4}\right)^3} = \dfrac{1}{\frac{1}{64}} = 64$

- $\left(-\dfrac{5}{6}\right)^{-1} = \dfrac{1}{\left(-\frac{5}{6}\right)^1} = \dfrac{1}{-\frac{5}{6}} = -\dfrac{6}{5}$

Para cada exemplo acima, justifique, com suas palavras, as passagens realizadas.

Atividades

1 Copie e complete o quadro abaixo.

$(-2)^4$		$(-2)^0$	
$(-2)^3$		$(-2)^{-1}$	
$(-2)^2$		$(-2)^{-2}$	
$(-2)^1$		$(-2)^{-3}$	

Após preencher o quadro, responda: Diminuindo os expoentes de 1 em 1, o que acontece com os resultados correspondentes?

2 Determine os resultados das seguintes potências:

a) 1^{15}.

b) 0^{15}.

c) 2^8.

d) $(-3)^3$.

e) $(-8)^2$.

f) 53^0.

3 Responda:

a) Qual é o sinal de uma potência em que a base é positiva e o expoente é par? Por quê?

b) Qual é o sinal de uma potência em que a base é negativa e o expoente é ímpar? Por quê?

c) Qual é o sinal de uma potência em que a base é negativa e o expoente é par? Por quê?

4 Calcule as seguintes potências:

a) $(0,5)^{-3}$.

b) $\left(\dfrac{2}{3}\right)^{-1}$.

c) $\left(-\dfrac{1}{10}\right)^2$.

d) $(2,5)^2$.

e) $\left(\dfrac{1}{2}\right)^3$.

f) $(-0,2)^5$.

Agora, crie algumas potências e calcule seus valores.

5 Escreva o produto das seguintes multiplicações com uma única potência:

a) $3 \cdot 3 \cdot 3 \cdot 3$.

b) $\left(\dfrac{1}{2}\right) \cdot \left(\dfrac{1}{2}\right) \cdot \left(\dfrac{1}{2}\right) \cdot \left(\dfrac{1}{2}\right) \cdot \left(\dfrac{1}{2}\right) \cdot \left(\dfrac{1}{2}\right)$.

c) $(-2) \cdot (-2) \cdot (-2)$.

d) $b \cdot b \cdot b \cdot b \cdot b \cdot b \cdot b \cdot b \cdot b \cdot b$.

6 Utilizando os símbolos de maior (>), menor (<) ou igual (=), compare os números a seguir:

a) 8^2 ▨ 2^6.

b) 5^2 ▨ 3^3.

c) 2^5 ▨ -7^2.

d) $\left(\dfrac{1}{5}\right)^4$ ▨ $\left(\dfrac{1}{25}\right)^2$.

e) $(-2)^3$ ▨ $(-2)^2$.

f) $(0,6)^2$ ▨ $(0,6)^3$.

g) $-\left(\dfrac{1}{5}\right)^{10}$ ▨ $-\left(\dfrac{100}{3}\right)^2$.

h) $-(5)^2$ ▨ $-(5)^4$.

7 Indique os resultados das expressões a seguir.

a) $2^3 - 2^0 + 2^2 - 2^1$

b) $(-9)^2 - 9^2$

c) $\dfrac{5^2}{8^0}$

8 Responda as duas perguntas a seguir na forma de potência, ou seja, apenas indicando a base e o expoente correspondente.

a) Qual é o dobro de 2^{40}?

b) Qual é o triplo de 3^{25}?

9 Observe a ilustração e responda:

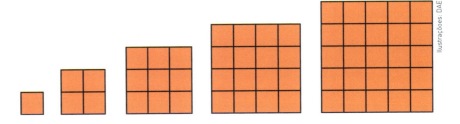

a) O que indica a expressão $1^2 + 2^2 + 3^2 + 4^2 + 5^2$ em relação a essa ilustração?

b) Qual é a quantidade total de quadradinhos de mesmo tamanho da ilustração anterior?

10 Ao apresentar um quadrado conforme a figura a seguir, Juliana elevou ao quadrado a medida do lado.

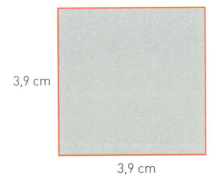

3,9 cm

3,9 cm

O que Juliana pretendia calcular ao elevar a medida do lado ao quadrado?

11 Em uma determinada região, composta de algumas fazendas, constatou-se que a população de coelhos dobrava a cada mês. Considerando que no início de agosto deste ano havia 64 coelhos nessa região, qual será o número total de coelhos no início do mês de dezembro do mesmo ano?

Propriedades da potenciação

Existem algumas propriedades da potenciação que facilitam os cálculos. Acompanhe, nos exemplos a seguir, o uso dessas propriedades.

Exemplo 1

Vamos escrever a expressão $2^4 \cdot 2^6$ como uma só potência.

$$2^4 \cdot 2^6 =$$

$$= \underbrace{(2 \cdot 2 \cdot 2 \cdot 2)}_{4} \cdot \underbrace{(2 \cdot 2 \cdot 2 \cdot 2 \cdot 2 \cdot 2)}_{6} =$$

$$= \underbrace{2 \cdot 2 \cdot 2 \cdot 2 \cdot 2 \cdot 2 \cdot 2 \cdot 2 \cdot 2 \cdot 2}_{4 + 6 = 10} =$$

$$= 2^{10}$$

Exemplo 2

Vamos escrever a expressão $2^4 \cdot 2^{-6}$ como uma só potência.

$$2^4 \cdot 2^{-6} =$$

$$= 2^4 \cdot \frac{1}{2^6} =$$

$$= \frac{2 \cdot 2 \cdot 2 \cdot 2}{1} \cdot \frac{1}{2 \cdot 2 \cdot 2 \cdot 2 \cdot 2 \cdot 2} =$$

$$= \frac{2 \cdot 2 \cdot 2 \cdot 2}{2 \cdot 2 \cdot 2 \cdot 2 \cdot 2 \cdot 2} = \frac{1}{2 \cdot 2} = \frac{1}{2^2} = \frac{1}{4} = \left(\frac{1}{2}\right)^2$$

ou

$$2^4 \cdot 2^{-6} =$$

$$= 2^{4+(-6)} =$$

$$= 2^{-2} =$$

$$= \frac{1}{2^2} = \frac{1}{4} = \left(\frac{1}{2}\right)^2$$

> **1ª propriedade:**
> Na **multiplicação de potências** de mesma base, conservamos a base e adicionamos os expoentes. Em símbolos:
> $$a^m \cdot a^n = a^{m+n}$$

Responda:

1. Qual é o resultado de $3^5 \cdot 3^{-5}$?

2. E qual é o resultado de $\dfrac{3^5}{3^5}$?

3. E o resultado de $\dfrac{3^{-2} \cdot 3^5}{3^2}$?

Exemplo 3

Vamos escrever a expressão $5^9 \div 5^6$ como uma só potência.

$$\frac{\overbrace{5 \cdot 5 \cdot 5 \cdot 5 \cdot 5 \cdot 5 \cdot 5 \cdot 5 \cdot 5}^{9}}{\underbrace{5 \cdot 5 \cdot 5 \cdot 5 \cdot 5 \cdot 5}_{6}} = \underbrace{5 \cdot 5 \cdot 5}_{9 - 6 = 3} = 5^3$$

Exemplo 4

Vamos escrever a expressão $5^{-9} \div 5^6$ como uma só potência.

$$\frac{5^{-9}}{5^6} = \frac{\frac{1}{5^9}}{5^6} = \frac{1}{5^9} \cdot \frac{1}{5^6} = \frac{1}{5^9 \cdot 5^6} = \frac{1}{5^{15}} = 5^{-15}$$

ou

$$\frac{5^{-9}}{5^6} = 5^{-9-(+6)} = 5^{-9-6} = 5^{-15}$$

> **2ª propriedade:**
>
> Na **divisão de potências** de mesma base, conservamos a base e subtraímos os expoentes. Em símbolos:
>
> $$a^m \div a^n = \frac{a^m}{a^n} = a^{m-n} \quad (a \neq 0)$$

Anteriormente você viu que a relação $a^0 = 1$ é válida para todo $a \neq 0$. A seguir, observe que a 2ª propriedade está de acordo com essa relação:

$$1 = \frac{a^m}{a^m} = a^{m-m} = a^0$$

Exemplo 5

Vamos escrever a expressão $(3 \cdot 5)^4$ como multiplicação de potências de base 3 e base 5. Utilizando a definição de potência natural de um número racional, temos:

$$(3 \cdot 5)^4 =$$
$$= (3 \cdot 5) \cdot (3 \cdot 5) \cdot (3 \cdot 5) \cdot (3 \cdot 5) =$$
$$= (3 \cdot 3 \cdot 3 \cdot 3) \cdot (5 \cdot 5 \cdot 5 \cdot 5) =$$
$$= 3^4 \cdot 5^4$$

Exemplo 6

Vamos escrever a expressão $(3 \cdot 5)^{-3}$ como multiplicação de potências de base 3 e base 5.

$$(3 \cdot 5)^{-3} =$$
$$= \frac{1}{(3 \cdot 5)^3} =$$
$$= \frac{1}{(3 \cdot 5) \cdot (3 \cdot 5) \cdot (3 \cdot 5)} =$$
$$= \frac{1}{3 \cdot 3 \cdot 3 \cdot 5 \cdot 5 \cdot 5} = \frac{1}{3^3 \cdot 5^3} = 3^{-3} \cdot 5^{-3}$$

> **3ª propriedade:**
>
> A **potência de um produto** é igual ao produto das potências. Em símbolos:
>
> $$(a \cdot b)^n = a^n \cdot b^n$$

Exemplo 7

Vamos escrever a expressão $\left(\dfrac{5}{6}\right)^3$ como quociente de potências de base 5 e base 6.

Utilizando a definição de potência natural de um número real, temos:

$$\left(\dfrac{5}{6}\right)^3 =$$

$$= \left(\dfrac{5}{6}\right) \cdot \left(\dfrac{5}{6}\right) \cdot \left(\dfrac{5}{6}\right) =$$

$$= \dfrac{5 \cdot 5 \cdot 5}{6 \cdot 6 \cdot 6} = \dfrac{5^3}{6^3}$$

> **4ª propriedade:**
> A **potência de um quociente** é igual ao quociente das potências. Em símbolos:
> $$\left(\dfrac{a}{b}\right)^n = \dfrac{a^n}{b^n} \ (b \neq 0)$$

Note que a expressão $\left(\dfrac{5}{6}\right)^3$ é equivalente a $\left(\dfrac{6}{5}\right)^{-3}$, a qual, pela 4ª propriedade, pode ser escrita como $\dfrac{6^{-3}}{5^{-3}}$. E esta, por sua vez:

$$\dfrac{6^{-3}}{5^{-3}} = \dfrac{5^3}{6^3} = \left(\dfrac{5}{6}\right)^3$$

Exemplo 8

Vamos escrever a expressão $(3^4)^5$ utilizando apenas uma potência.

$$(3^4)^5 =$$

$$= \underbrace{(3^4) \cdot (3^4) \cdot (3^4) \cdot (3^4) \cdot (3^4)}_{5} =$$

$$= \underbrace{(3 \cdot 3 \cdot 3 \cdot 3) \cdot (3 \cdot 3 \cdot 3 \cdot 3) \cdot (3 \cdot 3 \cdot 3 \cdot 3) \cdot (3 \cdot 3 \cdot 3 \cdot 3) \cdot (3 \cdot 3 \cdot 3 \cdot 3)}_{4 \cdot 5 = 20} =$$

$$= 3^{20}$$

> **5ª propriedade:**
> Na **potência de potência**, conservamos a base e multiplicamos os expoentes. Em símbolos:
> $$(a^m)^n = a^{m \cdot n}$$

Responda e justifique:

1. Qual é o resultado de $(3^{-2})^{-2}$?

2. E qual é o resultado de $\dfrac{1}{(3^{-2})^2}$?

Atividades

1 Utilizando as propriedades de potenciação, transforme as multiplicações e divisões a seguir em uma única potência. Justifique.

a) $6^3 \cdot 6^6 \cdot 6$

b) $7^3 \cdot 7^{-2} \cdot 7$

c) $3^4 \cdot (3^2)^{-4}$

d) $10^{13} \cdot 10^{-7} \cdot (10^2)^3$

e) $\dfrac{4^{90}}{4^{88}}$

f) $(x)^5 \cdot (x)^{-2}$

g) $\dfrac{y^9 \cdot y}{y^{10}}$

h) $\dfrac{a^3 \cdot a^{10}}{a^{-2}}$

i) $\dfrac{k^{10} \cdot k^3 \cdot k^{-10}}{k \cdot k^{-3}}$

2 Simplifique $\left[\dfrac{5^4}{5^3}\right]^2 \cdot 5$.

3 Sendo $a = 3^4$, $b = 3^{10}$ e $c = 27$, calcule o valor da expressão: $\dfrac{a^3 \cdot b^2}{c^7}$.

4 Junte-se a um colega e faça o que se pede a seguir.

a) Calculem o valor numérico da expressão:

$$\dfrac{(2^5)^2}{2^6} + \dfrac{(3^2)^3}{3^6} - \dfrac{10^3}{5^3}$$

b) Simplifiquem a expressão a seguir:

$$\left\{\left[\dfrac{10^7 \cdot 10^{13}}{10^{12} \cdot 10^5 \cdot 10^2}\right]^4\right\}^5 + \left[\dfrac{10^{-4} \cdot 10^6}{10^3 \cdot 10^{-11}}\right]^2$$

Esse resultado representa a escrita em notação científica? Justifique.

c) Utilizem uma calculadora para determinar os valores de cada uma das seguintes expressões numéricas.

$$A = (-2)^5 + (-2)^6 + (-2)^7 + (-2)^8$$
$$B = (-3)^5 + (-3)^6 + (-3)^7 + (-3)^8$$

5 José precisa proteger a piscina dele, que tem o formato de um quadrado. Para isso, ele deseja encomendar uma lona de plástico com a mesma área da superfície da piscina.

Sabendo que o lado da piscina mede 8,5 m, ajude José a descobrir a área da lona necessária para proteger a piscina adequadamente.

6 Escreva todos os números naturais de 1 a 16 utilizando as potências de base 2 do quadro a seguir e fazendo somente adição entre as potências.

$2^0 = 1$	$2^1 = 2$	$2^2 = 4$	$2^3 = 8$	$2^4 = 16$

7 Junte-se a um colega e elaborem um problema com alternativas verdadeiras ou falsas sobre as propriedades aprendidas. Depois, troquem as questões com outra dupla para encontrar as alternativas corretas e corrigir as falsas.

8 Verifique se cada igualdade é verdadeira ou falsa e justifique sua resposta.

a) $(5 + 7)^2 = 5^2 + 7^2$

b) $(9 - 4)^2 = 9^2 - 4^2$

Notação científica

A Organização Mundial das Nações Unidas (ONU) faz levantamentos anuais sobre a população mundial. Muitas decisões são tomadas com base nos números obtidos nessas pesquisas.

Algumas vezes são feitas projeções para que se tenha ideia da evolução da população mundial. Em 1800 a população era de 1 bilhão de pessoas; em 1987 passou a 5 bilhões; em 1999 pulou para 6 bilhões, e no ano 2011 chegou à marca de 7 bilhões. Com base nessas informações, projeta-se para 2100 uma população de mais de 10 bilhões de pessoas.

Observe que os números relativos às populações mundiais foram apresentados com valores arredondados, que também podem ser escritos de outras maneiras, como na tabela a seguir.

ANO	POPULAÇÃO		
1800	1 bilhão	1 000 000 000	10^9
1987	5 bilhões	5 000 000 000	$5 \cdot 10^9$
1999	6 bilhões	6 000 000 000	$6 \cdot 10^9$
2011	7 bilhões	7 000 000 000	$7 \cdot 10^9$
2100	10 bilhões	10 000 000 000	10^{10}

Para comunicar ou escrever números grandes, podemos utilizar potências de base 10. Isso facilita a compreensão da ordem de grandeza do número. Observe a seguir algumas potências de base 10.

10^1	10^2	10^3	10^4	10^5	...	10^n
$\underset{1}{\underbrace{10}}$	$\underset{2}{\underbrace{100}}$	$\underset{3}{\underbrace{1\,000}}$	$\underset{4}{\underbrace{10\,000}}$	$\underset{5}{\underbrace{100\,000}}$	...	$\underset{n}{\underbrace{100...00}}$

Responda:

1. Há quantos zeros no resultado da potência 10^8?
2. Como escrever o número 1 000 000 000 000 utilizando uma potência de base 10?

> Em uma potência de base 10 com expoente natural maior que 1, o expoente indica a quantidade de zeros que deve ser escrita após o algarismo 1.

As potências de base 10 também são úteis para escrever números com valores absolutos muito pequenos. Nesse caso, utilizamos expoentes negativos, veja alguns exemplos.

10^{-1}	10^{-2}	10^{-3}	10^{-4}	10^{-5}	...	10^{-n}
$\underset{1}{\underbrace{0,1}}$	$\underset{2}{\underbrace{0,01}}$	$\underset{3}{\underbrace{0,001}}$	$\underset{4}{\underbrace{0,0001}}$	$\underset{5}{\underbrace{0,00001}}$	...	$\underset{n}{\underbrace{0,000...01}}$

> Em uma potência de base 10 com expoente inteiro negativo, a quantidade de casas decimais é determinada pelo número oposto ao do expoente.

Você já ouviu falar em notação científica? As potências de base 10 são utilizadas principalmente nas ciências quando há a necessidade de expressar medidas macroscópicas ou microscópicas. Observe as duas medidas descritas no texto da página seguinte.

Distância da Terra ao planeta Júpiter

A distância da Terra até Júpiter é de 628 000 000 000 de metros. Como esse número tem muitos algarismos, podemos utilizar uma potência de base 10 para representar essa medida, de maneira a facilitar sua leitura:

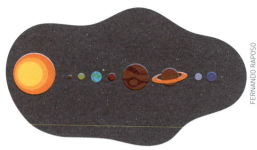

$$628\,000\,000\,000 \text{ m} = 6{,}28 \cdot 10^{11} \text{ m}$$

Como a vírgula foi deslocada 11 casas para esquerda, multiplicamos o número por 10^{11}. Assim, a igualdade acima é verdadeira.

Tamanho de um vírus

O tamanho de um vírus da gripe é 0,0000000023 metros. Do mesmo modo que na situação anterior, podemos utilizar potências de base 10 para representar essa medida:

$$0{,}0000000023 \text{ m} = 2{,}3 \cdot 10^{-9} \text{ m}$$

Note que a vírgula foi deslocada 9 casas para a direita. Assim, para que a igualdade seja verdadeira, multiplicamos o número por 10^{-9}.

Nos dois exemplos acima representamos as medidas na forma de multiplicação. Essa representação é chamada **notação científica**.

> Representar um número em notação científica é o mesmo que escrevê-lo como o produto de um número entre 1 e 10, podendo ser igual a 1, e uma potência inteira de base 10.

Atividades

1) Escreva os números representados em cada item sem utilizar potências.
a) $60 \cdot 10^2$
b) $1{,}53 \cdot 10^5$
c) $1{,}01 \cdot 10^8$
d) $70 \cdot 10^{-2}$
e) $1 \cdot 10^{-6}$
f) $55 \cdot 10^{-5}$

2) Observe os números da atividade anterior, escritos na forma de potência, e responda:
a) Quais estão escritos em notação científica?
b) Qual deles é maior?
c) Qual é o menor?

3) Abaixo estão indicados os números A, B, C e D.

$A = 8 \cdot 10^3$

$B = 800$

$C = 3{,}2 \cdot 10^6$

$D = 9 \cdot 10^{-15}$

a) Escreva-os em ordem crescente.
b) Escreva o número B em notação científica.

4 O Pico da Neblina é o ponto mais alto do Brasil, com aproximadamente $2{,}99378 \cdot 10^3$ metros de altura. Escreva essa altura sem o uso da notação científica.

Pico da Neblina, na Serra do Imeri (AM).

5 Efetue as operações e dê as respostas utilizando potências de base 10.
a) $2{,}5 \cdot 10^3 \cdot 2 \cdot 10^5$
b) $3 \cdot 10^8 \cdot 3 \cdot 10^{-1}$
c) $\dfrac{10^2}{10^{-1}}$
d) $\dfrac{24 \cdot 10^2}{8}$

6 Em cada item você deve escrever o valor de *k* correspondente ao expoente de base 10.
a) $34\,000\,000 = 3{,}4 \cdot 10^k$
b) $4\,000\,000\,000 = 4 \cdot 10^k$
c) $0{,}002 = 2 \cdot 10^k$
d) $0{,}00005 = 5 \cdot 10^k$

7 Você sabia que a velocidade da luz no vácuo é de 300 000 km por segundo? Podemos escrever essa velocidade de maneiras diferentes. Em cada item a seguir está escrita a velocidade da luz, porém você deve escrever, no lugar da letra *k*, o expoente correspondente a:
a) $3 \cdot 10^k$ quilômetros por segundo;
b) $30 \cdot 10^k$ quilômetros por segundo;
c) $300 \cdot 10^k$ quilômetros por segundo;
d) $3\,000 \cdot 10^k$ quilômetros por segundo;
e) $30\,000 \cdot 10^k$ quilômetros por segundo.

8 Leia novamente a atividade 7. Elabore um problema que possa ser solucionado com conhecimentos sobre potências e peça a um colega que o resolva.

9 Sabendo que a área de um retângulo é calculada pelo produto entre a base e a altura, determine a área do retângulo ao lado.

$4 \cdot 10^{-2}$ m

$9 \cdot 10^{-2}$ m

10 Junte-se a um colega e pesquisem as distâncias aproximadas indicadas no quadro abaixo. Na coluna da direita representem as distâncias em notação científica. Reproduzam o quadro e, ao final, apresentem-no à turma.

Planeta	Distância do Sol (km)	Distância do Sol em potência de 10 (km)
Mercúrio		
Terra		
Marte		
Saturno		
Urano		

Ciências em foco

Quais as principais diferenças entre vírus e bactéria?

Bactéria

Estrutura: Microrganismo unicelular com membrana e citoplasma, sem núcleo definido. Seu material genético, o ácido desoxirribonucleico (DNA), fica disperso.

Modo de vida: Algumas são parasitas e causam doenças, como a pneumonia e a cólera. Outras mantêm uma relação harmoniosa com os seres vivos, como as que vivem no intestino humano, auxiliando a digestão. Há ainda as que se alimentam de matéria orgânica morta.

Tamanho: O diâmetro da maioria varia entre 0,2 e 2 micrômetros (unidade que representa 1 milésimo de milímetro) e o comprimento entre 2 e 8 micrômetros. Elas são visíveis a olho nu (se reunidas em colônias) ou com auxílio de microscópios ópticos.

Sensível a antibióticos: Sim.

Vírus

Estrutura: Microrganismo acelular. Os mais simples apresentam uma cobertura proteica que envolve seu material genético – o ácido desoxirribonucleico (DNA) ou o ribonucleico (RNA).

Modo de vida: Todos são parasitas intracelulares. Alguns causam doenças em seres vivos, como a aids, a gripe, o sarampo e a rubéola.

Tamanho: Geralmente, eles são menores que as bactérias. O comprimento varia entre 20 e 1 000 nanômetros (unidade que representa 1 milionésimo de milímetro). São visíveis somente com auxílio de microscópios eletrônicos.

Sensível a antibióticos: Não.

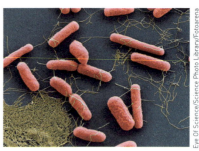

Bactéria *Escherichia coli*. Fotografia obtida por microscópio eletrônico; ampliação aproximada de 330 vezes.

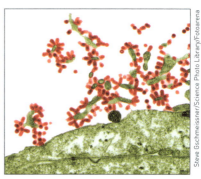

Vírus *Influenza*. Fotografia obtida por microscópio eletrônico; ampliação aproximada de 35 mil vezes.

Beatriz Vichessi/Abril Comunicações S/A. Quais as principais diferenças entre vírus e bactérias? *Nova Escola*, 1º nov. 2008. Disponível em: <https://novaescola.org.br/conteudo/1131/quais-as-principais-diferencas-entre-virus-e-bacteria>. Acesso em: ago. 2018.

Note que no texto foi utilizada a expressão "1 milionésimo". Você sabe o que significa? Observe no quadro a seguir as potências de base 10, seus prefixos e símbolos, para compreender essa expressão.

Potência	Nome	Símbolo	Potência	Nome	Símbolo
10^1	deca	da	10^{-1}	deci	d
10^2	hecto	h	10^{-2}	centi	c
10^3	kilo	k	10^{-3}	mili	m
10^6	mega	M	10^{-6}	micro	µ
10^9	giga	G	10^{-9}	nano	η
10^{12}	tera	T	10^{-12}	pico	p

Veja agora como transformar uma unidade em outra.

Vamos transformar 1 milímetro em centímetro:

$$1 \text{ milímetro} = 1 \cdot 10^{-3} \text{ metro} = \frac{1 \cdot 10^{-3} \cdot 10^{-2} \text{ metro}}{10^{-2}} = \frac{1 \cdot 10^{-3} \text{ centímetro}}{10^{-2}} =$$

$$= 1 \cdot 10^{-3} \cdot 10^2 \text{ centímetros} = 1 \cdot 10^{-1} \text{ centímetros}$$

Agora, transforme 4 micrômetros em metros e 150 nanômetros em metros.

CAPÍTULO 3
Radiciação com números racionais

Raiz quadrada

Você acha que a calculadora é um equipamento importante? Por quê?

Além de nos auxiliar em cálculos mais difíceis, a calculadora nos ajuda a ampliar o conhecimento pela observação de padrões numéricos.

A tecla "raiz quadrada" faz o caminho inverso de elevar um número natural ao quadrado. Assim, por exemplo, a raiz quadrada de 625 é igual a 25.

raiz quadrada

$$\sqrt{625} = 25, \text{ pois } 25^2 = 625$$

Responda:
1. Quais são os números que elevados ao quadrado resultam em 1 024?
2. Qual é o resultado de $\sqrt{1024}$?

Como podemos determinar a raiz quadrada de 40 em uma calculadora que não tenha a função raiz quadrada?

Resolução:
- Já vimos anteriormente que $\sqrt{36} = 6$ e $\sqrt{49} = 7$, então podemos escrever que:
$$\sqrt{36} < \sqrt{40} < \sqrt{49}$$

Note que 40 é mais próximo de 36 do que de 49.
- Como sabemos que $6^2 = 36$ e que $7^2 = 49$, podemos afirmar que o valor da raiz quadrada de 40 está entre 6 e 7, mas um pouco mais próximo de 6. Para encontrar um resultado mais preciso, organizaremos as respostas obtidas na calculadora utilizando duas casas decimais:

$$6,1^2 = 37,21 \quad 6,2^2 = 38,44$$
$$6,3^2 = 39,69 \quad 6,4^2 = 40,96$$

- Podemos perceber que o valor dessa raiz se encontra entre 6,3 e 6,4:

$$6,31^2 = 39,8161 \quad 6,32^2 = 39,9424$$
$$6,33^2 = 40,0689 \quad 6,34^2 = 40,1956$$

Com duas casas decimais, o valor mais próximo à raiz quadrada de 40 é 6,32.

Esse método de resolução pode ser útil para resolver problemas de Geometria Plana, como a determinação de medida de áreas. A medida da área de um quadrado, por exemplo, pode ser calculada a partir da medida do lado desse quadrado.

Sendo A a medida da área de um quadrado de lado que mede ℓ, temos: $A = \ell^2$.

Quando conhecemos a medida da área de um quadrado e desejamos calcular a medida do lado, podemos utilizar a raiz quadrada, ou seja:

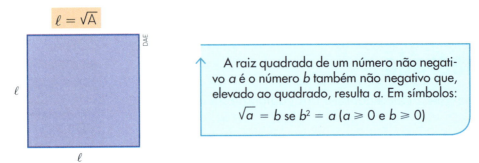

A raiz quadrada de um número não negativo a é o número b também não negativo que, elevado ao quadrado, resulta a. Em símbolos:
$\sqrt{a} = b$ se $b^2 = a$ ($a \geq 0$ e $b \geq 0$)

Observe os exemplos a seguir.

Exemplo 1

Calcule a medida do lado de um quadrado cuja área mede 10 000 m².

Queremos determinar um número que, elevado ao quadrado, resulta em 10 000. Podemos fazer isso por tentativas:

$$50^2 = 2\,500$$
$$60^2 = 3\,600$$
$$70^2 = 4\,900$$
$$80^2 = 6\,400$$
$$90^2 = 8\,100$$
$$100^2 = 10\,000$$

Assim, concluímos que $\sqrt{10\,000} = 100$, pois $100^2 = 10\,000$

Reflita: Por que começamos pelo 50 e não por 1 ou 10?

Exemplo 2

Observe que, embora haja dois números inteiros que elevados ao quadrado resultem em 1 600, apenas 40 é sua raiz quadrada.

$$(-40)^2 = 1\,600$$
$$\text{e}$$
$$40^2 = 1\,600$$

$\sqrt{1\,600} = 40$

O número -40 não é raiz de 1 600, pois, por definição, a raiz quadrada de um número deve ser não negativa, isto é, positiva ou igual a zero.

Após esses exemplos, considere as observações a seguir.

- Números racionais negativos não admitem raiz quadrada.
- Números racionais negativos, quando elevados ao quadrado, resultam em números racionais positivos; entretanto, nenhum deles é raiz quadrada de um número racional positivo.

Atividades

1) Calcule a raiz quadrada dos números a seguir.
   a) $\sqrt{0}$
   b) $\sqrt{1}$
   c) $\sqrt{144}$
   d) $\sqrt{0,04}$
   e) $\sqrt{0,25}$
   f) $\sqrt{6,25}$
   g) $\sqrt{5,76}$
   h) $\sqrt{0,09}$
   i) $\sqrt{\dfrac{25}{81}}$
   j) $\sqrt{\dfrac{1}{25}}$
   k) $\sqrt{\dfrac{144}{49}}$
   l) $\sqrt{\dfrac{1}{400}}$

2) Indique **V** para verdadeiro e **F** para falso nas afirmativas a seguir.
   a) A raiz quadrada de 900 é 30.
   b) −8 é raiz quadrada de 64.
   c) $\sqrt{9} = 3$, pois $3^2 = 9$
   d) $\sqrt{121} = 11$

3) Responda às questões e depois confira sua resposta usando a calculadora.
   a) Entre quais números inteiros consecutivos está $\sqrt{10}$?
   b) Entre quais números inteiros consecutivos está $\sqrt{30}$?
   c) Entre quais números inteiros consecutivos está $\sqrt{40}$?
   d) Entre quais números inteiros consecutivos está $\sqrt{200}$?
   e) Entre quais números inteiros consecutivos está $\sqrt{500}$?

4) Analise se esta sentença é verdadeira para os valores a seguir:

   $$\sqrt{a + b} = \sqrt{a} + \sqrt{b}$$

   a) $a = 9, b = 0$
   b) $a = 9, b = 4$
   c) $a = 25, b = 16$
   d) $a = 25, b = 0$

   Podemos afirmar que a sentença é sempre verdadeira? Por quê?

5) A figura a seguir representa a planta de uma casa.

   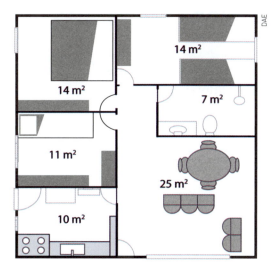

   Desconsiderando a espessura das paredes, responda:
   a) Qual é a área total da casa?
   b) Se o formato dessa planta é quadrado, qual é a medida de seu lado?

Raiz quadrada e decomposição em fatores primos

A raiz quadrada de um número não negativo pode ser obtida por aproximação e por tentativa. A calculadora facilita principalmente obter a raiz quadrada de números que não são quadrados perfeitos. Observe no quadro alguns exemplos de quadrados perfeitos:

Quadrado perfeito	Raiz quadrada	Quadrado perfeito	Raiz quadrada
0	$\sqrt{0} = 0$	49	$\sqrt{49} = 7$
1	$\sqrt{1} = 1$	64	$\sqrt{64} = 8$
4	$\sqrt{4} = 2$	81	$\sqrt{81} = 9$
9	$\sqrt{9} = 3$	100	$\sqrt{100} = 10$

> **zoom** Um número natural é **quadrado perfeito** quando é o resultado do quadrado de um número natural.

A decomposição em fatores primos também é um procedimento que auxilia na determinação da raiz quadrada de um número. Vejamos alguns exemplos.

Exemplo 1

Verifique, pela decomposição em fatores primos, se o número 484 é quadrado perfeito.

- Fazemos a decomposição em fatores primos:

$$
\begin{array}{r|l}
484 & 2 \\
242 & 2 \\
121 & 11 \\
11 & 11 \\
1 &
\end{array}
$$

Podemos escrever: $484 = 2^2 \cdot 11^2$.

- Como os expoentes dos fatores primos são pares, o número 484 é um quadrado perfeito. Assim, para calcular a raiz quadrada de 484, substituímos esse número pelo produto de fatores primos:

$$\sqrt{484} = \sqrt{2^2 \cdot 11^2} = \sqrt{2^2} \cdot \sqrt{11^2} = 2 \cdot 11 = 22$$

Exemplo 2

Verifique, pela decomposição em fatores primos, se o número 300 é quadrado perfeito.

- Fazemos a decomposição em fatores primos:

$$
\begin{array}{r|l}
300 & 2 \\
150 & 2 \\
75 & 3 \\
25 & 5 \\
5 & 5 \\
1 &
\end{array}
$$

Podemos escrever: $300 = 2^2 \cdot 3 \cdot 5^2$.

- Como os expoentes dos fatores primos não são todos pares, o número 300 não é um quadrado perfeito. Se substituirmos 300 pelo produto de seus fatores primos, concluímos que:

$$\sqrt{300} = \sqrt{2^2 \cdot 3^1 \cdot 5^2} = 2^1 \cdot 5^1 \cdot \sqrt{3} = 10 \cdot \sqrt{3}$$

Atividades

1) Determine o valor de x:
   a) $\sqrt{x} = 25$
   b) $\sqrt{x} = 15$
   c) $\sqrt{x} = \dfrac{1}{2}$
   d) $\sqrt{x} = 0$

2) Observando os resultados, escreva os números positivos que correspondem à incógnita k.
   a) $k^2 = \dfrac{25}{36}$
   b) $k^2 = \dfrac{1}{100}$
   c) $k^2 = \dfrac{144}{400}$
   d) $k^2 = 0{,}04$

3) Utilizando a decomposição em fatores primos, encontre a raiz quadrada de:
   a) $\sqrt{400}$
   b) $\sqrt{900}$
   c) $\sqrt{1024}$
   d) $\sqrt{1225}$
   e) $\sqrt{256}$
   f) $\sqrt{289}$
   g) $\sqrt{4096}$
   h) $\sqrt{2025}$

4) Responda às questões a seguir.
   a) Quais são os dois números diferentes que, elevados ao quadrado, resultam em 289?
   b) Qual é a raiz quadrada de 289? Por quê?

5) Quais são os números que, elevados ao quadrado, dão os resultados a seguir?
   a) 169
   b) 0
   c) 81
   d) $\dfrac{1}{25}$

6) A área de um quadrado é a medida de seu lado elevada ao quadrado. Assim, determine a medida dos lados de cada quadrado com base em sua área.

7) Considerando o número 54, responda às questões.
   a) Quais os quadrados perfeitos mais próximos?
   b) A raiz quadrada dele está compreendida entre quais números naturais e consecutivos?
   c) Qual é o menor número natural que devemos adicionar ao número 54 para torná-lo um quadrado perfeito?

8) Escreva os números quadrados perfeitos de 1 até 300.

9) Utilizando a decomposição em fatores primos, descubra quais dos números a seguir são quadrados perfeitos.
   a) 361
   b) 450
   c) 1 000
   d) 1 600

10 Com o auxílio de uma calculadora, mas sem utilizar a tecla $\boxed{\sqrt{}}$, encontre a raiz aproximada, com três casas decimais, dos números a seguir. Ao finalizar, confira se sua estratégia coincidiu com a de algum colega.

a) $\sqrt{5}$ b) $\sqrt{37}$ c) $\sqrt{185}$ d) $\sqrt{924}$

Conviver

Aproximação de raízes quadradas

Esta é uma atividade para ser feita em grupo de 3 ou 4 componentes.

Instruções

1. Leia o texto a seguir sobre o cálculo de raiz quadrada por aproximação.

Podemos calcular a raiz quadrada de um número por aproximação conhecendo, primeiro, entre quais quadrados perfeitos o número se encontra. Depois, apenas utilizando potenciação, vamos nos aproximando do resultado.

Vamos calcular um valor aproximado para a $\sqrt{18}$.

Sabemos que $\sqrt{16} = 4$ e que $\sqrt{25} = 5$; logo, é possível estimar que o resultado da raiz de 18 está entre 4 e 5.

Como 18 está mais próximo do número 16 do que do número 25, começaremos a estimativa de valores próximos a 4.

$4,1^2$	$4,2^2$	$4,24^2$	$4,25^2$
16,810	17,640	17,978	18,063

Perceba que $4,24^2 = 17,978$ tem uma diferença para 18 de 0,022 e que $4,25^2 = 18,063$ tem uma diferença para 18 de 0,063. Portanto, com duas casas decimais, podemos dizer que:

$$\sqrt{18} \cong 4,24$$

Lembramos que, se utilizássemos mais casas decimais, alcançaríamos um resultado mais preciso.

Usando uma calculadora com um visor de capacidade para 10 dígitos, teremos:

$$\sqrt{18} \cong 4,242640687$$

Outra maneira de resolver essa questão é decompor 18 em fatores primos.

$$18 = 3^2 \cdot 2$$
$$\sqrt{18} = \sqrt{3^2 \cdot 2} = \sqrt{3^2} \cdot \sqrt{2} = 3\sqrt{2}$$

Como $\sqrt{2}$ é aproximadamente 1,41, com aproximação de duas casas decimais, temos:

$$\sqrt{18} = 3\sqrt{2} \cong 3 \cdot 1,41 = 4,23$$

Entre os resultados obtidos para duas casas decimais há um erro de 1 centésimo.

2. Considerando que $\sqrt{36} = 6$ e $\sqrt{49} = 7$ utilize a potenciação e aproximações sucessivas para calcular a raiz quadrada dos números a seguir.

a) $\sqrt{38}$ b) $\sqrt{40}$ c) $\sqrt{45}$

3. Descreva um método de aproximação de raízes quadradas a partir de suas observações.

Radiciação e potenciação com números racionais

A potenciação e a radiciação são operações inversas. Uma maneira de compreender como essas duas operações estão associadas é observar a relação entre o cálculo da medida da área de um quadrado e a medida de seu lado.

Com base na medida do lado do quadrado, podemos determinar a área dele:

$$A = \ell^2$$
$$\text{Se } A = 5^2, \text{ então } A = 25 \text{ cm}^2$$

Conhecendo a área do quadrado, determinamos a medida de seu lado:

$$\ell^2 = A$$
$$\ell = \sqrt{A}$$
$$\ell = \sqrt{25}, \text{ então } \ell = 5 \text{ cm}$$

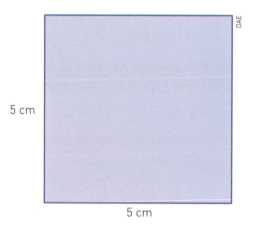

Assim, vimos que extrair a raiz quadrada é a operação inversa de elevar ao quadrado.

Também podemos observar essa relação analisando o cálculo do volume de um cubo com base na medida de sua aresta.

O volume do cubo cuja aresta mede 4 cm é:

$$V = a^3$$
$$V = 4^3 \longrightarrow V = 64 \text{ cm}^3$$

Conhecendo o volume do cubo, podemos calcular a medida da aresta dele:

$$a^3 = V \longrightarrow a = \sqrt[3]{V}$$
$$a = \sqrt[3]{64} \longrightarrow a = 4 \text{ cm}$$

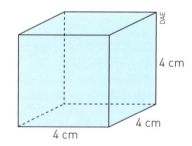

Extrair a raiz cúbica é a operação inversa de elevar ao cubo.

Em relação às duas situações geométricas acima, responda:
1. Se $\sqrt{25} = 5$ qual é o valor de 5^2?
2. Se $\sqrt[3]{64} = 4$ qual é o valor de 4^3?

Até aqui vimos a potenciação com expoentes naturais ou expoentes inteiros. E se o expoente for um número racional não inteiro, qual será o resultado?

$$9^{\frac{1}{2}} = ? \quad 16^{0,75} = ?$$

Os expoentes racionais relacionam a potenciação e a radiciação.

> Se a é um número positivo e m e n são números naturais diferentes de zero, então:
>
> $$a^{\frac{m}{n}} = \sqrt[n]{a^m} \quad \text{ou} \quad \sqrt[n]{a^m} = a^{\frac{m}{n}}$$

Você pode interpretar que as potências de base positiva e expoente racional podem ser escritas na forma de radical, assim como os radicais podem ser escritos na forma de potência com expoente racional. Observe os exemplos:

$$5^{\frac{1}{2}} = \sqrt[2]{5^1} = \sqrt{5}$$

$$7^{0,75} = 7^{\frac{75}{100}} = 7^{\frac{3}{4}} = \sqrt[4]{7^3}$$

$$\sqrt{10} = \sqrt[2]{10^1} = 10^{\frac{1}{2}}$$

$$\sqrt[3]{5^2} = 5^{\frac{2}{3}}$$

Como no cálculo de potências com expoentes naturais, a observação de padrões numéricos também auxilia no cálculo da potenciação com expoentes racionais. Veja o exemplo numérico no quadro a seguir.

Expoentes diminuem de $\frac{1}{2}$ em $\frac{1}{2}$

9^1	$9^{\frac{1}{2}}$	9^0
9	x	1

Considerando que os valores dos expoentes diminuem de $\frac{1}{2}$ em $\frac{1}{2}$, as potências diminuem na mesma razão. Assim, escrevemos:

$$\frac{9}{x} = \frac{x}{1}$$

$$x^2 = 9$$

$$x = \sqrt{9} \ (x > 0)$$

Como $x = 9^{\frac{1}{2}}$, temos que $9^{\frac{1}{2}} = \sqrt{9}$.

Aqui é importante que você observe que as propriedades estudadas para expoentes inteiros continuam sendo válidas para os expoentes racionais não inteiros. Apenas para ilustrar, observe o exemplo a seguir.

$$3 = \sqrt{9} = 9^{\frac{1}{2}} = (3^2)^{\frac{1}{2}} = 3^{2 \cdot \frac{1}{2}} = 3^1$$

Responda:

1. Qual propriedade de potenciação foi usada no exemplo acima?

2. Qual é o resultado de $\left(\sqrt[3]{5}\right)^3$? Justifique.

Atividades

1) Responda:
   a) Se $\sqrt{121} = 11$, qual o valor de 11^2?
   b) Se $\sqrt{576} = x$, qual o valor de x^2?
   c) Se a medida do lado de um quadrado é igual a 5,2 cm, qual sua área?
   d) Se a área de um quadrado é igual a 900 cm², qual a medida de seu lado?

2) A área do quadrado está indicada na figura a seguir.
   a) Se a medida do lado do quadrado é representada por x, escreva na forma de potência uma expressão que relaciona a medida x com a área do quadrado.
   b) Escreva na forma de radiciação a medida x do lado do quadrado com base na medida da área indicada.

Área = 81 cm²

3) O volume do cubo representado abaixo é igual a 216 cm³ e a medida de sua aresta está indicada por x.
   a) Utilize potenciação para relacionar a medida da aresta x e o volume.
   b) Utilize radiciação para relacionar a medida da aresta x e o volume.
   c) Qual é a medida da aresta do cubo?

4) Responda:
   a) Se $\sqrt[3]{64} = 4$, qual é o valor de 4^3?
   b) Se $\sqrt[3]{125} = x$, qual é o valor de x^3?
   c) Se a medida da aresta de um cubo é igual a 1,2 cm, qual é seu volume?
   d) Se o volume de um cubo é 1 000 cm³, qual é a medida de sua aresta?

5) Escreva, na forma de potência, cada uma das raízes a seguir.
   a) $\sqrt{50}$
   b) $\sqrt[3]{10}$
   c) $\sqrt[3]{9}$
   d) $\sqrt{122}$

6) Escreva, na forma de uma raiz, cada uma das seguintes potências:
   a) $3^{\frac{3}{4}}$
   b) $8^{\frac{2}{3}}$
   c) $0,1^{\frac{2}{3}}$
   d) $125^{\frac{1}{3}}$

7) Leia novamente as atividades 5 e 6 e pense na relação das potências de expoentes fracionários com a radiciação. Elabore um problema que possa ser solucionado por meio dessa relação e peça a um colega que o resolva.

8) Calcule:
   a) $400^{\frac{1}{2}}$
   b) $8^{\frac{1}{3}}$
   c) $169^{\frac{1}{2}}$
   d) $\left(3^{\frac{1}{3}}\right)^3$

Retomar

1 Qual é a representação decimal do número $\frac{23}{5}$?

a) 0,23
b) 2,3
c) 4,0
d) 4,6

2 Analise as afirmações abaixo e assinale a correta.

a) O número –3 é natural.
b) O número 17 é racional.
c) O número 3,75 é uma dízima periódica.
d) O número $\frac{2}{5}$ é inteiro.

3 Qual é a fração geratriz da dízima periódica 3,636363...?

a) $\frac{36}{99}$
b) $\frac{300}{10}$
c) $\frac{360}{99}$
d) $\frac{363}{10}$

4 Determine a alternativa que indica corretamente o valor de $(-4)^3$.

a) 12
b) –12
c) 64
d) –64

5 Entre quais números inteiros está localizado o número correspondente a $\sqrt{44}$?

a) Entre 6 e 7.
b) Entre 7 e 8.
c) Entre 8 e 9.
d) Entre 9 e 10.

6 A área do quadrado representado a seguir é 256 cm². Qual é a medida do lado, indicado pela letra L?

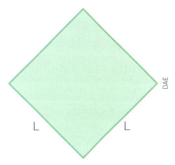

a) 11 cm
b) 16 cm
c) 12 cm
d) 13 cm

7 Calcule:

a) $\sqrt{100}$
b) $(-15)^2$
c) $\sqrt{\frac{1}{4}}$
d) 5^4
e) $\left(\frac{1}{3}\right)^2$
f) 3^3

8 Determine a alternativa que indica corretamente a decomposição do número 48 em fatores primos.
a) $2^4 \cdot 5$
b) $2^4 \cdot 3^2$
c) $2^4 \cdot 3$
d) $2^3 \cdot 3$

9 Indique a alternativa que contém o maior número inteiro quadrado perfeito com dois algarismos.
a) 90
b) 36
c) 49
d) 81

10 Indique a alternativa que contém o menor número inteiro quadrado perfeito com dois algarismos.
a) 11
b) 16
c) 25
d) 49

11 Entre os números a seguir, a alternativa que contém um inteiro quadrado perfeito é:
a) 44
b) 440
c) 4 000
d) 2 500

12 O valor correspondente ao número $\dfrac{100 \cdot 10^{-6} \cdot (10^{-2})^3}{(10^{-3})^5}$ é:
a) 10^5
b) 10^{-5}
c) 10^6
d) 10^{10}

13 A raiz quadrada exata do número 0,0004 é:
a) 0,01
b) 0,04
c) 0,03
d) 0,02

14 O valor numérico da expressão $A = \dfrac{9 \cdot 10^5 \cdot 0{,}01}{30^2}$ é:
a) 1
b) 5
c) 10
d) 20

15 Calcule os valores das expressões a seguir.
a) $\sqrt{169} + 2^3 \cdot 2^2 + (-5)^2$
b) $\sqrt{\left(\dfrac{1}{8}\right)^2 + \left(\dfrac{1}{2}\right)^5 + \sqrt{\dfrac{1}{16}}}$

16 Coloque os números a seguir em ordem crescente.
a) $\dfrac{1}{\sqrt{16}}$
b) 16^{-1}
c) $\dfrac{\sqrt{4}}{4^{-1}}$
d) $\sqrt{16}$
e) 1^4

17 Dê o valor de cada raiz quadrada a seguir.
a) $\sqrt{0{,}16}$
b) $\sqrt{2{,}25}$
c) $\sqrt{1{,}69}$
d) $\sqrt{0{,}49}$

18 Entre os números 20 e 99, qual é a quantidade de números naturais que são quadrados perfeitos?
a) 5
b) 6
c) 7
d) 8

19 A área do quadrado representado a seguir é 1 024 cm². Qual é a medida do lado indicado pela letra k?

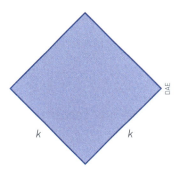

a) 11 cm
b) 26 cm
c) 32 cm
d) 13 cm

20 Sobre os números $A = 25^2$ e $B = (5^2)^2$ é correto afirmar:
a) $A > B$
b) $A = B$
c) $A < B$
d) $A - B = 1$

21 Assinale a alternativa correta.
a) $2^4 \neq 4^2$
b) $(3^2)^4 \neq 9^4$
c) $3^4 = 81$
d) $0,1 > \sqrt{1}$

22 O número 0,00000001 também pode ser escrito como:
a) 10^{-7}
b) 10^{-8}
c) 10^{-9}
d) 10^{-10}

23 O número 10^{12} corresponde ao número representado pelo algarismo:
a) 1 seguido de 11 zeros.
b) 1 seguido de 10 zeros.
c) 1 seguido de 13 zeros.
d) 1 seguido de 12 zeros.

24 Como é a notação científica do número 340 000?
a) $34 \cdot 10^5$
b) $3,4 \cdot 10^5$
c) $3,4 \cdot 10^4$
d) $34 \cdot 10^4$

25 (**Senai-SP**) Uma espécie de planta aquática cresce de modo que, a cada dia, ela duplica a superfície ocupada. Uma única planta leva 60 dias para cobrir completamente a superfície de determinado lago. Se fossem duas plantas, da mesma espécie, a superfície desse lago estaria completamente coberta em

a) 15 dias.
b) 30 dias.
c) 47 dias.
d) 59 dias.
e) 60 dias.

26 (**OBM**) Assinale a alternativa que apresenta o maior dos cinco números.

a) 2014^5
b) 3015^4
c) 4016^3
d) 5017^2
e) 6018^1

27 (**Obmep**) José gosta de inventar operações matemáticas entre dois números naturais. Ele inventou uma operação ▨ em que o resultado é a soma dos números seguida de tantos zeros quanto for o resultado dessa soma. Por exemplo:

$$2 \,▨\, 3 = 5\underbrace{00000}_{5 \text{ zeros}} \quad \text{e} \quad 7 \,▨\, = 7\underbrace{0000000}_{7 \text{ zeros}}$$

Quantos zeros há no resultado da multiplicação abaixo?

(1 ▨ 0) × (1 ▨ 1) × (1 ▨ 2) × (1 ▨ 3) × (1 ▨ 4)

a) 5   b) 10   c) 14   d) 16   e) 18

28 (**Obmep**) João formou um cubo 5 × 5 × 5 usando cubinhos menores numerados, sendo que cada cubinho recebeu um número diferente dos demais. O cubo foi montado de tal modo que a soma dos números em qualquer bloco de 5 cubinhos alinhados lado a lado fosse sempre a mesma. A soma dos números de todos os cubinhos é 7 875. Qual é a soma dos números dos cubinhos de uma face qualquer do cubo?

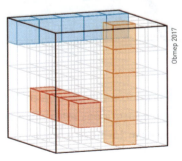

a) 315
b) 1 575
c) 2 875
d) 5 625
e) 7 875

Ampliar

Uma raiz diferente,
de Luzia Faraco Ramos
(Ática)

Esse livro é parte da coleção A Descoberta da Matemática. Por meio de uma aventura muito inesperada no local em que vivem seus avós, Luís acaba aprendendo conceitos matemáticos. Você também aprenderá com ele.

UNIDADE 2

Estrutura de madeira, base de uma casa.

Antever

As imagens desta e da próxima página mostram que a Matemática influencia no mundo real. Os formatos e os tipos de construções retratam exemplos importantes da inspiração utilizada pela humanidade em formas geométricas. Observe as imagens apresentadas nestas páginas e responda:

Geometria plana

Composição com diferentes portas.

1. Quais figuras geométricas você reconhece na composição de portas?

2. As madeiras no esqueleto da casa lembram quais objetos geométricos?

45

CAPÍTULO 4

Segmentos, ângulos e retas

Retas, semirretas e segmentos

A Torre de Pisa é o campanário da catedral da cidade italiana de Pisa. Logo após o início da construção, no ano 1173, ela começou a inclinar em razão da fundação malfeita. Atualmente inclinada para o sudoeste, essa torre se tornou um dos mais famosos pontos turísticos do mundo.

É curioso notar que a altura do topo da torre ao solo é de 55,86 m, considerando o lado mais baixo, e de 56,40 m, se considerarmos o lado mais alto. Atualmente a torre está inclinada em aproximadamente 4°.

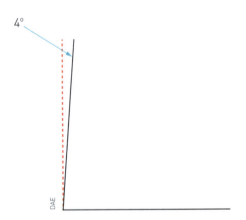

Torre de Pisa, Itália.

No desenho acima utilizamos segmentos de reta para representar a inclinação da torre.

Para traçar retas ou segmentos, podemos utilizar uma régua. Além desse instrumento, há outros que podem ser utilizados para essa finalidade, como os **esquadros**.

Os esquadros são instrumentos de desenho com forma triangular de dois tipos. O esquadro amarelo, ao lado, tem um ângulo reto, um ângulo de 30° e um ângulo de 60°; já o esquadro azul, ao lado, tem um ângulo reto e dois ângulos de 45°.

Esquadros.

Em uma folha de papel é possível representar retas, semirretas ou segmentos de reta, de acordo com as ilustrações a seguir.
- Reta *r*:

Utilizamos as duas setas para indicar que a reta *r* continua indefinidamente nos dois sentidos.

- Reta determinada por dois pontos:

Utilizamos a notação $\overleftrightarrow{AB}$ ou $\overleftrightarrow{BA}$ para indicar uma reta que contém os pontos *A* e *B*.

- Semirreta:

Observe a representação da reta *r*. O ponto *O* divide essa reta em duas semirretas de mesma origem, que podem ser representadas por: $\overrightarrow{OA}$ (semirreta de origem no ponto *O* que passa pelo ponto *A*) e $\overrightarrow{OB}$ (semirreta de origem no ponto *O* que passa pelo ponto *B*).

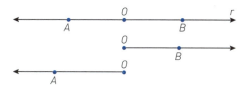

- Segmento de reta:

Imagine dois pontos, *A* e *B*, pertencentes a uma mesma reta. O conjunto de pontos dessa reta compreendidos entre esses dois pontos, considerando também *A* e *B*, é denominado segmento de reta. Para indicar o segmento com extremidades em *A* e *B* utilizamos a notação $\overline{AB}$.

> Responda:
> 1. O que indicam os símbolos $\overline{AB}$, $\overrightarrow{AB}$ e $\overleftrightarrow{AB}$?
> 2. Quando dois segmentos são congruentes?

Vamos entender o significado de segmentos congruentes.
Exemplo:

Observe a representação dos segmentos *AB* e *PQ*. Utilizando uma régua, é possível concluir que esses segmentos têm a mesma medida de comprimento.

Para não confundir a indicação de um segmento de reta com a indicação da medida de seu comprimento, utilizamos as seguintes notações:

> Dois segmentos de reta são ditos **congruentes** quando têm o mesmo comprimento. Em símbolos, se os segmentos *AB* e *PQ* são congruentes, escrevemos: $\overline{AB} \equiv \overline{PQ}$.

- $\overline{AB} \equiv \overline{PQ}$ (o segmento *AB* é congruente ao segmento *PQ*)
- $AB = PQ$ (a medida do segmento *AB* é igual à medida do segmento *PQ*)

47

Ainda pensando nos segmentos de reta, você sabe como obter o ponto médio de um segmento? Ao desenhar um segmento de reta paralelo à borda da folha, como ilustrado a seguir, e dobrá-la de forma que os pontos extremos do segmento coincidam, obtemos, na dobra, o ponto médio. Esse ponto é equidistante às extremidades do segmento. Esse é um modo de obter o ponto médio do segmento AB.

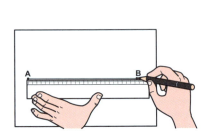 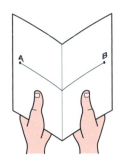 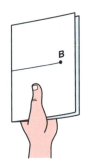 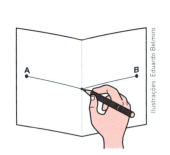

Atividades

1. Junte-se a um colega e, utilizando régua e compasso, sigam as instruções abaixo para determinar o ponto médio de um segmento. Apresentem o desenho aos demais colegas.

    1. Tracem um segmento de reta AB. Depois, tracem duas circunferências de mesmo raio, com centros em A e B, de modo que a abertura do compasso seja um pouco maior que a metade do segmento.

    2. Em seguida, tracem uma reta que contenha os pontos de encontro das duas circunferências. Essa reta é chamada de mediatriz e contém o ponto médio do **segmento AB**.

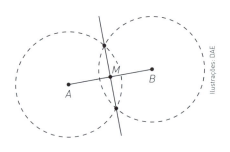

2. Observe os pontos A, B e C representados na reta r e responda às questões.

    a) Quantos segmentos de retas com extremidades em dois desses pontos estão sobre a reta r?

    b) Quais são esses segmentos?

    c) O ponto B pertence à semirreta AC?

    d) O ponto A pertence à semirreta CB?

    e) Qual é a origem da semirreta AC?

    f) Quantos pontos em comum têm as semirretas BC e BA?

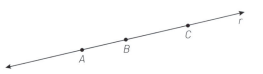

3. Agora vamos considerar que na reta r representada a seguir os pontos A, B e C indicados são tais que AB = 3 cm e BC = 5 cm.

    a) Determine a medida do segmento AC.

    b) Determine a diferença entre as medidas dos segmentos AC e AB.

    c) Qual é o comprimento da reta r?

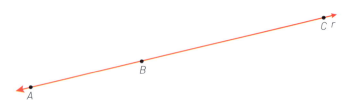

4 Ainda em relação à atividade anterior, considere que *M* é o ponto médio do segmento *AB*, isto é, *M* está situado à mesma distância de *A* e de *B*. Além disso, *N* é o ponto médio do segmento *BC*, isto é, *N* está à mesma distância dos pontos *B* e *C*. Qual é a medida *MN*?

5 Marcos desenhou no caderno um segmento com 5 cm de comprimento e extremidades nos pontos *P* e *Q*. Por sua vez, Júlia desenhou no caderno um segmento com extremidades nos pontos *A* e *B* congruente ao segmento *PQ* desenhado por Marcos. Responda:

a) O que significa segmentos congruentes?

b) Qual é o comprimento do segmento desenhado por Júlia?

6 O retângulo abaixo foi considerado como esboço de uma quadra de futebol para uma comunidade, dentro de um terreno disponível. Deseja-se determinar com precisão a linha do centro que divide o campo em dois retângulos congruentes dividindo o maior comprimento ao meio.

a) Que conceito matemático permite utilizar uma reta para dividir o campo de futebol em dois retângulos congruentes?

b) Como você faria para construir a reta que permite dividir esse retângulo em dois outros, congruentes entre si?

c) Quais seriam as medidas dos retângulos do esboço após sua divisão em duas partes congruentes?

7 Na malha quadriculada abaixo estão representados um quadrado e um losango.

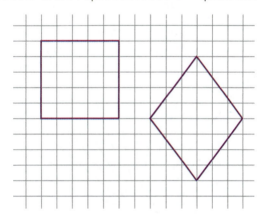

Em relação aos segmentos que formam os lados, responda: Qual quadrilátero tem os quatro lados congruentes?

8 Considere esta reta:

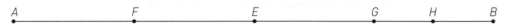

Se *AB* = 20,6 cm e *HB* = 2,575 cm, determine:

a) a medida de $\overline{GB}$ sabendo que o ponto *H* é o ponto médio desse segmento;

b) a medida de $\overline{EB}$ sabendo que o ponto *G* é o ponto médio desse segmento;

c) a medida de $\overline{FG}$ sabendo que o ponto *E* é o ponto médio desse segmento.

Congruência de ângulos

Vamos relembrar o conceito de ângulo, seus elementos e como determinar sua medida.
Podemos dizer que o ângulo é a região do plano limitada por duas semirretas de mesma origem.

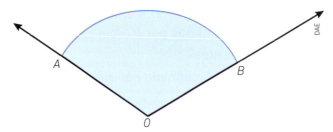

No ângulo AÔB temos os seguintes elementos:
- **vértice**, que é o ponto O, origem das semirretas;
- **lados** do ângulo, que são as semirretas $\overrightarrow{OA}$ e $\overrightarrow{OB}$.

Além disso, é importante lembrar que:
- a abertura de um ângulo está relacionada à sua medida;
- se a medida de um ângulo é 90°, ele é denominado **ângulo reto**;
- se a medida de um ângulo é 180°, ele é denominado **ângulo raso**;
- se a medida de um ângulo estiver compreendida entre 0° e 90°, ele é denominado **ângulo agudo**;
- se a medida estiver compreendida entre 90° e 180°, ele é denominado **ângulo obtuso**;
- para medir um ângulo, em graus, podemos utilizar um **transferidor**.

Para exemplificar, observe que a medida do ângulo AÔB representado a seguir é igual a 65°.
Podemos indicar essa medida como med(AÔB) = 65° ou, simplesmente, AÔB = 65°.

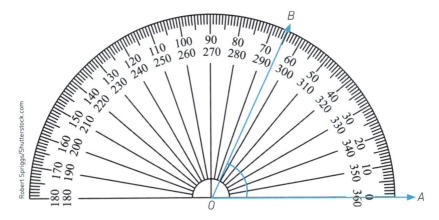

Utilizando uma régua e um transferidor, você pode fazer no caderno um ângulo que seja congruente ao ângulo acima. Basta traçar um ângulo que meça 65°.

> Dois ângulos são ditos congruentes quando têm a mesma medida.

Responda:
1. Todos os ângulos retos são congruentes entre si? Por quê?
2. Quando dois ângulos não são congruentes entre si?

Atividades

1. No paralelogramo desenhado abaixo indique, com o uso do transferidor, quais ângulos são congruentes.

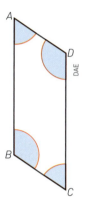

2. Observe os ângulos desenhados a seguir.

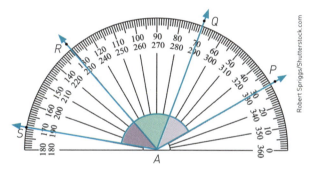

a) De acordo com a figura do transferidor, obtenha as medidas dos ângulos PÂQ, QÂR e RÂS.
b) Qual é a medida do ângulo PÂR?
c) Qual é a medida do ângulo QÂS?
d) Entre os ângulos indicados acima, qual é o ângulo congruente ao ângulo RÂS?

3. Com base na figura abaixo, determine a medida dos seguintes ângulos:

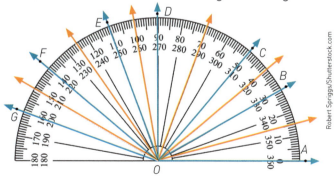

a) med(AÔB)
b) med(BÔC)
c) med(CÔD)

d) med(DÔE)
e) med(EÔF)
f) med(FÔG)

4. Ainda em relação à figura do exercício 3, responda: O que as semirretas em laranja representam em relação aos ângulos indicados por AÔB, BÔC, CÔD, DÔE, EÔF e FÔG?

5. Os ângulos a seguir, AÔB e CÔD, são congruentes. Utilize um transferidor e obtenha suas medidas.

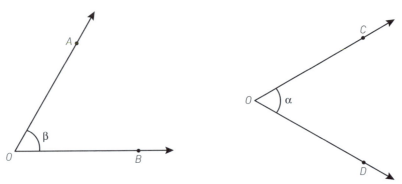

6. Na malha quadriculada abaixo estão representados um quadrado e um losango.

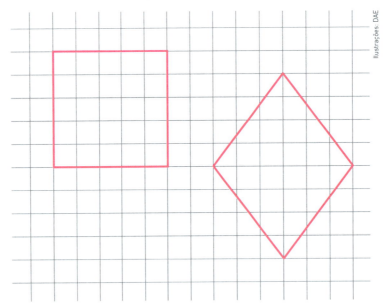

Como você pode diferenciar o quadrado do losango com base no conceito de congruência de ângulos?

7. Desenhe um ângulo congruente ao ângulo indicado na figura a seguir.

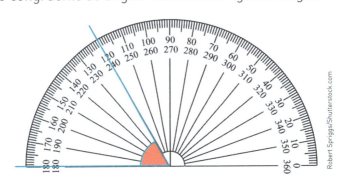

Qual é a medida do ângulo que você desenhou?

Ângulos congruentes

Esta é uma atividade de construção geométrica de ângulos congruentes.
Você deve fazer esta atividade com mais dois colegas.

Material:

- compasso;
- régua;
- 2 folhas em formado A4.

Instruções

1. Utilizando apenas régua, desenhe um ângulo AOB de abertura qualquer.
2. Ao lado desse desenho, trace uma semirreta e indique o ponto M, conforme indicado abaixo.
3. Com o auxílio do compasso, trace um arco com centro no ponto O que intersecte os lados do ângulo AÔB. Identifique, de acordo com a figura a seguir, os pontos de encontro do arco com os lados.
4. Com a mesma abertura do compasso, trace um arco com a ponta seca no ponto M. Identifique o ponto de encontro da semirreta com o arco como C'.
5. Com o compasso, meça a distância entre os pontos C e D no primeiro desenho.
6. Com essa distância, posicionando o compasso com a ponta seca no ponto C', trace um novo arco e indique a intersecção dele com o antigo por D'.
7. Trace a semirreta de origem em M que passa pelo ponto D'.

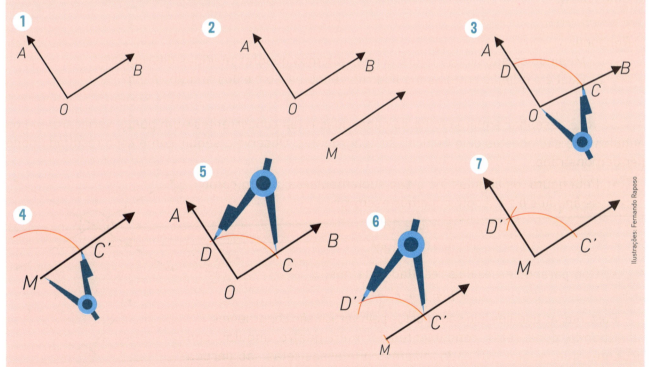

Seguindo esses passos, você traçou dois ângulos congruentes.
Em outras palavras, essa construção significa o "transporte" de um ângulo.

53

Ângulos entre duas retas no plano

Vamos lembrar que, quando se traçam duas **retas distintas** em um plano, existem duas possibilidades quanto às posições relativas: as retas podem ser concorrentes ou paralelas. A seguir, observe a representação dessas duas possibilidades em um plano representado por α.

As retas r e s, contidas em um plano α, têm o ponto P como único ponto em comum. Nesse caso, r e s são ditas **retas concorrentes**.

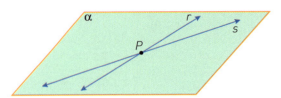

Observe que as retas a e b, contidas, no plano α abaixo, não têm ponto em comum. Nesse caso, a e b são ditas **retas paralelas**.

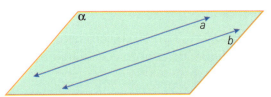

Na representação de duas retas concorrentes, formam-se quatro ângulos. Esses ângulos, dois a dois, são ditos **opostos pelo vértice**. Na figura ao lado, os ângulos indicados por a e c são opostos pelo vértice. Também são opostos pelo vértice os ângulos b e d.

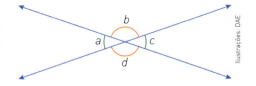

Responda:
1. Medindo os ângulos da figura acima, obtemos quantas medidas diferentes?
2. Qual é a relação entre as medidas dos ângulos a e c e dos ângulos b e d?

Se você desenhar em uma folha de papel duas retas concorrentes num ponto, verificará que os ângulos que são opostos pelo vértice são congruentes. Observe a seguir como esse resultado pode ser demonstrado.

- Pela figura, os ângulos a e b são suplementares, assim como os ângulos b e c. Logo, podemos escrever:

$$a + b = 180°$$
$$b + c = 180°$$

- Comparando esses dois resultados, temos:

$$a + b = b + c \iff a = c$$

Portanto, os ângulos que são opostos pelo vértice são congruentes.

Quando duas retas concorrentes formam quatro ângulos congruentes que medem 90° cada, dizemos que essas retas são perpendiculares. Assim, na figura ao lado, as retas r e s são perpendiculares. Para indicar um ângulo reto, desenhamos um pequeno quadrado com um ponto no centro.

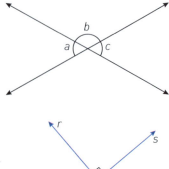

1 Laura desenhou no caderno duas retas concorrentes e obteve a medida de um dos quatro ângulos, conforme indicado na figura ao lado.

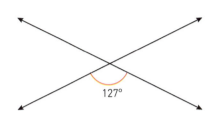

a) Quanto medem os outros três ângulos?

b) É necessário utilizar um transferidor para obter as medidas dos ângulos desconhecidos na figura?

2 Considerando os ângulos indicados pelas retas concorrentes, determine, por meio de uma equação a medida de x em cada item a seguir.

a)

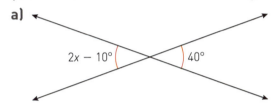

b)

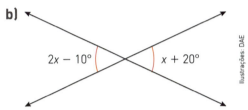

3 Dois ângulos opostos pelo vértice têm suas medidas representadas por $4x - 30°$ e $x + 60°$. Então:

a) determine o valor de x;

b) obtenha as medidas dos dois ângulos.

4 Para cada afirmação a seguir, indique **V** ou **F**, conforme ela seja verdadeira ou falsa, e justifique.

a) Duas retas concorrentes são perpendiculares.

b) Duas retas paralelas apresentam infinitos pontos em comum.

c) Se duas retas são perpendiculares, então elas são concorrentes.

d) Duas retas concorrentes que formam um ângulo de 90° são perpendiculares.

5 Desenhe no caderno um retângulo com lados que meçam 8 cm e 4 cm. Após traçar as diagonais desse retângulo, responda: Os quatro ângulos formados no ponto de encontro das diagonais são todos congruentes?

6 Na figura ao lado, as retas r e s formam quatro ângulos retos.

a) Determine o valor de x com base nas medidas indicadas na figura.

b) Obtenha as medidas dos três ângulos indicados na figura.

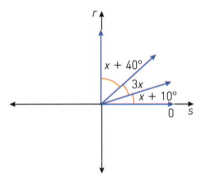

7 Na figura a seguir, observe os ângulos cujas medidas estão indicadas pelas letras a, b e d. Considerando $b = 23°$, determine:

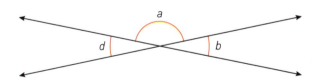

a) o valor de a;

b) o valor de d.

Ângulos entre duas retas paralelas com uma transversal

Considere agora as retas paralelas r e s. Essas duas retas são concorrentes a uma terceira reta, t, dita transversal. Na figura destacam-se os oito ângulos formados.

Apesar de termos oito ângulos, se as retas r e s são paralelas, temos apenas duas medidas diferentes. Observe que as aberturas indicadas com a mesma cor correspondem a ângulos congruentes, isto é, ângulos com a mesma medida.

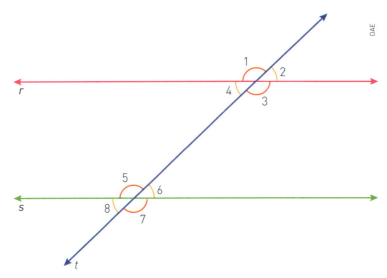

Os ângulos destacados podem ser identificados como mostramos a seguir.
- Ângulos opostos pelo vértice são congruentes:

    1 e 3   2 e 4   5 e 7   6 e 8

- Ângulos correspondentes formados por uma paralela e a transversal, que estão na mesma posição em relação à transversal, são congruentes:

    1 e 5   2 e 6   3 e 7   4 e 8

- Ângulos suplementares: a soma deles é igual a 180°.

1 e 2	1 e 4	1 e 6	1 e 8
2 e 3	2 e 7	2 e 5	3 e 4
3 e 8	3 e 6	5 e 6	5 e 8
4 e 5	4 e 7	6 e 7	7 e 8

Responda, com base na figura acima:
1. Quantas medidas diferentes de ângulos estão indicadas nela?
2. Quais ângulos são congruentes ao ângulo indicado por 1?

Observe a seguir um exemplo que relaciona as medidas dos ângulos formados por uma reta transversal e duas retas paralelas.

Considere que as retas *r* e *s* representadas ao lado são paralelas entre si. Vamos determinar as medidas dos ângulos indicados pelas letras *x* e *y*:

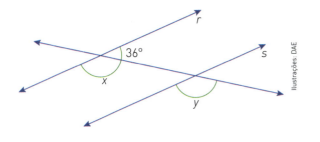

- Na figura, observe que o ângulo de medida *x* é suplementar ao de medida 36°, isto é:

$$x + 36° = 180°$$
$$x = 180° - 36°$$
$$x = 144°$$

- Já os ângulos de medidas *x* e *y* são correspondentes em relação à transversal. Portanto, têm medidas iguais:

$$y = x$$
$$y = 144°$$

 Atividades

1 Junte-se a um colega para verificar as relações entre ângulos formados por uma transversal a duas retas paralelas.

Instruções

1. Numa folha de formato A4 desenhem, com o auxílio de esquadros e régua, duas retas paralelas e uma reta transversal a elas. Depois, destaquem e nomeiem os ângulos formados por essas retas, conforme representado a seguir.
2. Dobrem a folha ao meio, conforme indica a linha tracejada. Com uma tesoura, recortem a folha exatamente na linha tracejada.
3. Sobreponham as duas partes recortadas ao longo das linhas vermelhas e verdes conforme indica a figura a seguir.

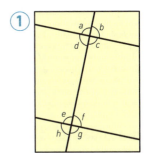 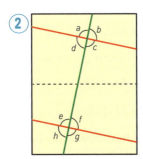 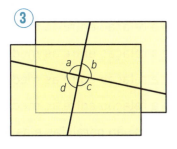

O que se pode concluir a respeito das medidas dos ângulos destacados?

2 Na figura a seguir, as retas *r* e *s* são paralelas entre si e concorrentes à reta transversal *t*. Utilize um transferidor e obtenha as medidas dos ângulos destacados.

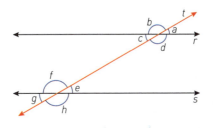

3 Na figura a seguir, as retas *m* e *n* são paralelas entre si e concorrentes à reta *t*.

Considerando as informações indicadas na figura, determine:

a) a medida do ângulo *b*;

b) a medida do ângulo *a*;

c) a medida do ângulo *c*.

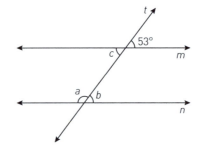

4 Considere que as retas *r* e *s* são paralelas. Supondo possíveis valores para as medidas de ângulo indicadas por α e β e considerando ainda que a reta *t* possa mudar de posição alterando as medidas desses dois ângulos, responda:

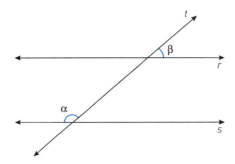

a) Se α = 160°, qual é o valor de β?

b) Se α = 158°, qual é o valor de β?

c) Se α = 140°, qual é o valor de β?

d) Se β = 60°, qual é o valor de α?

e) Se β = 80°, qual é o valor de α?

5 Na figura ao lado, as retas desenhadas com a mesma cor são paralelas entre si. Justifique suas respostas.

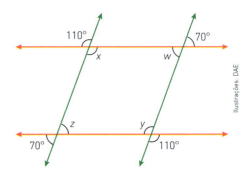

a) Determine a medida de cada um dos ângulos indicados na figura pelas letras *x*, *y*, *z* e *w*.

b) Qual é a relação entre as medidas dos ângulos *x* e *y*?

c) Qual é a relação entre as medidas dos ângulos *z* e *w*?

d) Qual é a relação entre as medidas dos ângulos *x* e *w*?

e) Qual é a relação entre as medidas dos ângulos *y* e *z*?

6 As retas *r* e *s* são paralelas e as linhas tracejadas são paralelas a essas duas retas:

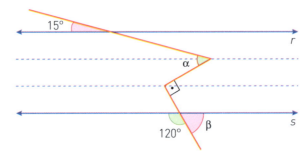

Com base nas medidas dos ângulos indicados na figura, responda:

a) Qual é o valor de α?

b) Qual é o valor de β?

CAPÍTULO 5

Triângulos

Classificação de triângulos

Você já parou para pensar sobre as estruturas feitas para sustentar grandes massas em construções de pontes, viadutos e edifícios? Notou que o triângulo normalmente faz parte dessas estruturas?

Engenheiros, arquitetos e construtores, de modo geral, sabem que a estrutura em forma de triângulo auxilia a distribuir melhor a massa a ser sustentada. Além disso, há também a questão da rigidez dessa forma geométrica.

Torre com estrutura metálica formada por triângulos.

Ponte com esteios em formato de triângulos, na cidade de Natal (RN).

> O triângulo é o único polígono **rígido**. Isso significa que, uma vez definidos os lados de um triângulo, não é possível deformá-lo, enquanto os demais polígonos podem ser deformados.

Veja alguns exemplos em que triângulos fazem parte das estruturas, com o objetivo de lhes conferir maior rigidez.

Bicicleta.

Suporte do telhado.

Suporte do balanço.

Você pode citar outros exemplos da utilização de triângulos?

Os triângulos podem ser classificados quanto às medidas dos lados e quanto às medidas dos ângulos.

Quanto aos lados

Observe atentamente os quatro triângulos representados a seguir.

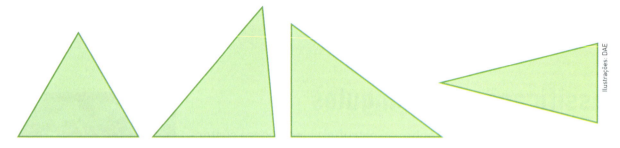

Utilizando uma régua, podemos determinar as medidas aproximadas de seus lados. Com o auxílio de um transferidor, obtemos as medidas, também aproximadas de seus ângulos. É possível encontrar, entre os triângulos acima, um triângulo em que os três lados sejam congruentes (mesma medida), um triângulo em que apenas dois lados sejam congruentes e um triângulo em que os três lados tenham medidas diferentes. Assim, temos três possibilidades quanto às medidas dos lados de um triângulo.

Triângulo equilátero

- Todos os lados têm a mesma medida.
$$AB = AC = BC$$
- Todos os ângulos internos têm a mesma medida.
$$\hat{A} = \hat{B} = \hat{C} = 60°$$

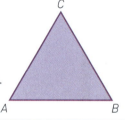

Triângulo isósceles

- Tem pelo menos dois lados de mesma medida.
$$AB = AC$$
- Os ângulos internos opostos aos lados congruentes têm medidas iguais.
$$\hat{B} = \hat{C}$$

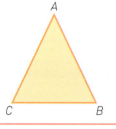

Triângulo escaleno

- Todos os lados têm medidas diferentes.
$$AB \neq AC \neq BC$$
- Todos os ângulos internos têm medidas diferentes.
$$\hat{A} \neq \hat{B} \neq \hat{C}$$

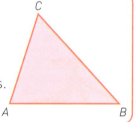

zoom
Um triângulo equilátero também pode ser considerado um triângulo isósceles, pois, como tem três lados com a mesma medida, tem, inevitavelmente, dois lados com a mesma medida.

Quanto aos ângulos

Assim como se classifica um triângulo de acordo com as medidas de seus lados, também podemos classificá-lo observando as medidas de seus ângulos internos. Existem três possibilidades quanto a essas medidas.

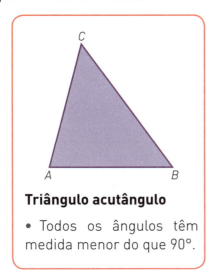

Triângulo acutângulo

- Todos os ângulos têm medida menor do que 90°.

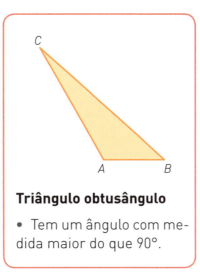

Triângulo obtusângulo

- Tem um ângulo com medida maior do que 90°.

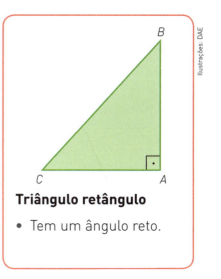

Triângulo retângulo

- Tem um ângulo reto.

Você já ouviu falar em desigualdade triangular?

Quando você analisar as medidas dos lados de um triângulo, poderá comprovar um resultado conhecido como **desigualdade triangular**, que representa a condição de existência de um triângulo quanto às medidas de seus lados.

> Em um triângulo qualquer, cada lado tem a medida menor que a soma das medidas dos outros dois lados.

Essa propriedade pode ser comprovada com uma pequena experiência. Imagine três segmentos com comprimento de 10 cm, 6 cm e 3 cm.

Posicionando primeiramente o segmento de maior comprimento e depois os outros dois, note que não é possível formar um triângulo, já que os dois segmentos representados abaixo de comprimentos 3 cm e 6 cm não se encontram.

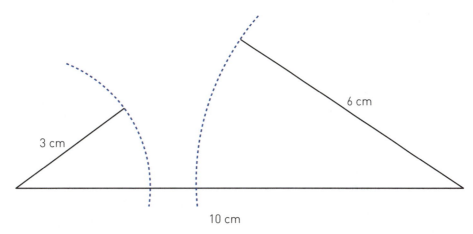

Considerando a desigualdade triangular, não haveria necessidade de verificar isso, pois a medida de 10 cm não é menor que a soma das medidas dos outros dois lados. Assim, não é possível construir um triângulo com essas medidas.

Atividades

1. No triângulo isósceles representado, a medida de um lado é igual a 8 cm. Considerando que um dos outros lados mede 10 cm, determine o perímetro do triângulo.

2. O perímetro de um triângulo equilátero é 36 cm. Determine a medida de cada um de seus lados.

3. Elabore um problema que envolva as medidas dos lados de um triângulo isósceles. Depois, entregue-o para um colega resolver.

4. Na figura a seguir, *ABC* e *DEF* são triângulos equiláteros cujos lados medem cada um 9 cm. Considerando que, para montar a figura, esses dois triângulos equiláteros são sobrepostos de maneira que formem seis novos triângulos equiláteros menores, com lados de mesmo tamanho, e um hexágono, determine:

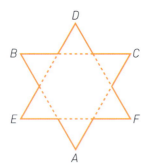

   a) a medida do lado de cada um dos pequenos triângulos equiláteros formados;
   b) o perímetro do hexágono formado pelas linhas tracejadas;
   c) o perímetro da estrela de seis pontas formada.

5. Na figura abaixo, estão representados três segmentos com comprimentos de 4 cm, 2 cm e 7 cm. Considerando esses dados, responda:

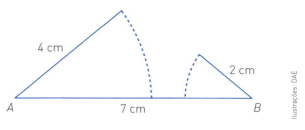

   a) Os três segmentos podem representar os três lados de um mesmo triângulo?
   b) Aumentando o comprimento do segmento menor para 3 cm, os segmentos de comprimentos 4 cm, 7 cm e 3 cm podem representar os lados de um mesmo triângulo?
   c) Aumentando o comprimento do segmento menor para 4 cm, os segmentos de comprimentos 4 cm, 7 cm e 4 cm podem representar os lados de um mesmo triângulo?

6. A figura a seguir representa um triângulo equilátero. Considerando as medidas indicadas, determine os valores de *x* e *y*.

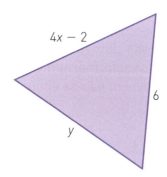

7. Utilizando apenas régua, trace um triângulo em que um dos lados meça aproximadamente 12 cm. Depois, junte-se a um colega e responda:
   a) O triângulo que você desenhou têm os lados com a mesma medida do triângulo desenhado pelo colega?
   b) Quais são as medidas dos outros dois lados do triângulo?

Congruências de triângulos

Utilizando um *software* de geometria dinâmica, Marcos desenhou um triângulo de vértices A, B e C. Depois, fez cópias desse triângulo em posições diferentes, conforme está representado a seguir:

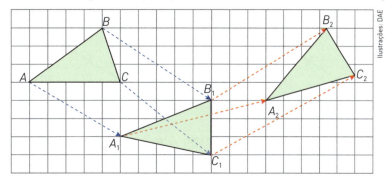

Se os novos triângulos foram obtidos apenas pelo "deslocamento" do triângulo ABC, mantendo-se as medidas dos lados e as medidas dos ângulos, então dizemos que os triângulos obtidos são congruentes e escrevemos:

$$\triangle ABC \equiv \triangle A_1B_1C_1 \equiv \triangle A_2B_2C_2$$

Responda:
1. Qual é a condição para que dois segmentos sejam congruentes? E para dois ângulos?
2. Quando dois triângulos são congruentes?

Analisando novamente os triângulos da figura anterior, observamos que seus lados correspondentes são congruentes e seus ângulos correspondentes também são congruentes. Utilizando símbolos, escrevemos:

- lados congruentes: $\overline{AB} \equiv \overline{A_1B_1} \equiv \overline{A_2B_2}$, $\overline{AC} \equiv \overline{A_1C_1} \equiv \overline{A_2C_2}$ e $\overline{BC} \equiv \overline{B_1C_1} \equiv \overline{B_2C_2}$
- ângulos congruentes: $\hat{A} \equiv \hat{A}_1 \equiv \hat{A}_2$, $\hat{B} \equiv \hat{B}_1 \equiv \hat{B}_2$ e $\hat{C} \equiv \hat{C}_1 \equiv \hat{C}_2$

De modo geral, quando dois triângulos são congruentes?

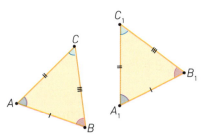

ZOOM: Usamos ≡ como sinal de congruência.

- Nos dois triângulos acima, os lados, dois a dois, são congruentes. Os lados de mesma medida estão indicados com a mesma quantidade de tracinhos.
- Nos dois triângulos acima, os ângulos, dois a dois, são congruentes. Os ângulos de mesma medida estão indicados pela mesma cor.

Dizemos então que os triângulos ABC e $A_1B_1C_1$ são congruentes e escrevemos:

$$\triangle ABC \equiv \triangle A_1B_1C_1$$

> ↑ Dois triângulos são **congruentes** quando os lados e os ângulos de um deles são congruentes, respectivamente, aos lados e aos ângulos correspondentes do outro triângulo.

Atividades

1 Os triângulos ABC e EFG são congruentes.

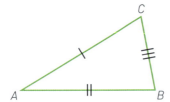 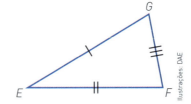

Considerando que a medida do ângulo interno A é 27° e a medida do ângulo interno C é 64°, responda:

a) Qual é a medida do ângulo interno B?
b) Qual é a medida do ângulo interno E?
c) Qual é a medida do ângulo interno G?
d) Qual é a medida do ângulo interno F?

2 Os triângulos representados a seguir são equiláteros.

 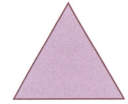

Responda às questões.

a) Os ângulos internos dos três triângulos têm as mesmas medidas? Por quê?
b) Os três triângulos são congruentes?

3 Os triângulos ABC e DEF, representados a seguir, são congruentes. Considere que AB = 4 cm, $\hat{A} = 48°$ e $\hat{C} = 50°$.

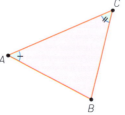 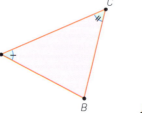

a) Determine a medida do ângulo B.
b) Obtenha a medida dos ângulos $\hat{D}$, $\hat{E}$ e $\hat{F}$.
c) Qual é a medida do lado DE?

4 Observe os quatro triângulos que resultam ao traçarmos as diagonais de um quadrado.

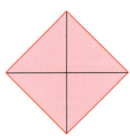

Responda e justifique:

a) Os quatro ângulos formados pelas diagonais são retos?
b) Os quatro triângulos são congruentes?

5 Junte-se a um colega para fazer esta atividade.

Instruções

1. Separem uma folha de tamanho A4. Ela representará um retângulo.
2. Com o auxílio de uma régua, tracem as duas diagonais.
3. Com uma tesoura, recortem a folha seguindo as diagonais traçadas para obter quatro triângulos.

 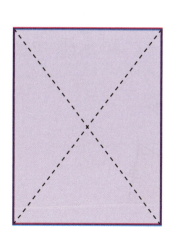 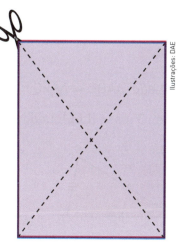

4. Sobreponham os triângulos para verificar se são congruentes.

Responda:

a) Os quatro triângulos são congruentes entre si?

b) Você obteve triângulos congruentes?

Casos de congruências de triângulos

Vimos que dois triângulos são ditos congruentes quando os lados e os ângulos de um deles são congruentes, respectivamente, aos lados e aos ângulos correspondentes do outro triângulo. No entanto, não é preciso verificar a congruência de todos os ângulos correspondentes e de todos os lados correspondentes – esse seria um processo trabalhoso. A seguir, apresentamos os casos de congruências de triângulos. Ao verificar esses casos, garantimos que dois triângulos são congruentes.

- 1º caso (**LAL**): Lado – Ângulo – Lado

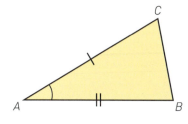 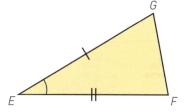

> Se dois triângulos têm dois lados congruentes e os ângulos compreendidos entre esses lados também congruentes, então os triângulos são congruentes.

Nos dois triângulos representados acima, temos:

$$\overline{AC} \equiv \overline{EG} \quad \hat{A} \equiv \hat{E} \quad \overline{AB} \equiv \overline{EF}$$

Logo, $\triangle ABC \equiv \triangle EFG$.

- 2º caso (**ALA**): Ângulo – Lado – Ângulo

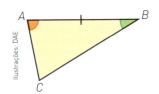 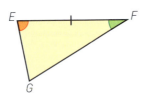

> Se dois triângulos têm um lado congruente e os dois ângulos adjacentes a esse lado também congruentes, então os triângulos são congruentes.

Nos dois triângulos representados acima temos:

$$\hat{A} \equiv \hat{E} \quad \overline{AB} \equiv \overline{EF} \quad \hat{B} \equiv \hat{F}$$

Logo, $\triangle ABC \equiv \triangle EFG$.

- 3º caso (**LLL**): Lado – Lado – Lado

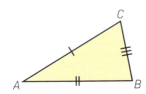 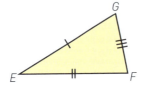

> Se dois triângulos têm os três lados congruentes, então os triângulos são congruentes.

Nos dois triângulos representados acima temos:

$$\overline{AB} \equiv \overline{EF} \quad \overline{AC} \equiv \overline{EG} \quad \overline{BC} \equiv \overline{FG}$$

Logo, $\triangle ABC \equiv \triangle EFG$.

- 4º caso (**LAA$_0$**): Lado – Ângulo adjacente – Ângulo oposto

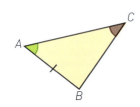 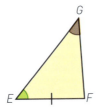

> Se dois triângulos têm um lado congruente, o ângulo adjacente a ele e o ângulo oposto também congruentes, então os triângulos são congruentes.

Nos dois triângulos temos:

$$\overline{AB} \equiv \overline{EF} \quad \hat{A} \equiv \hat{E} \quad \hat{C} \equiv \hat{G}$$

Logo, $\triangle ABC \equiv \triangle EFG$.

Atividades

1) Considere a afirmação: Os triângulos ABC e $A'B'C'$ são congruentes. Qual é o caso de congruência que garante a veracidade dessa afirmação?

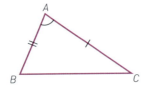 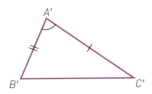

2 Conforme indicações feitas nos dois triângulos abaixo, eles são congruentes. Qual é o caso de congruência que possibilita afirmar isso?

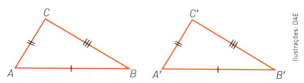

3 Num triângulo isósceles, o segmento AM é perpendicular ao lado BC e o divide ao meio.

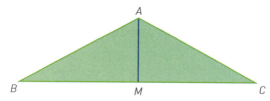

Verifique se os triângulos ABM e ACM são congruentes e justifique.

4 Desenhe num papel quadriculado um triângulo retângulo de tal maneira que os dois lados que formam o ângulo reto tenham as medidas AB = 12 cm e AC = 16 cm. Na sequência:

a) obtenha com a régua a medida aproximada do lado maior do triângulo, isto é, a medida BC;

b) verifique se o triângulo desenhado por um colega é congruente ao triângulo que você desenhou.

5 Num paralelogramo, os lados opostos são, dois a dois, paralelos e têm a mesma medida. Ao traçar a diagonal AC no paralelogramo, formam-se dois triângulos congruentes: ABC e CDA. Qual é o caso de congruência utilizado para essa afirmação? Por quê?

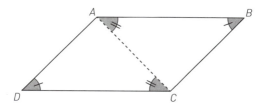

6 Os triângulos ABC e EGF são congruentes, conforme as indicações de ângulos e lados a seguir.

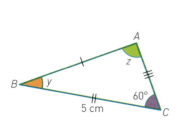
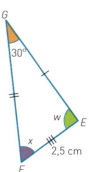

Determine a medida de:

a) AC;
b) x;
c) y;
d) z;
e) FG.

67

7 Na figura ao lado, os triângulos ABC e EDC são congruentes. Determine, justificando:

a) a medida do lado CE;
b) a medida do lado DE;
c) a medida do ângulo x;
d) a medida do ângulo y;
e) a medida do ângulo z.

8 Lúcia desenhou os triângulos ABC e EFG, representados a seguir. Logo após afirmou: esses dois triângulos são congruentes.

Responda às questões.

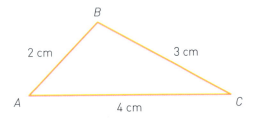
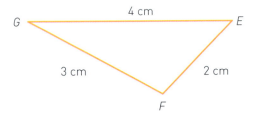

a) Lúcia está correta?
b) Qual é o caso de congruência que Lúcia utilizou para afirmar serem os triângulos congruentes?

9 Qual é o caso de congruência que nos possibilita afirmar serem estes dois triângulos congruentes?

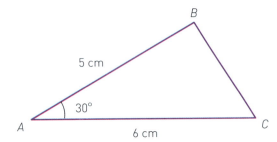
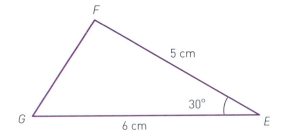

10 Em cada item a seguir há dois triângulos congruentes. Indique em cada um o caso de congruência.

a)
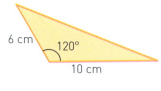

b)
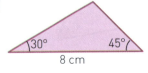

c)
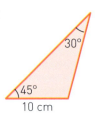

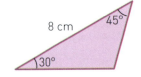

CAPÍTULO 6
Quadriláteros

Muitos conceitos matemáticos são explorados em produções artísticas. Artistas famosos já criaram obras belíssimas utilizando temas matemáticos.

Observe a obra do pintor Arcangelo Ianelli a seguir. Nela podemos observar a preocupação com o traçado de linhas retas que formam quadriláteros em tamanhos e cores diferentes.

Arcangelo Ianelli. *Casas*, 1960. Óleo sobre tela, 60 cm × 80 cm.

Responda:
1. Quais quadriláteros você reconhece na pintura representada acima?
2. Em sua sala de aula, quais objetos têm o formato que lembra um quadrilátero?

Neste capítulo vamos estudar algumas propriedades dos quadriláteros denominados paralelogramos e losangos.

Paralelogramo

O paralelogramo é um quadrilátero cujos lados opostos são paralelos e os ângulos opostos são congruentes. Além disso, dois ângulos que têm um lado em comum são suplementares, isto é, somam 180°.

Dessa forma, conhecendo a medida de um ângulo interno de um paralelogramo, podemos determinar as medidas dos demais ângulos. Como exemplo, observe o paralelogramo representado ao lado.

Apenas a medida de um ângulo é conhecida. Vamos determinar as outras?

O ângulo c é oposto ao ângulo de medida 139°, então $c = 139°$.

O ângulo b é suplementar ao ângulo de medida 139°, então $b = 41°$.

O ângulo d também é suplementar ao ângulo de medida 139°, então $d = 41°$.

Agora vamos estudar duas propriedades do paralelogramo.

Para justificar essa propriedade, vamos considerar o paralelogramo ABCD abaixo. Nesse paralelogramo vamos traçar a diagonal AC.

> **1ª propriedade**
>
> Os lados opostos de um paralelogramo são congruentes.

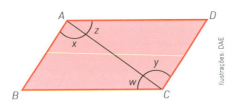

Como $\overline{AB}$ é paralelo a $\overline{CD}$ e $\overline{AD}$ é paralelo a $\overline{BC}$, temos que:
- x = y, pois são medidas de ângulos congruentes;
- z = w, pois são medidas de ângulos congruentes.

Observe no desenho acima que os triângulos ABC e ADC têm o segmento $\overline{AC}$ como lado comum. Então, como x = y e z = w, os triângulos ABC e ADC são congruentes pelo caso ALA de congruência: $\triangle ABC \equiv \triangle CDA$.

Como os triângulos são congruentes, então os lados correspondentes também são congruentes:
$$\overline{AB} \equiv \overline{CD} \text{ e } \overline{AD} \equiv \overline{BC}$$

Assim, concluímos que os lados opostos de um paralelogramo são congruentes.

Responda:
1. Essa propriedade é válida também para o quadrado, o losango e o retângulo? Por quê?

Observação:

A recíproca dessa propriedade também é verdadeira: Todo quadrilátero que tem lados opostos congruentes é um paralelogramo.

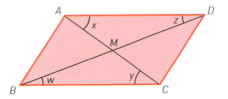

> **2ª propriedade**
>
> As diagonais de um **paralelogramo** se intersectam em seus pontos médios.

Para justificar essa propriedade, considere as diagonais do paralelogramo ABCD, que se cortam em um ponto M, conforme ilustrado na figura acima.

Como os lados opostos são paralelos, temos que x = y e z = w.

Pela 1ª propriedade, os lados opostos são congruentes, então BC = AD.

Assim, pelo caso ALA de congruência, os triângulos AMD e CMB são congruentes.

Como os demais pares de elementos dos triângulos são congruentes, temos que:
- AM = MC, isto é, M é o ponto médio da diagonal AC;
- BM = MD, isto é, M é o ponto médio da diagonal BD.

Portanto, as duas diagonais se intersectam em seus pontos médios.

Responda:
1. Essa propriedade é válida também para o quadrado, o losango e o retângulo? Por quê?

Observação:

A recíproca dessa propriedade também é verdadeira: Todo quadrilátero cujas diagonais se cortam em seus pontos médios é um paralelogramo.

Diagonais de um retângulo

O retângulo é um paralelogramo cujos ângulos medem 90°. Com base na congruência de triângulos, podemos provar a seguinte propriedade sobre as diagonais de um retângulo:

> As diagonais de um **retângulo** são congruentes.

Para justificar essa propriedade considere as duas diagonais do retângulo *ABCD* representado abaixo.

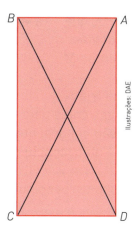

Vamos analisar os triângulos *ABC* e *DCB*:

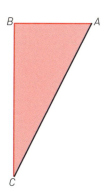
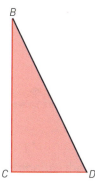

Como os lados opostos do retângulo são congruentes, temos:
$$AB = DC$$
E, como todos os ângulos do retângulo são retos, temos:
$$\hat{B} \equiv \hat{C}$$

Então, como *BC* é um lado comum aos dois triângulos, pelo caso LAL os triângulos *ABC* e *DCB* são congruentes.

Assim, os demais pares de elementos correspondentes são congruentes e $AC = BD$.

Portanto, as diagonais de um retângulo são congruentes.

Responda:
1. Em quais outros quadriláteros as diagonais são congruentes?
2. Qual é a recíproca dessa propriedade?

Diagonais de um losango

O losango é um paralelogramo cujos lados são congruentes. Com base na congruência de triângulos, podemos provar a seguinte propriedade sobre as diagonais de um losango:

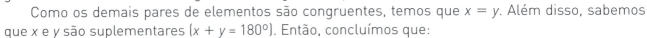

As diagonais de um losango são segmentos perpendiculares.

Assim, para justificar essa propriedade, considere as diagonais do losango representado ao lado e os ângulos *x* e *y* formado por elas.

Analisando os triângulos ABM e ADM, temos que AB = AD, pois os lados do losango são congruentes.

Como o losango é um paralelogramo, então M é o ponto médio das diagonais e BM = MD.

Assim, como AM é um lado comum aos triângulos ABM e ADM, esses triângulos são congruentes pelo caso LLL.

Como os demais pares de elementos são congruentes, temos que $x = y$. Além disso, sabemos que *x* e *y* são suplementares ($x + y = 180°$). Então, concluímos que:

$$x = y = 90°$$

Portanto, as diagonais de um losango são perpendiculares.

Responda:
1. Em quais outros quadriláteros as diagonais formam 90°?
2. Qual é a recíproca dessa propriedade?

Atividades

1 Junte-se a um colega para fazer esta atividade.

a) Desenhem numa folha quadriculada um paralelogramo como o que está representado a seguir.

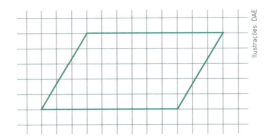

b) Representem nesse paralelogramo as aberturas dos ângulos opostos.
c) Os ângulos opostos de um paralelogramo são congruentes?
d) Os lados opostos são congruentes?

2 Observando a atividade anterior, respondam:

a) Em quais quadriláteros os lados opostos são congruentes?
b) Em quais quadriláteros os ângulos opostos são congruentes?

3 Junte-se a um colega para fazer esta atividade.

a) Desenhem numa folha quadriculada um paralelogramo como o que está representado a seguir.

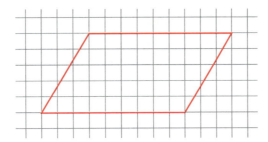

b) Representem nesse paralelogramo as duas diagonais.

c) As diagonais do paralelogramo se cortam no ponto médio? Por quê?

4 Observando a atividade anterior, respondam: Em quais quadriláteros as diagonais se cortam em seus pontos médios?

5 Junte-se a um colega para fazer esta atividade.

a) Desenhem numa folha quadriculada um retângulo como o que está representado a seguir.

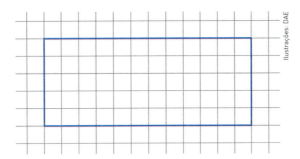

b) Representem nesse retângulo as duas diagonais.

c) As diagonais do retângulo têm mesmo comprimento?

d) Em quais quadriláteros as diagonais têm o mesmo comprimento?

6 Junte-se a um colega para fazer esta atividade.

a) Desenhem numa folha quadriculada um losango como o que está representado ao lado.

b) Representem nesse losango as duas diagonais.

c) As diagonais do losango se cortam no ponto médio?

d) As diagonais do losango são perpendiculares?

e) Além do losango, em qual outro quadrilátero as diagonais são perpendiculares?

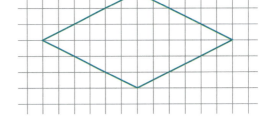

7 Junte-se a um colega para fazer esta atividade.

a) Desenhem numa folha quadriculada um trapézio isósceles como o que está representado ao lado.

b) Verifiquem com auxílio de um transferidor se os ângulos das bases de um trapézio são congruentes.

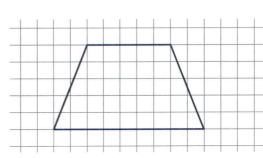

Retomar

1) Se dois ângulos opostos pelo vértice têm medidas indicadas por $4x - 10°$ e $6x - 40°$, determine:

a) o valor de x;

b) a medida desses dois ângulos;

c) a medida do ângulo suplementar de x.

2) Na figura abaixo estão representadas duas retas concorrentes; e no ponto de encontro, três ângulos. Responda.

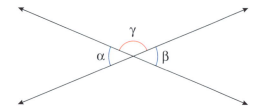

a) Se a medida do ângulo α for 45°, quais serão as medidas dos ângulos β e γ?

b) Se a medida do ângulo α for 55°, quais serão as medidas dos ângulos β e γ?

c) Se a medida do ângulo α for 41°, quais serão as medidas dos ângulos β e γ?

d) Qual é a soma das medidas dos ângulos α e γ?

e) E dos ângulos β e γ?

3) Sendo r e s duas retas paralelas, determine:

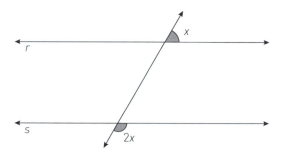

a) a medida do ângulo indicado pela letra x;

b) a medida do ângulo indicado por $2x$;

c) a relação entre as medidas desses dois ângulos.

4) Na figura a seguir, as retas r e u são paralelas. De acordo com as medidas indicadas, determine a medida dos ângulos:

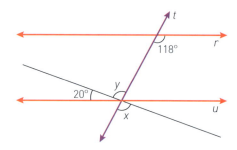

a) x;

b) y.

5) Na figura abaixo, o ponto A corresponde ao vértice de um ângulo reto, e as retas m e n são paralelas. Determine a medida do ângulo indicado por α.

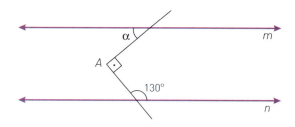

6) As retas a e b representadas a seguir são paralelas. Determine as medidas dos ângulos desconhecidos.

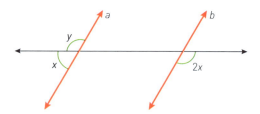

7) Determine a medida dos lados do triângulo a seguir, considerando que seu perímetro é 58 cm.

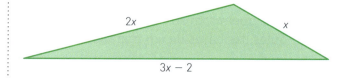

8 Dois segmentos com o mesmo comprimento são:
a) paralelos.
b) perpendiculares.
c) congruentes.
d) pertencentes à mesma reta.

9 Dois ângulos congruentes têm:
a) o mesmo vértice.
b) a mesma medida.
c) os mesmos lados.
d) medidas diferentes.

10 Na figura a seguir, a medida do ângulo indicado pela letra x é:

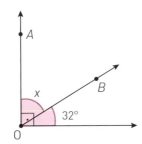

a) 48°.
b) 58°.
c) 32°.
d) 42°.

11 Observando, na figura a seguir, as retas concorrentes e os ângulos indicados, indique a alternativa correta.

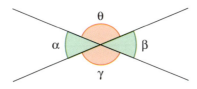

a) Os quatro ângulos têm a mesma medida.
b) Os ângulos opostos pelo vértice têm medidas diferentes.
c) Há dois ângulos cuja soma das medidas é 180°.
d) Há dois ângulos cuja soma das medidas é 90°.

12 Dois ângulos opostos pelo vértice:
a) são complementares.
b) são suplementares.
c) não têm a mesma medida.
d) são congruentes.

13 De acordo com a figura a seguir, é correto afirmar que:

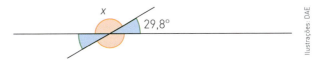

a) $x = 150°$.
b) $x = 140,2°$.
c) $x = 147,2°$.
d) $x = 150,2°$.

14 Considerando que estas retas r e s são paralelas, podemos afirmar que:

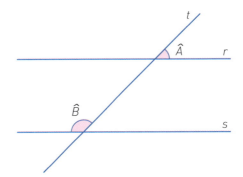

a) os ângulos A e B são complementares.
b) os ângulos A e B são suplementares.
c) se o ângulo A tem 45°, então o ângulo B tem 125°.
d) se o ângulo B tem 120°, então o ângulo A tem 30°.

15 Num triângulo retângulo, as medidas dos dois ângulos agudos são tais que:
a) a soma é igual a 180°.
b) a soma é igual a 120°.
c) a diferença é igual a 90°.
d) a soma é igual a 90°.

16 Na figura a seguir, os dois triângulos são congruentes.

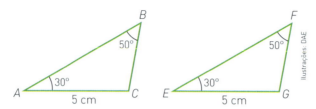

Assim, é correto afirmar que:

a) o ângulo interno G tem a mesma medida do ângulo interno B.
b) o ângulo externo G têm a mesma medida do ângulo externo C.
c) a medida do lado FG é igual à medida do lado AC.
d) a medida do lado EF é 5 cm.

17 Observando as informações no triângulo a seguir, é correto afirmar que:

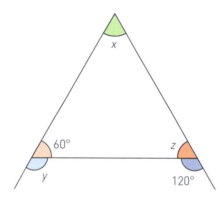

a) o triângulo é retângulo.
b) a medida do ângulo z é 70°.
c) a medida do ângulo y é 110°.
d) o triângulo é equilátero.

18 A figura a seguir representa um paralelogramo.

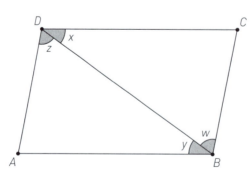

Assim, é correto afirmar que:

a) os triângulos ABD e CDB são congruentes.
b) os ângulos x e w são congruentes.
c) os lados CD e BC são congruentes.
d) os ângulos z e y são congruentes.

19 Em qualquer triângulo, a soma das medidas de seus ângulos internos é igual a:

a) 360°.
b) 180°.
c) 90°.
d) 120°.

20 Em qualquer triângulo, a soma das medidas de seus ângulos externos é igual a:

a) 360°.
b) 180°.
c) 90°.
d) 120°.

21 (**Obmep**) O trapézio ABCD foi dobrado ao longo do segmento CE, paralelo a seguir AD, como na figura. Os triângulos EFG e BFG são equiláteros, ambos com lados de 4 cm de comprimento. Qual é o perímetro do trapézio?

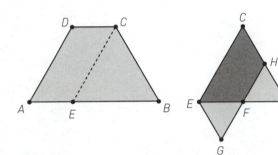

a) 16 cm
b) 18 cm
c) 20 cm
d) 24 cm
e) 32 cm

22 (**Obmep**) Na figura estão desenhadas diagonais de duas faces de um cubo. Quanto mede o ângulo BAC formado por elas?

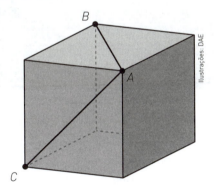

a) 45°
b) 60°
c) 75°
d) 90°
e) 120°

Ampliar

Saída pelo triângulo, de Ernesto Rosa (Ática).

Três amigos estão em um acampamento em Mato Grosso e resolvem conhecer uma ilha local mencionada em algumas lendas indígenas. O barco em que estavam se perde depois de uma chuva forte e isso os impede de sair da ilha. A partir daí, os amigos são impelidos a usar conhecimentos matemáticos para voltar ao acampamento.

UNIDADE 3

Antever

Em relação à extensão territorial, o Brasil é o quinto maior país do mundo. Nas fotografias destas páginas, observe o contraste entre uma grande área de preservação ambiental e uma área urbana. Aproximadamente 1% do território nacional concentra cerca de 175 milhões de pessoas, o que equivale a cerca de 84% da população brasileira.

Razões e proporções

1. Com base nessas informações, qual é o total de pessoas que compõe a população brasileira?

2. Se a área ocupada pelo território brasileiro é de aproximadamente 8 516 000 km², qual é a medida da área em que estão concentradas as 175 milhões de pessoas?

CAPÍTULO 7

Razão e proporção

Razão

A cidade Poços de Caldas, em Minas Gerais, é famosa por suas fontes e nascentes de água encontradas no século XVII sob uma caldeira vulcânica.

O mapa abaixo representa a distância entre essa cidade e a capital do estado de Minas Gerais, Belo Horizonte.

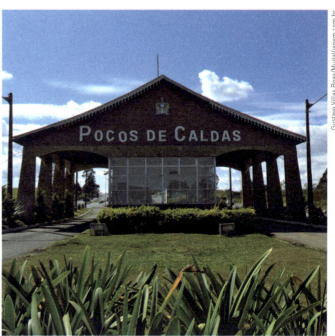

A escala do mapa é 1: 11 700 000 ou $\frac{1}{11\,700\,000}$. Isso significa que cada 1 cm do mapa representa 11 700 000 cm do território.

A escala é a razão entre a distância dos pontos representados e a distância real desses pontos.

$$\text{Escala} = \frac{\text{distância representada}}{\text{distância real}}$$

Responda:
1. O que é razão entre dois números não nulos?
2. Qual é a distância real entre as cidades de Poços de Caldas e Belo Horizonte?

Neste capítulo vamos retomar os conceitos de **razão** e **proporção**.

A razão entre *a* e *b* também pode ser representada por *a* : *b*.

> Denominamos **razão** entre dois números *a* e *b*, nessa ordem, com $b \neq 0$ a relação $\frac{a}{b}$.

Veja algumas situações em que podemos utilizar o conceito de razão.

Velocidade média

Imagine que um automóvel percorreu 450 km em 5 horas. Podemos dizer que a cada 1 hora esse automóvel percorreu 90 km, pois 450 : 5 = 90.

A velocidade média é a razão entre a distância percorrida e o tempo gasto para percorrê-la.

$$V_{média} = \frac{450 \text{ km}}{5 \text{ h}} = \frac{90 \text{ km}}{1 \text{ h}} = 90 \text{ km/h} \longrightarrow \text{(Lemos: noventa quilômetros por hora.)}$$

Densidade demográfica

MG é o 2º estado mais populoso do Brasil com 21,1 milhões de habitantes, diz IBGE

Minas Gerais é o segundo estado mais populoso do Brasil, com 21 119 536 habitantes, conforme divulgou o Instituto Brasileiro de Geografia e Estatística (IBGE), nesta quarta-feira (30).

G1, 30 ago. 2017. Disponível em: <https://g1.globo.com/minas-gerais/noticia/mg-e-o-2-estado-mais-populoso-do-brasil-com-211-milhoes-de-habitantes-diz-ibge.ghtml>. Acesso em: jul. 2018.

A densidade demográfica é a razão entre o número de habitantes de uma região e a área ocupada por essa população. Assim, considerando que o estado de Minas Gerais ocupa um território que mede 586 528 km², e utilizando os dados da reportagem acima, temos que a densidade demográfica desse estado é:

$$\text{Densidade demográfica} = \frac{21\,119\,536 \text{ hab}}{586\,528 \text{ km}^2}$$

$$\text{Densidade demográfica} \cong \frac{36 \text{ hab}}{1 \text{ km}^2}$$

$$\text{Densidade demográfica} \cong 36 \text{ hab/km}^2$$

Responda:
1. Qual é o total da população brasileira? Qual é a densidade demográfica do Brasil?
2. Qual é a população da cidade onde você mora? Qual é a densidade demográfica dessa cidade?

1. Represente a razão entre:
   a) o número de horas que você dorme em uma noite e o número de horas de um dia;
   b) o número de dias da semana que você tem aulas e o número de dias da semana;
   c) o número de meses de um trimestre e o número de meses do ano.

2. Para confeccionar um mapa foi utilizada a escala 1: 2 000. Responda:
   a) Como se lê essa escala?
   b) Cada 1 cm na escala representa que medida real?

3. Em uma vitamina de frutas são colocados 2 litros de leite para cada 500 mL de água. Qual é a razão, nessa ordem, entre a quantidade de água e a quantidade de leite da vitamina?

4 Uma pessoa enche o tanque de seu carro e depois percorre 385 km em uma rodovia. Ao abastecer o carro, observa que foram necessários 35 litros de gasolina para encher o tanque novamente. Escreva a razão que indica o consumo médio de gasolina do carro nessa viagem.

5 Em uma residência são consumidos 28 metros cúbicos de água em 30 dias. Escreva a razão que representa o consumo médio de água por dia.

Proporção

Vamos retomar a situação do início do capítulo. Utilizando a escala do mapa abaixo, vamos determinar a distância entre as cidades de Poços de Caldas e Belo Horizonte.

Observando que a escala é 1: 8 500 000 e representando a medida real pela letra x, temos a seguinte igualdade:

$$\underbrace{\frac{1}{8\,500\,000} = \frac{4}{x}}_{\text{Igualdade entre duas razões}}$$

Na situação acima obtivemos a igualdade entre duas razões, isto é, uma **proporção**.

Considere que quatro números não nulos a, b, c e d, nessa ordem, formam uma proporção quando:

$$\frac{a}{b} = \frac{c}{d}$$

> A igualdade de duas razões constitui uma **proporção**.

Dizemos que a está para b na mesma razão em que c está para d.
Os quatro termos de uma razão recebem denominações especiais:

$$\text{extremo} \leftarrow \frac{a}{b} = \frac{c}{d} \rightarrow \text{extremo}$$
$$\text{meio} \qquad\qquad \text{meio}$$

Considerando a igualdade entre duas razões, temos:

> Em qualquer proporção, o produto dos extremos é igual ao produto dos meios.
> $a \cdot d = b \cdot c$

Vamos utilizar a propriedade anterior para descobrir a distância entre as cidades:

$$\frac{1}{8\,500\,000} = \frac{4}{x}$$
$$x \cdot 1 = 8\,500\,000 \cdot 4$$
$$x = 34\,000\,000$$

Como a medida está em centímetros, temos que 34 000 000 cm = 340 000 m = 340 km. Portanto, a distância entre as cidades de Poços de Caldas e Belo Horizonte é 340 km.

Atividades

1 Determine o valor do termo desconhecido em cada proporção a seguir.

a) $\dfrac{x}{20} = \dfrac{5}{4}$

b) $\dfrac{1}{3} = \dfrac{x}{60}$

c) $\dfrac{2}{3} = \dfrac{20 - x}{x}$

d) $\dfrac{7}{3} = \dfrac{(x + 1)}{39}$

2 Na planta de uma casa, cada 1 cm representa 1 m do comprimento real dos cômodos. Determine a escala utilizada nessa planta.

3 A razão entre a altura de um prédio e a medida de sua sombra em determinada hora do dia é $\dfrac{25}{4}$. Considerando que nesse horário a sombra do prédio mede 5 m, qual é a altura aproximada do prédio?

4 O consumo de combustível de determinado automóvel é de 8 km/L. Responda:

a) Quantos quilômetros, aproximadamente, esse carro percorre com 1 litro de combustível?

b) Para percorrer 64 km, quantos litros de combustível serão necessários?

5 Elabore um problema envolvendo o consumo de combustível de um automóvel. Depois, apresente-o a um colega para ele resolver enquanto você resolve o dele.

6 Em uma cidade há, aproximadamente, 1 médico para cada 5 000 habitantes. Responda: Se nessa cidade há 21 médicos, qual é a quantidade de habitantes?

7 Com o auxílio de uma régua desenhe no caderno dois retângulos, tais que:
- 1º retângulo: comprimento 10 cm e largura 6 cm.
- 2º retângulo: comprimento 15 cm e largura 9 cm.

Responda:

a) Em relação ao 1º retângulo, qual é a razão entre as medidas da largura e do comprimento, nessa ordem?

b) Em relação ao 2º retângulo, qual é a razão entre as medidas da largura e do comprimento, nessa ordem?

c) O que o 2º retângulo representa em relação ao 1º retângulo?

8 Desenhe no caderno um quadrado com medida de lado de 8 cm. Represente, conforme mostra a figura a seguir, uma das diagonais desse quadrado.

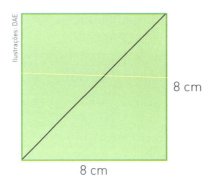

a) Determine a razão entre a medida do perímetro desse quadrado e a medida do lado.

b) Determine a razão aproximada entre a medida da diagonal do quadrado e a medida do lado desse quadrado.

9 Na planta de uma casa, uma parede de 12 m está representada por um segmento de 3 cm. Responda:

a) Qual é a escala utilizada nessa planta?

b) Nessa mesma planta a largura de um corredor está representada por 0,2 cm. Qual é a largura real desse corredor?

10 Junte-se a um colega e representem, em uma folha de papel quadriculado, a planta da sala de aula em que estudam. Utilizem uma trena para obter as medidas reais da sala e escolham uma escala para o desenho.

11 Ainda em dupla desenhem, no caderno, uma circunferência utilizando um compasso e deixam o centro marcado. Depois sigam os passos.

1. Obtenham a medida aproximada do diâmetro da circunferência com uma régua.

2. Utilizando um barbante, obtenham a medida aproximada do contorno dessa circunferência.

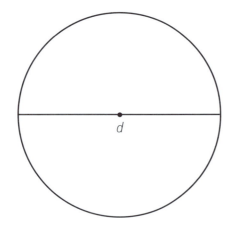

a) Qual é a medida aproximada do diâmetro da circunferência?

b) Qual é a medida aproximada do contorno da circunferência (o perímetro)?

c) Obtenham a razão aproximada entre o comprimento da circunferência e o diâmetro da circunferência, nessa ordem.

CAPÍTULO 8

Razão e porcentagem

Cálculo com porcentagem

Neste capítulo, vamos retomar o estudo de porcentagem e resolver situações com a aplicação desse conceito.

Para iniciar, leia a reportagem a seguir.

Brasil tem 116 milhões de pessoas conectadas à internet, diz IBGE

Brasileiros *on-line* somam 64,7% de toda a população; dados são de pesquisa de 2016 do IBGE.

O Brasil fechou 2016 com 116 milhões de pessoas conectadas à internet, o equivalente a 64,7% da população com idade acima de 10 anos.

As informações são da Pesquisa Nacional por Amostra de Domicílios Contínua (Pnad C), divulgada nesta quarta-feira (21) pelo Instituto Brasileiro de Geografia e Estatística (IBGE).

No fim do ano passado, o IBGE já havia liberado uma Pnad Contínua, mas com enfoque em dados sobre domicílios. Ela indicava que 63,3% das casas brasileiras possuíam acesso, além de mostrar a presença de TVs, telefones e geladeiras nos lares das pessoas.

Jovem usa celular para checar *e-mail*.

Helton Simões Gomes. G1, 21 fev. 2018. Disponível em: <https://g1.globo.com/economia/tecnologia/noticia/brasil-tem-116-milhoes-de-pessoas-conectadas-a-internet-diz-ibge.ghtml>. Acesso em: set. 2018.

As porcentagens são razões cujo denominador é 100. Assim, ao escrever 64,7%, temos:

$$64,7\% = \frac{64,7}{100}$$

De acordo com a reportagem acima, 64,7% da população brasileira com idade acima de 10 anos acessava a internet em 2016. Essa porcentagem correspondia a 116 milhões de pessoas. Qual era, então, a quantidade de brasileiros que não acessavam a internet em 2016?

Como 64,7% da população acessava a internet, podemos concluir que 35,3% da população não acessava, pois 100% − 64,7% = 35,3%. Assim, sendo x a quantidade de pessoas, em milhões, que não acessavam a internet, podemos estabelecer a proporção a seguir:

$$\frac{64,7\%}{116 \text{ milhões}} = \frac{35,3\%}{x}$$

Como o produto dos meios é igual ao produto dos extremos descobrimos que aproximadamente 63 milhões de pessoas não acessavam a internet.

Com o uso de calculadoras, podemos determinar porcentagens utilizando a tecla com o símbolo % (por cento).

Assim, por exemplo, para calcular 35,3% de 116 milhões, devemos apertar, em ordem, as seguintes teclas da calculadora:

Verifique o que acontecerá se você não respeitar essa ordem ao apertar as teclas da calculadora.

Responda:
1. Qual é o valor correspondente a 35,3% de 116 milhões?
2. Qual é o produto de 0,353 por 116 milhões?
3. Por que os valores obtidos foram iguais?

Uma estratégia para o cálculo envolvendo porcentagens sem o uso de calculadora, é iniciar obtendo o valor correspondente a 1%. Como exemplo, veja como calcular 7% de 2 500.

Calculamos **1% de 2 500**, isto é, 1 centésimo de 2 500. Para isso, dividimos 2 500 por 100.

$$1\% \text{ de } 2\,500 = \frac{1}{100} \text{ de } 2\,500 = \frac{2\,500}{100} = 25$$

Depois, calculamos 7% de 2 500 multiplicando o valor obtido anteriormente por 7:

$$7\% \text{ de } 2\,500 = 7 \cdot 25 = 175$$

Portanto, 7% de 2 500 corresponde a 175.

Diversas situações do cotidiano exigem o cálculo de porcentagens. Na compra ou venda de produtos, por exemplo, é comum o uso de porcentagem para representar descontos ou acréscimos no preço. Acompanhe as situações a seguir.

1ª situação

Em certa loja, uma TV custa R$ 956,00, mas é oferecido um desconto de 5% para os consumidores que optarem pelo pagamento à vista. Qual é o valor da TV para pagamentos à vista?

Inicialmente, vamos calcular o valor correspondente ao desconto:

$$5\% \text{ de } 956,00 = \frac{5}{100} \cdot 956,00$$

$$5\% \text{ de } 956,00 = \frac{5 \cdot 956,00}{100}$$

$$5\% \text{ de } 956,00 = \frac{4.780,00}{100}$$

$$5\% \text{ de } 956,00 = 47,80$$

Agora subtraímos, do valor total, o correspondente ao desconto para obter o valor à vista da TV:

$$\text{Valor à vista} = 956,00 - 47,80 = 908,20$$

Outra maneira é considerar que um desconto de 5% significa que o valor à vista corresponde a 95% do valor anunciado (100% − 5% = 95%). Assim, para determinar qual será o valor à vista calculamos:

$$95\% \text{ de } 956,00 = \frac{95}{100} \cdot 956,00 = 0,95 \cdot 956,00 = 908,20$$

Responda:
1. Multiplicar um valor por 0,01 é o mesmo que calcular qual percentual desse valor?
2. Para calcular o novo valor após um **desconto** de 3% sobre R$ 205,00, podemos multiplicar a quantia em reais por qual número?

2ª situação

A imagem ao lado é um boleto de Luciene. Ela esqueceu-se de pagar no dia do vencimento, por isso houve um acréscimo de 3% de multa sobre o valor.

Que valor Luciene deve pagar nesse boleto?

Uma maneira de resolver a situação é calcular 3% de R$ 290,00 e depois adicionar o resultado obtido ao valor da conta.

$$3\% \text{ de } 290 = \frac{3}{100} \cdot 290 = \frac{3 \cdot 290}{100} = \frac{870}{100} = 8,7 \text{ ou}$$

$$3\% \text{ de } 290 = 0,03 \cdot 290 = 8,7$$

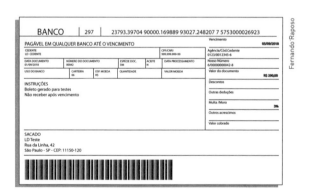

Assim, o valor que Luciene deve pagar é, em reais:

$$290,00 + 8,70 = 298,70$$

Veja outra maneira de resolver essa situação.

Como há um aumento de 3%, o novo valor corresponde a 103% (100% + 3% = 103%). Assim, calculando 103% de 290, obtemos:

$$103\% \text{ de } 290 = \frac{103}{100} \cdot 290 = 1,03 \cdot 290 = 298,70$$

Responda:
1. Multiplicar um valor por 1,01 é o mesmo que calcular que percentual desse valor?
2. Para calcular o novo valor após um **aumento** de 8% sobre R$ 452,00, podemos multiplicar a quantia, em reais, por qual número?

Atividades

1 Calcule mentalmente as porcentagens indicadas e depois verifique sua resposta com uma calculadora.

a) 1% de 2 000
5% de 2 000
20% de 2 000

b) 2% de 1 000
4% de 1 000
8% de 1 000

c) 10% de 3 500
20% de 3 500
30% de 3 500

d) 10% de 9 000
1% de 9 000
0,1% de 9 000

2 Escreva os percentuais correspondentes explicando as estratégias adotadas.

a) 8 em cada 10 jogadores treinam cobranças de pênaltis. Qual é o percentual de jogadores que treinam cobranças de pênaltis?

b) Mateus acerta 5 em cada 8 arremessos na cesta de basquete. Qual é o percentual de acertos de Mateus?

3 Em um município, cerca de 15% da população de 50 000 habitantes já tomou a vacina contra gripe.

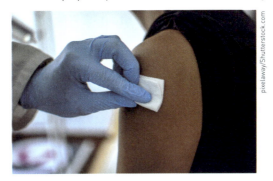

a) Qual é o percentual de pessoas que ainda não tomou a vacina contra gripe nesse município?

b) Quantas pessoas já foram vacinadas?

c) E quantas ainda não foram vacinadas?

4 Responda às questões.

a) Ao multiplicar um número por 0,09, que percentual obtemos desse número?

b) Para obter 15% de determinado valor devemos multiplicar esse valor por qual número?

c) Ao multiplicar um número por 0,25, que percentual desse número está sendo calculado?

d) Para obter 23% de determinado valor devemos multiplicá-lo por qual número?

5 Tânia aplicou R$ 3.000,00 em um investimento financeiro. No final de 1 ano ela obteve 4,5% de rendimento. Responda:

a) Qual é o valor correspondente ao percentual de rendimento que ela obteve?

b) Quanto Tânia tem, no total, após 1 ano de investimento?

6 Elabore um problema sobre uma aplicação financeira que renda 8,5% em 2 anos. Depois de pronto, dê a um colega para resolver.

7 Responda explicando as estratégias de resolução adotadas.

a) A quantia de R$ 250,00 representa que percentual de R$ 8.000,00?

b) A distância 3,5 km representa que percentual da distância 16 km?

c) Quantos por cento a medida 279 L representa da capacidade de 9 000 L?

d) Que percentual do valor R$ 9.500,00 corresponde a um juro de R$ 190,00?

8 O preço de uma geladeira é R$ 850,00. Para pagamento à vista, há um desconto de 5%. Para pagamento a prazo há um acréscimo de 6% e o pagamento pode ser feito, sem entrada, em 4 parcelas iguais.

a) Qual é o preço à vista dessa geladeira?

b) Qual é o preço a prazo da geladeira? Qual é o valor de cada parcela?

9 Junte-se a um colega e elaborem um problema que envolva porcentagem e a venda ou compra de um produto com três opções de pagamento. Depois, resolvam o problema e apresentem o enunciado e a resolução aos colegas da turma.

De olho no legado

O sinal de porcentagem

A porcentagem passou a ser utilizada no final do século XV em questões comerciais, como cálculo de juros, lucros e prejuízos e impostos. A ideia, porém, teve origem muito antes. Quando o imperador romano Augusto estabeleceu um imposto sobre todas as mercadorias vendidas em hasta pública, *centésima rerum venalium*, a taxa era $\frac{1}{100}$. Outras taxas romanas eram de $\frac{1}{20}$ sobre cada escravo libertado e $\frac{1}{25}$ sobre cada escravo vendido. Sem reconhecer porcentagens como tal, os romanos usavam frações facilmente redutíveis a centésimos.

Na Idade Média, na medida em que unidades monetárias maiores entraram em uso, 100 tornou-se uma base comum para a computação. Manuscritos italianos do século XV continham expressões como "20 p 100", "x p cento" e "vi p c0" para indicar 20 por cento, 10 por cento e 6 por cento. Quando apareceram aritméticas comerciais, perto do final desse mesmo século, o uso de porcentagem já estava bem estabelecido. Por exemplo, Giorgio Chiarino (1481) usava "xx.per.c" para representar 20 por cento e "viii in x perceto" para 8 a 10 por cento. Durante os séculos XVI, XVII, usava-se porcentagem amplamente para calcular lucros, prejuízos e juros.

O sinal de porcentagem, %, provavelmente proveio de um símbolo introduzido num manuscrito italiano anônimo de 1425. Em vez de "per 100" ou "P cento", que eram comuns naquele tempo, o autor usou pr̃o.

Por volta de 1650, o ̃o torna-se ̃8, sendo "per ̃8" usado com frequência. Finalmente o "per" foi suprimido, permanecendo ̃8 ou %.

<small>Harold T. Davis. *Tópicos de História da Matemática para uso em sala de aula*: computação. São Paulo: Atual Editora, 1992. p. 64-65.</small>

Responda:

• O símbolo % que aparece na escrita de 45% significa que o número 45 é multiplicado por qual número decimal?

CAPÍTULO 9

Grandezas diretamente e inversamente proporcionais

Grandezas diretamente proporcionais

Observe as situações que apresentam grandezas diretamente proporcionais a seguir:

1ª situação

Na imagem ao lado, vemos dois homens trabalhando na contagem de uma mercadoria disposta em caixas. Uma grande quantidade dela chegou em uma transportadora em caixas e mobilizou inúmeros trabalhadores para estocá-la. Por segurança, cada trabalhador só pode carregar duas caixas por vez. O gerente da loja elaborou um quadro para prever quantas caixas podem ser carregadas por vez considerando o número de trabalhadores no estoque.

Número de trabalhadores	Caixas carregadas
1	2
2	4
3	6
4	8
5	10

Observe que o número de trabalhadores e o número de caixas carregadas variam na mesma razão, isto é: se um duplica, o outro duplica; se um triplica, o outro triplica; se um é dividido pela metade, o outro também é; e assim por diante.

Quando duas grandezas variam na mesma razão, são ditas **diretamente proporcionais**. Vamos encontrar a razão entre o número de caixas carregadas C e o número de trabalhadores T com base no quadro anterior:

$$C = 2 \cdot T \text{ ou } \frac{C}{T} = 2$$

A razão 2 nos indica que o número de caixas carregadas por vez equivale ao dobro do número de trabalhadores. Veja:

$$\frac{C}{T} = \frac{2}{1} = \frac{4}{2} = \frac{6}{3} = \frac{8}{4} = \frac{10}{5} = 2$$

Inúmeras situações se enquadram como diretamente proporcionais.

> Duas grandezas são **diretamente proporcionais** quando a razão entre os valores da primeira grandeza e os valores correspondentes da segunda constituem uma razão.

Responda:
1. Ao triplicarmos o número de pessoas que plantam árvores, é de se esperar que tripliquem também o número de árvores plantadas?
2. Se quadruplicarmos a medida do lado de um quadrado de 4 centímetros, sua área também quadruplica?

A representação algébrica da relação entre o número de caixas carregadas e o número de trabalhadores foi expressa por $C = 2 \cdot T$.

Vamos verificar a representação gráfica dessa relação.

Com base no quadro apresentado no início deste tópico, consideraremos a relação como pares ordenados: (1, 2), (2, 4), (3, 6), (4, 8) e (5, 10).

A disposição dos pontos no plano cartesiano indica que estão alinhados como representação da relação $C = 2 \cdot T$. Ligando esses pontos observamos que há uma reta que contém:

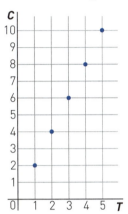
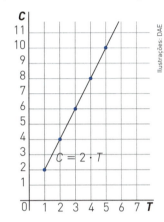

O gráfico gerado pela relação entre grandezas diretamente proporcionais é uma reta ou, como na situação exemplificada, por pontos pertencentes a uma reta.

Por que o ponto (0,0), origem do sistema de coordenadas cartesianas, não faz parte da relação? À resposta a essa pergunta cabe análise: se não há homens para carregar caixas, não haverá caixas carregadas. O gráfico parte do par ordenado (1, 2) porque um homem carrega duas caixas.

2ª situação

Considere agora uma torneira que despeja 7 litros de água em 28 minutos, em vazão constante. Como podemos expressar a relação entre as grandezas capacidade L e tempo t? A vazão de água é constante, portanto podemos escrever:

$$\frac{L}{t} = \frac{7}{28} = \frac{1}{4} = 0{,}25$$

A razão entre essas grandezas é constante e igual a 0,25, então representamos a relação entre essas grandezas como $\frac{L}{t} = 0{,}25$. Elaborando um quadro com as informações obtidas, temos:

Representando essa relação, também graficamente, temos:

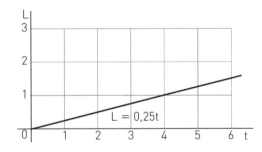

Aguá despejada (litros)	Tempo (min)
0	0
0,25	1
0,50	2
0,75	3
1,00	4
...	...

Responda:
1. O que o par ordenado (0, 0) significa na relação entre essas duas grandezas?
2. Quais outras situações você conhece que envolvam grandezas diretamente proporcionais? Dê exemplos.

Atividades

1) Observe os quadrados representados na malha quadriculada e responda:

   a) Expresse, de maneira algébrica, a razão entre a medida do lado de cada quadrado em relação ao seu perímetro. Qual é o valor dessa razão?

   b) Podemos afirmar que o perímetro do quadrado é diretamente proporcional ao seu lado? Por quê?

   c) Verifique se a medida da área de cada quadrado é diretamente proporcional à medida do lado do quadrado. É possível expressar essa proporcionalidade de maneira algébrica? Por quê?

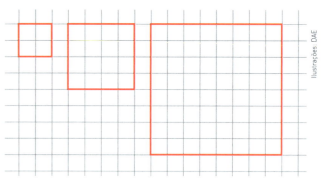

2) Considere as duas situações a seguir.

   I. Um carro percorre 240 quilômetros em 3 horas com velocidade constante.

   II. O preço de 9 litros de gasolina é R$ 40,41 e o preço de 13 litros de etanol é R$ 36,27.

   a) Nessas situações, as grandezas distância percorrida e tempo são diretamente proporcionais? E as grandezas preço e capacidade? Por quê?

   b) Em cada situação, expresse de maneira algébrica a relação entre as grandezas envolvidas.

   c) Elabore um gráfico que permita descrever a situação I.

3) O gráfico a seguir expressa a relação entre duas grandezas. Identifique a expressão algébrica que o descreve.

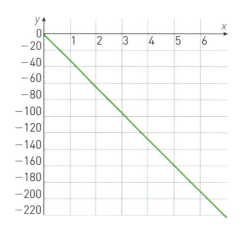

4) Copie o quadro no caderno e complete-o.

Escala	1 : 50	1 : 100	1 : 200
Comprimento no desenho	4 cm		4,5 cm
Comprimento real		180 cm	
Razão entre o comprimento real R e o comprimento do desenho D.			

5 **(Enem)** As frutas que antes se compravam por dúzia, hoje podem ser compradas por quilogramas, existindo também a variação dos preços de acordo com a época de produção. Considere que, independente da época ou variação de preço, certa fruta custa R$ 1,75 o quilograma. Dos gráficos a seguir, o que representa o preço m pago em reais pela compra de n quilogramas desse produto é.

a)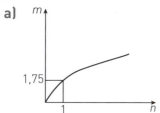

c)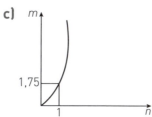

e)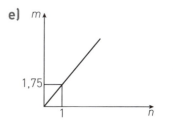

b)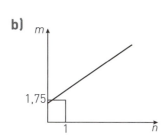

d)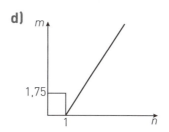

6 Elabore um problema envolvendo grandezas diretamente proporcionais, que devem ser expressas por uma relação algébrica e que seja necessário a elaboração do gráfico que descreva a situação, e troque com um colega para que um trabalhe no problema elaborado pelo outro. Verifiquem se ambos conseguiram alcançar as respostas esperadas.

Grandezas inversamente proporcionais

Você já ouviu falar de loteria? Essa é uma modalidade popular de jogo de azar que consiste na escolha de um conjunto de números, que compõe uma aposta, para o sorteio de um prêmio. Os prêmios podem variar entre automóveis, residências e até mesmo dinheiro.

Vamos analisar a seguinte situação: uma loteria está sorteando um prêmio de R$ 1.200.000,00. Caso mais de um jogador acerte a sequência de números premiada, esse valor é dividido igualmente entre o número de ganhadores.

Vamos verificar a divisão do valor premiado para os ganhadores dessa situação com o apoio de um quadro.

Valor do prêmio	1 200 000	600 000	400 000	300 000	240 000	...
Número de ganhadores	1	2	3	4	5	...

Responda:
1. O número de ganhadores e o valor do prêmio são grandezas diretamente ou inversamente proporcionais?
2. Você ou sua família já ganharam algum prêmio na loteria?

A relação entre o valor do prêmio da loteria e o número de ganhadores é **inversamente proporcional**, pois quanto mais ganhadores, menor o valor que cada um receberá. Podemos expressar a relação entre o valor do prêmio P e o número de ganhadores G da seguinte maneira:

> Duas grandezas são **inversamente proporcionais** quando o produto entre os valores de cada grandeza é constante.

$$P = \frac{1\,200\,000}{G} \text{ ou } P \cdot G = 1\,200\,000$$

Como o valor do prêmio depende do número de ganhadores, o produto entre essas grandezas é constante. Vamos verificar como se comporta o gráfico de grandezas inversamente proporcionais?

Primeiramente, utilizando as informações do quadro, consideramos o par ordenado (número de ganhadores, valor do prêmio) para representar os pontos no plano cartesiano.

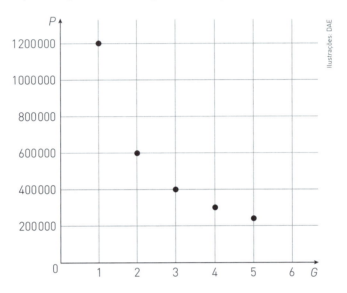

Agora, podemos notar que não é possível utilizar uma reta para interpretar graficamente a relação $P \cdot G = 1\,200\,000$. Utilizaremos, então, o traço de uma curva que contenha alguns dos pontos correspondentes à grandezas envolvidas, veja:

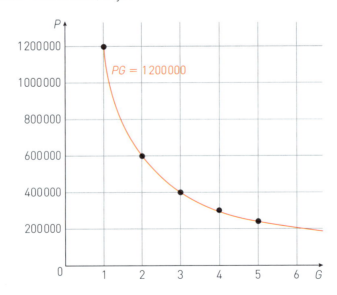

Neste gráfico não consideramos o valor do prêmio entre os pontos 1 e 2 do eixo G, pois consideramos os ganhadores como uma variável discreta, ou seja, não existe 1,4 jogador. Assim, a curva desse gráfico é característica das relações entre grandezas inversamente proporcionais.

Quando falamos de grandezas diretamente proporcionais, vimos que a razão entre essas grandezas é constante e, agora, vimos que ao tratar de grandezas inversamente proporcionais, o produto entre essas grandezas é constante.

Responda:
1. O gráfico que representa uma grandeza inversamente proporcional pode ser representado por uma reta? Por quê?
2. O produto entre grandezas inversamente proporcionais pode ser um número negativo? Justifique.

Atividades

1. Considere a expressão $A \cdot B = 500$, sendo que A e B números racionais. Responda:
   a) Essa expressão relaciona duas grandezas diretamente ou inversamente proporcionais?
   b) Qual deve ser o valor de A se B for igual a 0,1?
   c) Qual deve ser o valor de B se A for igual a 2 000?
   d) A grandeza A ou B pode assumir o número 0? Por quê?

2. Escreva a relação entre as grandezas inversamente proporcionais x e y representadas no gráfico a seguir.

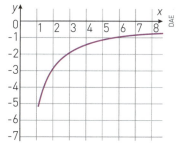

3. A tabela a seguir relaciona a velocidade e o tempo em que um automóvel percorre 720 km. Copie a tabela e complete-a.

Velocidade (y)	80	90			
Tempo (x)	9	8	7,5	7,2	6

   a) Qual é o valor da constante de proporcionalidade entre essas grandezas?
   b) Que expressão relaciona as grandezas x e y?

4. Considere os pares ordenados (x, y) constituídos pelos valores da velocidade e do tempo da tabela anterior. Represente esses cinco pontos em um plano cartesiano, utilizando intervalos de 10 no eixo das ordenadas e intervalos de 1 no eixo das abscissas. Se ligarmos esses pontos, eles formarão uma reta?

5. Elabore um problema envolvendo grandezas inversamene proporcionais e troque com um colega. Verifique se ele resolve corretamente seu problema e, caso contrário, auxilie-o a tomar o caminho correto para a solução.

Retomar

1 A razão $\frac{5}{8}$ corresponde a:
a) 50%.
b) 62,5%.
c) 44%.
d) 75%.

2 Uma planta foi construída com escala 1 : 100. Um segmento de 3 cm dessa planta representa a medida real de:
a) 3 cm.
b) 30 cm.
c) 3 m.
d) 30 m.

3 Em um concurso público há 2 025 candidatos para 225 vagas. A razão entre o número de vagas para o número de candidatos é igual a:
a) $\frac{1}{12}$.
b) $\frac{1}{13}$.
c) $\frac{1}{14}$.
d) $\frac{1}{9}$.

4 Em um aquário há 2 arbustos para cada 3 peixes. Assim, se nesse aquário houver 14 arbustos, o total de peixes é:
a) 21.
b) 14.
c) 23.
d) 16.

5 Uma conta de consumo de energia elétrica será paga com o acréscimo de R$ 6,00. Sabendo que a conta inicialmente era de R$ 150,00 o percentual que está sendo acrescido é de:
a) 1%.
b) 5%.
c) 12%.
d) 4%.

6 Multiplicar um número por 0,2 é o mesmo que obter:
a) 2% desse número.
b) 0,2% desse número.
c) 20% desse número.
d) 12% desse número.

7 Na eleição para prefeito em um município brasileiro, não compareceram 891 eleitores dos 17 820. Assim, o percentual de eleitores que compareceram nessa eleição foi de:
a) 95%.
b) 85%.
c) 65%.
d) 75%.

8 Marta consegue ler 4 páginas de um livro a cada 5 minutos. Para ler as 480 páginas desse livro, ela levará aproximadamente:

a) 1 hora.
b) 5 horas.
c) 10 horas.
d) 20 horas.

9 O menor ângulo formado entre os dois ponteiros do relógio abaixo é 30°.

O menor ângulo entre esses dois ponteiros 2 horas depois é:

a) 30°.
b) 45°.
c) 60°.
d) 90°.

10 Para encher um reservatório de 10 000 litros de água leva-se 4 horas. Mantendo-se as mesmas condições, para colocar apenas 1 250 litros de água no mesmo reservatório, o tempo necessário é de:

a) 30 minutos.
b) 45 minutos.
c) 20 minutos.
d) 15 minutos.

11 O retângulo abaixo será ampliado de maneira que a largura passará a ser 4,5 cm e a proporção deverá manter-se a mesma.

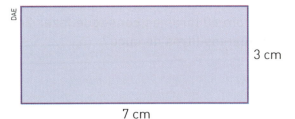

Qual será, após ampliado, a medida do comprimento desse retângulo?

a) 10 cm.
b) 10,5 cm.
c) 8 cm.
d) 8,5 cm.

12 Qual é o percentual de aumento da largura do retângulo na ampliação da atividade anterior?

a) 10%

b) 40%

c) 50%

d) 75%

13 Em uma aplicação financeira de R$ 500,00 o valor dos juros em 1 mês é de R$ 10,00. Caso seja aplicado R$ 4.200,00 no mesmo mês e com a mesma taxa de juros, qual seria o valor dos juros?

a) R$ 32,00

b) R$ 84,00

c) R$ 48,00

d) R$ 64,00

14 Uma equipe composta de 5 professores gastou 12 dias para corrigir as provas de redação de um concurso. Considerando as mesmas condições, quantos dias 30 professores levariam para corrigir o mesmo número de redações?

a) 10 dias

b) 8 dias

c) 4 dias

d) 2 dias

15 Com uma velocidade média de 75 km/h, um ônibus faz determinado percurso em 40 minutos. Se esse mesmo ônibus fizer o mesmo percurso em 50 minutos, qual será sua velocidade média?

a) 85 km/h

b) 100 km/h

c) 60 km/h

d) 70 km/h

16 Dividindo-se a quantia de R$ 1.500,00 em duas partes A e B, diretamente proporcionais, respectivamente, aos números 8 e 7, a parte A corresponde a:

a) R$ 700,00

b) R$ 800,00

c) R$ 1.200,00

d) R$ 900,00

17 Pedro tem uma lanchonete e com 40 laranjas consegue fazer 26 litros de suco. Assim, com 25 laranjas conseguirá fazer quantos litros de suco?

a) 15,25 L

b) 16,25 L

c) 18,25 L

d) 19,00 L

18 Um automóvel percorre determinada distância em 3 horas com a velocidade média de 80 km. Se a velocidade média for 100 km/h, quanto tempo levará para percorrer a mesma distância?

a) 1 h

b) 1,5 h

c) 2 h

d) 2,4 h

19 **(Obmep)** Um supermercado vende rolos idênticos de papel higiênico e faz as promoções abaixo:

1. Pague 5 e leve 6.
2. Pague 11 e leve 12.
3. Pague 14 e leve 18.
4. Pague 21 e leve 24.
5. Pague 31 e leve 36.

Qual é a promoção mais vantajosa?

a) Promoção 1
b) Promoção 2
c) Promoção 3
d) Promoção 4
e) Promoção 5

20 **(Obmep)** Uma melancia média e duas melancias grandes custam o mesmo que oito melancias pequenas. Uma melancia média e uma pequena custam o mesmo que uma melancia grande. Quantas melancias pequenas podem ser compradas pelo mesmo preço de uma melancia grande?

a) 3
b) 4
c) 5
d) 6
e) 7

21 **(Obmep)** Marcos comprou 21 litros de tinta. Ele usou água para diluir essa tinta até que a quantidade de água acrescentada fosse 30% do total da mistura. Quantos litros de água ele usou?

a) 5
b) 6
c) 7
d) 8
e) 9

22 **(Obmep)** Em uma festa havia somente 3 mulheres, e 99% dos convidados eram homens. Quantos homens devem deixar a festa para que a porcentagem de homens passe a ser igual a 98% do total de participantes?

a) 3
b) 30
c) 100
d) 150
e) 297

Ampliar

Pra que serve Matemática? – Proporções
de Imenes, Jakubo e Lellis (Atual)

Você encontrará neste livro pequenos e curiosos textos relacionados ao conceito de proporção. Uma aventura interessante, ao final, o leva a imaginar uma invasão à Terra e um possível enigma de como as naves dos invasores foram destruídas e os invasores foram imobilizados.

UNIDADE 4

Fachada de um edifício em Berlim, Alemanha.

A regularidade de certas formas geométricas, além de questões práticas, são razões para que quadrados, retângulos e tantas outras figuras sejam usadas em construções.

1 Qual é o formato mais comum que você já observou em janelas ou fachadas de prédios?

Medidas: comprimento e superfície

2 Observe atentamente a janela circular: O círculo está dividido em quantas partes? Qual é a medida do ângulo central de cada uma dessas partes?

Foto do relógio de parede do Museu Orsay, Paris, França.

CAPÍTULO 10
Áreas de figuras planas

Cálculo de áreas: triângulos e quadriláteros

Atualmente há recursos digitais com os quais é possível analisar a superfície de um terreno, como o que está representado abaixo. Com os dados levantados, pode-se calcular com boa precisão a área do terreno.

Observe que o formato do terreno lembra um polígono irregular.

Neste capítulo, vamos retomar o cálculo de áreas de algumas figuras geométricas planas. Para começar, observe as figuras a seguir.

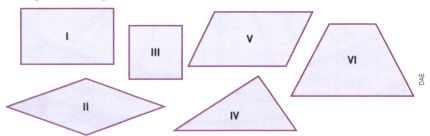

Responda:
1. Quais são as denominações das figuras geométricas acima?
2. Que medidas precisam ser conhecidas em cada figura geométrica acima para que seja possível calcular sua área?

No ano anterior você viu como calcular a área de algumas figuras geométricas planas. Resolva as atividades da página seguinte para relembrar esses cálculos.

Atividades

1. A área de um quadrado com medida de lado L pode ser obtida pela relação:

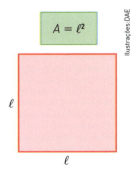

   Responda:
   a) Qual é a área de um quadrado que mede 9,5 cm de lado?
   b) Qual é a medida do lado de um quadrado cuja área é igual a 8 100 cm²?
   c) Duplicando a medida do lado do quadrado, a medida de sua área deve ser multiplicada por qual número?

2. A área de um retângulo de lados medindo b (base) e h (altura) pode ser calculada pela relação:

   Responda:
   a) Qual é a área de uma folha de papel de tamanho A4, considerando que suas medidas são 21,0 cm por 29,7 cm?
   b) Se multiplicarmos a medida da base de um retângulo por 3 e a medida da altura por 2, a medida de sua área deve ser multiplicada por qual número?

3. A área de um paralelogramo de base b e de altura h pode ser calculada pela relação:

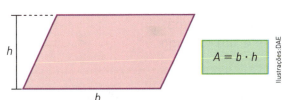

Junte-se a um colega e sigam os passos para verificar que um paralelogramo de altura h e base b equivale a um retângulo de altura h e base b.

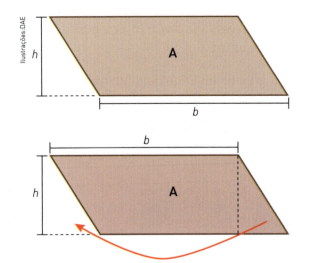

1º passo

Desenhe um paralelogramo em uma cartolina. Lembrem-se de que os lados opostos devem ser paralelos.

2º passo

Com o auxílio de uma régua trace uma linha perpendicular a uma das bases, como a linha pontilhada na figura ao lado. Com uma tesoura, recorte o triângulo da direita e o transfira para a esquerda, conforme indicado pela seta.

Responda:
a) Quais as medidas dos lados do retângulo obtido?
b) Qual é a área do retângulo obtido? E a área do paralelogramo construído?

4 A área de um losango de diagonais medindo *D* e *d* pode ser calculada pela relação:

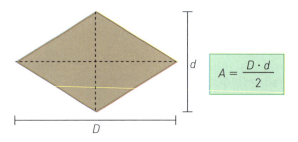

Siga os passos para compreender essa relação.

1º passo

Em uma cartolina, desenhe um retângulo e indique, conforme a figura, que os lados desse retângulo medem *D* (o maior) e *d* (o menor).

2º passo

Una os pontos médios dos lados desse retângulo conforme indicam as linhas tracejadas na imagem ao lado. A figura formada pelas linhas tracejadas é um losango de diagonais *D* e *d*.

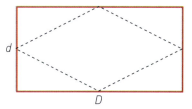

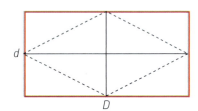

3º passo

Traçando as diagonais do losango pode-se perceber que elas dividem o retângulo original em quatro retângulos. Cada retângulo, por sua vez, foi dividido em dois triângulos congruentes.

Agora explique, com base nessas construções, que a área do losango de diagonais *D* e *d* equivale à metade da área do retângulo de lados *D* e *d*.

5 A área de um trapézio de bases medindo *B* e *b* e com medida de altura *h*, pode ser obtida pela relação:

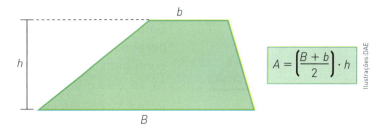

a) Desenhe, no caderno, um trapézio em que a base menor meça 4 cm, a base maior tenha 10 cm e a distância entre essas duas bases seja igual a 5 cm (medida da altura do trapézio).
b) Calcule a área desse trapézio.

6 A área de um triângulo de base *b* e altura *h* pode ser calculada pela relação:

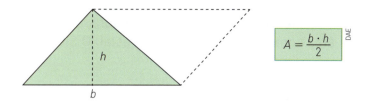

a) Observando a ilustração acima, explique a relação entre a área de um paralelogramo e a área de um triângulo.

b) Desenhe no caderno um triângulo em que a medida da base seja 10 cm e a altura seja igual a 5 cm.

c) Calcule a área do triângulo construído.

7 Junte-se a um colega para fazer esta atividade.

Siga as instruções

a) Com o auxílio de uma fita métrica, obtenham as medidas, em centímetros, de uma porta com formato retangular. Depois calculem o valor da área da superfície da porta e apresentem o resultado ao professor e aos colegas.

b) De acordo com a orientação do professor, obtenham as medidas de uma sala da escola. Em seguida, calculem o valor da área da superfície da sala escolhida e apresentem o resultado ao professor e aos colegas.

8 Siga orientação do professor e escolha uma parede retangular da escola. Determine quantos azulejos quadrangulares com medida de lado 15,5 cm seriam necessários para revestir essa parede.

9 A ilustração a seguir representa o cercado de uma horta que será feita em uma chácara. A horta será limitada por uma cerca e pode ser acessada por uma porta de madeira. Observe as medidas indicadas na figura.

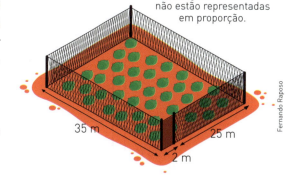

Na imagem, as medidas não estão representadas em proporção.

Responda:

a) Sem contar possíveis perdas, quantos metros de tela serão necessários para cercar a horta?

b) Qual é a área do local destinado à horta?

10 Siga as instruções a seguir para efetuar uma construção geométrica e com base nela, faça o que se pede.

  I. desenhe um segmento *AB* qualquer;

  II. desenhe um segmento paralelo ao segmento *AB* a uma distância de medida *d*;

  III. marque no segmento paralelo ao segmento *AB* os pontos *C*, *D* e *E* distintos;

  IV. una, com um segmento de reta, o ponto *A* aos pontos *C*, *D* e *E*. Faça o mesmo para o ponto *B*;

a) quais foram os triângulos construídos?

b) Para cada triângulo indique a medida da base e da altura.

c) Podemos afirmar que esses triângulos são equivalentes? Por quê?

105

11 **(Banco de questões – Obmep)** Reforma no Sítio do Picapau Amarelo

Dona Benta dividiu o Sítio do Picapau Amarelo entre seis personagens, mantendo uma parte do Sítio como reserva florestal. A divisão está indicada na figura, onde a área de cada personagem é dada em hectares e a área sombreada é a reserva florestal. O Sítio tem formato retangular e AB é uma diagonal.

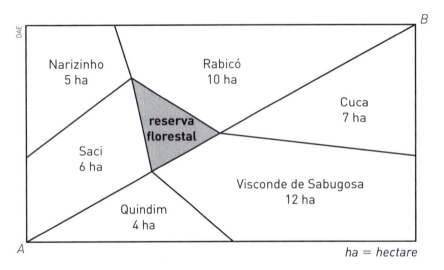

a) Qual é a área da reserva florestal?

b) Para preparar os terrenos para o plantio, cada um dos seis personagens gastou uma quantia proporcional à área de seu terreno. O Quindim e a Cuca gastaram, juntos, R$ 2.420,00. Quanto foi que o Saci gastou?

12 Um depósito de material de construção foi construído em um terreno retangular de 50 m por 30 m, como indicado na ilustração abaixo.

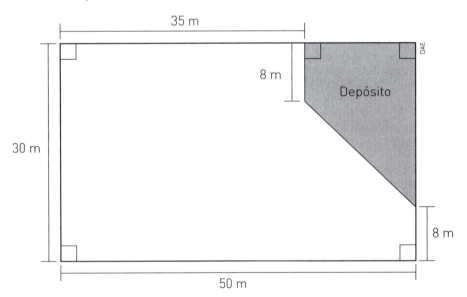

Responda:

a) Qual é a área ocupada pelo depósito?

b) A parte do terreno sem a construção, será revestida com grama. Quantos metros quadrados de grama serão necessários desconsiderando possíveis perdas?

c) Que percentual do terreno é ocupado pelo depósito?

13. Junte-se a um colega e elaborem uma situação envolvendo um terreno em forma de trapézio e uma construção que pertença a esse terreno. Utilizem como referência as perguntas da atividade anterior. Apresentem o problema na sala de aula para os colegas resolverem.

De olho no legado

Geometria científica

No início o homem só considerava problemas geométricos concretos, que se apresentavam individualmente e entre os quais não era observada nenhuma ligação. Mais tarde (mas ainda antes de qualquer registro histórico), a inteligência humana tornou-se capaz de, a partir de um certo número de observações relativas a formas, tamanhos e relações espaciais de objetos físicos específicos, extrair certas propriedades gerais e relações que incluíam as observações anteriores como casos particulares. Isso acarretou a vantagem de se ordenarem problemas geométricos práticos em conjuntos tais que os problemas de um conjunto podiam ser resolvidos pelo mesmo procedimento geral. Chegou-se assim à noção de lei ou regra geométrica. Por exemplo, a comparação dos comprimentos de caminhos circulares e de seus diâmetros levaria, num certo período de tempo, à lei geométrica de que a razão entre a circunferência e o diâmetro é constante.

Esse nível mais elevado do desenvolvimento da natureza da Geometria pode ser chamado de "Geometria científica", uma vez que indução, ensaio e erro e procedimentos empíricos eram os instrumentos de descoberta. A geometria transformou-se num conjunto de receitas práticas e resultados de laboratório, alguns corretos e alguns apenas aproximados, referentes a áreas, volumes e relações entre várias figuras sugeridas por objetos físicos.

Nenhum dado nos permite estimar quantos séculos se passaram até que o homem fosse capaz de elevar a Geometria ao *status* de ciência. Mas escritores que se ocuparam desta questão unanimemente concordam em que o Vale do Rio Nilo, no Egito Antigo, foi o local onde a Geometria subconscientemente transformou-se em científica. O famoso historiador Heródoto, do século V a.C., defendeu essa tese assim:

> Eles diziam que este rei [Sesóstris] dividia a terra entre egípcios de modo a dar a cada um deles um lote quadrado de igual tamanho e impondo-lhes o pagamento de um tributo anual. Mas qualquer homem despojado pelo rio de uma parte de sua terra teria de ir a Sesóstris e notificar-lhe o ocorrido. Ele então mandava homens seus observarem e medirem quanto a terra se tornara menor, para que o proprietário pudesse pagar sobre o que restara, proporcionalmente ao tributo total. Dessa maneira, parece-me que a geometria teve origem, sendo mais tarde levada até Hélade.

Assim o tradicional relato localiza na agrimensura prática do antigo Egito os primórdios da geometria como ciência; de fato, a palavra "geometria" significa "medida da terra". Embora não possamos ter certeza de sua origem, parece seguro assumir que a Geometria científica brotou de necessidades práticas, surgidas vários milênios antes de nossa era, em certas áreas do Oriente antigo, como uma ciência para assistir atividades ligadas à agricultura e à engenharia.

EVES, Howard. *Geometria: tópicos de história da Matemática para uso em sala de aula*. São Paulo: Atual Editora, 1992. p. 3-4.

1. O texto cita que a "Geometria transformou-se num conjunto de receitas práticas". Cite um exemplo de "receita prática" da Geometria.

2. Cite um exemplo de resultado aproximado que utilizamos na Geometria.

Circunferência

Circunferência e arco de circunferência

Observe, na imagem abaixo, um vitral com formas circulares. Para calcular a área das partes que compõem o vitral, é necessário ter conhecimentos sobre circunferência e círculo.

Neste capítulo, abordaremos o estudo da circunferência e do arco de circunferência.

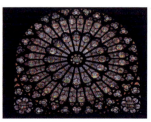

Vitral da Catedral de Notre-Dame. Paris, França.

Em relação à circunferência, responda:
1. Ao desenhar uma circunferência com 2 cm de raio, qual será a medida de seu diâmetro?
2. Qual é a razão entre o comprimento de uma circunferência e a medida de seu diâmetro?

O lugar geométrico dos pontos de um plano situados a uma mesma distância de um ponto fixo dado é uma **circunferência**. A superfície limitada por uma circunferência é denominada **círculo**.

A seguir, está representada uma circunferência com medida de raio R.

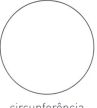
circunferência

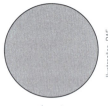
círculo

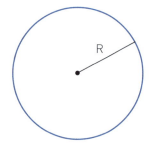

O comprimento C de uma circunferência e seu diâmetro $2R$ estão assim relacionados:

$$\pi = \frac{C}{2R} \Rightarrow C = 2\pi R$$

O comprimento da circunferência é o produto da medida do diâmetro pelo número π. Em símbolos:

$C = 2\pi R$

zoom Uma aproximação bastante utilizada para π é 3,14.

Ao estudar grandezas diretamente proporcionais, vimos que o comprimento da circunferência é diretamente proporcional à medida de seu diâmetro. Assim, a constante de proporcionalidade entre essas duas medidas é o número **π**. Se dobrarmos, por exemplo, o comprimento de uma circunferência, a medida de seu diâmetro também duplicará. Da mesma forma, ao duplicarmos a medida do diâmetro, o comprimento da circunferência também será duplicado.

Podemos também calcular o comprimento de um arco da circunferência se conhecermos a medida do ângulo central correspondente a esse arco.

Se desenharmos uma circunferência com centro no ponto O, e marcarmos dois pontos quaisquer dela (pontos A e B, por exemplo), a circunferência ficará dividida em duas partes, que podemos chamar de arcos AB, e representá-los por $\widehat{AB}$. Para não haver confusão, quando falarmos em arco AB, nos referimos ao menor deles. Se ligarmos as extremidades desse arco com o centro da circunferência, teremos um ângulo central $A\hat{O}B$. Assim, podemos dizer que a todo arco AB faremos corresponder, no sentido de abertura, um ângulo central, como indicado na figura ao lado.

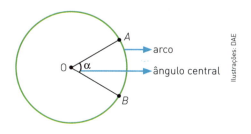

O comprimento de um arco de circunferência é diretamente proporcional à medida do ângulo central correspondente a ele. Assim, podemos determinar sua medida com base em uma proporção.

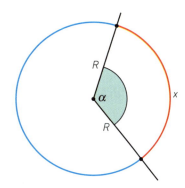

Para determinar a medida x do arco de circunferência, usamos a seguinte proporção:

$$\frac{x}{2\pi R} = \frac{\alpha°}{360°}$$

$$x = 2\pi R \cdot \frac{\alpha°}{360°} \Leftrightarrow x = \frac{\pi R \alpha}{180}$$

Como exemplo, vamos determinar a medida em centímetros do comprimento de um arco de 45° construído em uma circunferência de raio 10 cm.

Utilizando a proporção vista anteriormente, obtemos o comprimento x do arco correspondente a 45°:

$$\frac{x}{2\pi R} = \frac{\alpha°}{360°}$$

$$\frac{x}{2\pi \cdot 10} = \frac{45°}{360°}$$

$$\frac{x}{2\pi} = \frac{1}{8}$$

$$x = \frac{20\pi}{8} \Rightarrow x = \frac{5\pi}{2} \text{ cm}$$

Atividades

1. Considerando uma circunferência com raio de 2 cm, determine:
   a) a medida do diâmetro da circunferência;
   b) o perímetro da circunferência;
   c) o comprimento de um arco de 60°;
   d) o comprimento de um arco de 45°.

2. Considerando uma circunferência com diâmetro de 28 cm, determine:
   a) o comprimento da circunferência;
   b) o comprimento de um arco correspondente a 90°;
   c) o comprimento de um arco correspondente a 120°.

3. Observe o arco obtido de uma circunferência com raio de 12 cm.

   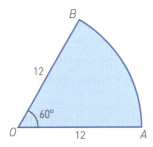

   Determine:
   a) o comprimento da circunferência correspondente.
   b) a medida do comprimento do arco AB;

4. Calcule a medida do raio de uma circunferência cujo comprimento é 240 cm.

5. Responda às questões.
   a) Em quanto aumenta a medida do raio de uma circunferência quando seu comprimento é multiplicado por 3?
   b) Em quanto aumenta a medida do raio de uma circunferência quando seu comprimento duplica?

6. Um ciclista percorre uma pista circular com raio de 50 m.

   Determine:
   a) a medida correspondente a uma volta completa na pista;
   b) o número de voltas que ele precisa dar para percorrer 62 800 m na pista, considerando $\pi \cong 3{,}14$.

7. Na figura a seguir, o lado do quadrado mede 20 cm. Quatro semicircunferências foram desenhadas tendo como centro os pontos médios dos lados do quadrado.

   Determine:
   a) a medida do raio de cada semicircunferência;
   b) a soma das medidas dos comprimentos de todas as semicircunferências desenhadas.

De olho no legado

Mandalas

A mandala, provinda do sânscrito, significa círculo, é reconhecida pela beleza em seus desenhos, que podem explicitar ou não os círculos utilizados como base para sua construção.

A mandala também pode ser entendida como aquilo que contém a essência, ou então como o círculo da essência. Sua origem está presente em diferentes tradições: hinduísta, budista e tibetana. Para cada uma delas atribui-se um significado diferente, entretanto, todos relacionados com conhecimentos religiosos e também com o autoconhecimento.

A construção de uma mandala toma como base um círculo, acompanhe o procedimento adotado para a construção da mandala ao lado:

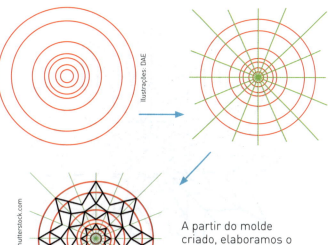

Com um compasso definimos as circunferências que servirão de base para a construção dessa mandala.

Essa mandala foi dividida em 16 partes para que seu desenho fosse elaborado.

A partir do molde criado, elaboramos o desenho desejado.

A relação entre a Matemática utilizada na construção de uma mandala e a arte na qual ela se enquadra, foi se disseminando para além das tradições hinduísta, budista e tibetana, se transformando e tomando diferentes usos e representações.

Azulejos com desenhos de mandalas

Mandala utilizada em um tecido.

O emprego de mandalas no comércio permite que seu uso gere renda a partir de sua representação em azulejos, tecidos, tatuagens e outras formas. É interessante notar que existem infinitas possibilidades de desenhos de mandalas, que ficam a cargo da imaginação.

Fonte: *Mandala*: um estudo na obra de C. G. Jung. Disponível em: <http://www4.pucsp.br/ultimoandar/download/UA_15_artigo_mandala.pdf>. Acesso em: set. 2018.

Com base no texto apresentado:

a) Você conhecia os significados associados a mandalas apresentados nesse texto? De onde?

b) Qual é sua opinião sobre o uso de mandalas nos contextos apresentados? Você tem outras sugestões de uso para elas?

c) Junte-se a um colega e busquem construir, com régua e compasso, a mandala a seguir.

d) Desenhe livremente uma mandala e compartilhe seu desenho com o professor e os colegas.

CAPÍTULO 12
Círculo e setor circular

Área do círculo

Agora que você conhece um pouco mais a respeito do π, lembre-se que ele está também presente em uma relação matemática que permite calcular a área de um círculo. Observe na ilustração abaixo:

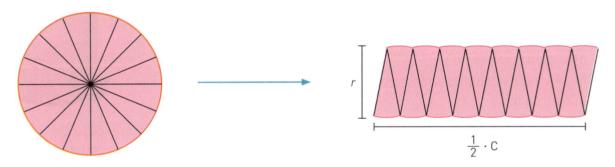

Ao traçar um determinado número de diâmetros podemos decompor um círculo e, a partir de sua decomposição, formar a figura à direita, nos dando a ideia aproximada de um paralelogramo em que a medida da base é aproximadamente a metade do comprimento da circunferência e a altura correspondente é aproximadamente a medida do raio. Assim, utilizando mesma relação que usamos para calcular a área do paralelogramo, obtemos:

$$A = b \cdot h$$
$$A_{círculo} = \left(\frac{1}{2} \cdot C\right) \cdot r$$
$$A_{círculo} = \left(\frac{1}{2} \cdot 2\pi r\right) \cdot r \Rightarrow A_{círculo} = \pi r^2$$

> A área de um círculo de raio r é igual ao produto do quadrado da medida do raio pelo número π.
> $A = \pi r^2$

Como exemplo vamos calcular a área do círculo de raio igual a 3 cm conforme representado a seguir:

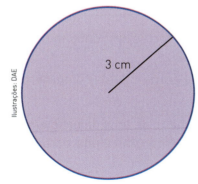

$$A = \pi \cdot r^2$$
$$A = \pi \cdot 3^2$$
$$A \cong 3{,}14 \cdot 9 \rightarrow A \cong 28{,}26 \text{ cm}^2$$

113

Atividades

1) Traga para a sala de aula uma latinha em forma de cilindro como indicado na figura ao lado.

a) Com uma régua obtenha o diâmetro do círculo correspondente à base (tampa superior) da lata;

b) Utilizando a aproximação 3,14 para o número π calcule a área dessa tampa.

c) Utilizando a aproximação 3,14 para o número π calcule o comprimento da circunferência correspondente ao contorno dessa tampa.

2) Utilizando um barbante, Paula mediu o contorno da cesta de lixo que havia em sua casa, como mostra a figura ao lado. O comprimento obtido foi de aproximadamente 72,5 cm.

Responda:

a) Qual é a medida do raio da tampa dessa cesta de lixo? Use 3,14 para uma aproximação de π.

b) Qual é a área da tampa dessa cesta de lixo? Use 3,14 para uma aproximação de π.

3) Na ilustração abaixo está indicado o aro de 26 polegadas do pneu de uma bicicleta que Matias estava analisando para comprar. Como 1 polegada corresponde 2,54 cm e a medida do aro corresponde ao diâmetro do pneu, calcule:

a) Qual é o comprimento aproximado da circunferência correspondente ao pneu dessa bicicleta?

b) Se Matias andar 20 km com essa bicicleta, explique como calcular o número de voltas aproximadamente que esse pneu terá dado.

4) Junte-se a um colega e pesquise um pouco mais a respeito de aros de bicicleta. A seguir, elabore um problema, como o da atividade anterior, e troque com um colega para que um encontre a solução do problema elaborado pelo outro.

Setor circular

Algumas partes do círculo recebem denominações especiais. Uma delas é o **setor circular**.

Quando dois pontos distintos são marcados em uma circunferência, ela fica dividida em duas partes que, como vimos, são denominadas arcos de circunferência. Considerando parte do círculo limitada pelo arco AB da circunferência, o segmento OA e o segmento OB, temos um setor circular.

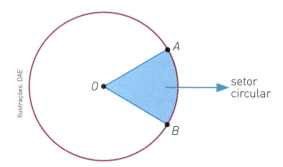

E como podemos calcular a área de um setor circular?

A área de um setor circular é diretamente proporcional à medida do ângulo central correspondente a esse setor. Assim, podemos determinar essa área com base em uma proporção.

Na figura a seguir, vamos calcular a área do setor circular cuja medida do ângulo central é representada por α em graus.

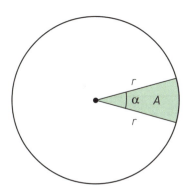

Para determinar a área A de um setor circular, usamos a seguinte proporção:

$$\frac{A_{setor}}{\pi r^2} = \frac{\alpha}{360°}$$

$$A_{setor} = \pi r^2 \cdot \frac{\alpha}{360°} \Rightarrow A_{setor} = \frac{\pi r^2 \alpha}{360°}$$

Como exemplo, vamos calcular a área do setor circular representado na figura a seguir.

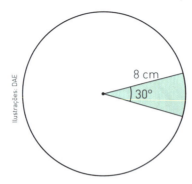

Como temos a medida do ângulo central correspondente ao setor circular e à medida do raio, obtemos:

$$\frac{A}{\pi r^2} = \frac{30°}{360°}$$

$$\frac{A}{\pi 8^2} = \frac{1}{12} \Rightarrow A = \frac{64\pi}{12} \Rightarrow A = \frac{16}{3} \pi \text{ cm}^2$$

① Calcule a área de um círculo cujo diâmetro mede 20 cm.

② Considere um círculo com raio de 4 cm. Determine a área de um setor circular correspondente a um ângulo de:

a) 30°

b) 45°

c) 90°

d) 120°

③ Responda às questões a seguir.

a) Se duplicarmos a medida do raio de um círculo, por quanto será multiplicada sua área?

b) Ao aumentarmos em 50% o raio de um círculo, por quanto será multiplicada sua área?

④ A parte colorida da figura abaixo é uma coroa circular formada pela região compreendida entre duas circunferências concêntricas, conforme as medidas indicadas dos raios. Determine a área da coroa circular.

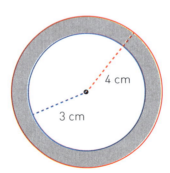

⑤ Calcule a área de um setor circular correspondente a um arco de 72°, considerando que a medida do raio do círculo é 8 cm.

6 Ao observar um gráfico de setores de um jornal, constatou-se que ele correspondia a 12,5% de um círculo com raio de 4 cm.

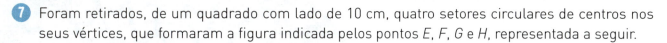

a) Determine o ângulo central desse setor.

b) Calcule a medida do comprimento do arco.

c) Calcule a área do setor circular.

7 Foram retirados, de um quadrado com lado de 10 cm, quatro setores circulares de centros nos seus vértices, que formaram a figura indicada pelos pontos E, F, G e H, representada a seguir.

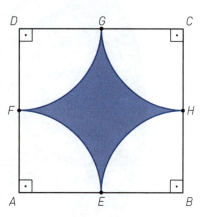

Determine a área colorida da figura.

8 Conforme as medidas em centímetros indicadas na figura abaixo, determine:

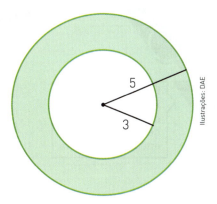

a) a área colorida;

b) o comprimento da circunferência menor;

c) o comprimento da circunferência maior.

9 O tampo de uma mesa tem o formato circular e é confeccionado em vidro. O preço do metro quadrado do vidro é R$ 86,00. Considerando que o diâmetro da mesa é de 250 cm, calcule o preço do tampo dessa mesa.

10 Elabore um problema envolvendo o cálculo de área com regiões circulares, como por exemplo as figuras das atividades 7 e 8. Peça a um colega que resolva o problema elaborado por você, enquanto você resolve o dele.

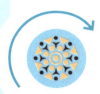

Caleidoscópio

A GEOMETRIA DOS VITRAIS

Você já deve ter visto alguns vitrais pela sua cidade. Eles são formados por pedacinhos coloridos de vidro que, quando colados próximos, formam figuras. Observe o vitral ao lado. Ele pode ser observado na Catedral de Notre-Dame, em Paris, França.

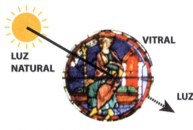

LUZ NATURAL — **VITRAL** — **LUZ**

Na Idade Média, usou-se vitrais para resolver os problemas de iluminação causados pelas enormes janelas das igrejas.

Em cada parte do vitral, encontramos diversas formas geométricas que estudamos até agora.

De início, os vitrais eram usados exclusivamente nas igrejas católicas, pois foram obra de eclesiásticos. Depois, eles foram sendo adotados nos castelos e nas casas dos burgueses até chegarem aos lares dos artesãos e operários.

COMO ERA FEITO

1 Para a criação de um vitral, era necessário que o pintor fizesse um desenho e recortasse-o em formas geométricas, que serviriam de molde para uma armação de ferro que, mais tarde, acomodaria perfeitamente peças de vidro.

2 O vidro passava então por uma sequência de sessões para ficar da cor desejada.

3 Além do vidro, os artesãos tinham de fundir e modelar as estruturas metálicas (conhecidas também como "perfis de chumbo"), e esta subdivisão também deveria seguir à risca o desenho inicialmente sugerido.

A ARTE GÓTICA

A Arte Gótica se desenvolveu na Europa entre os séculos XII e XV, e foi uma das mais importantes da Idade Média.

No início desse período, o ser humano via Deus como centro do Universo e praticamente toda a produção artística era religiosa. A arquitetura, a pintura e a escultura representavam cenas bíblicas, santos e anjos.

As igrejas passaram a ser mais altas, com longas torres, vitrais coloridos e três portais na fachada. O uso de uma rosácea sobre o portal central se tornou o verdadeiro símbolo da Arte Gótica.

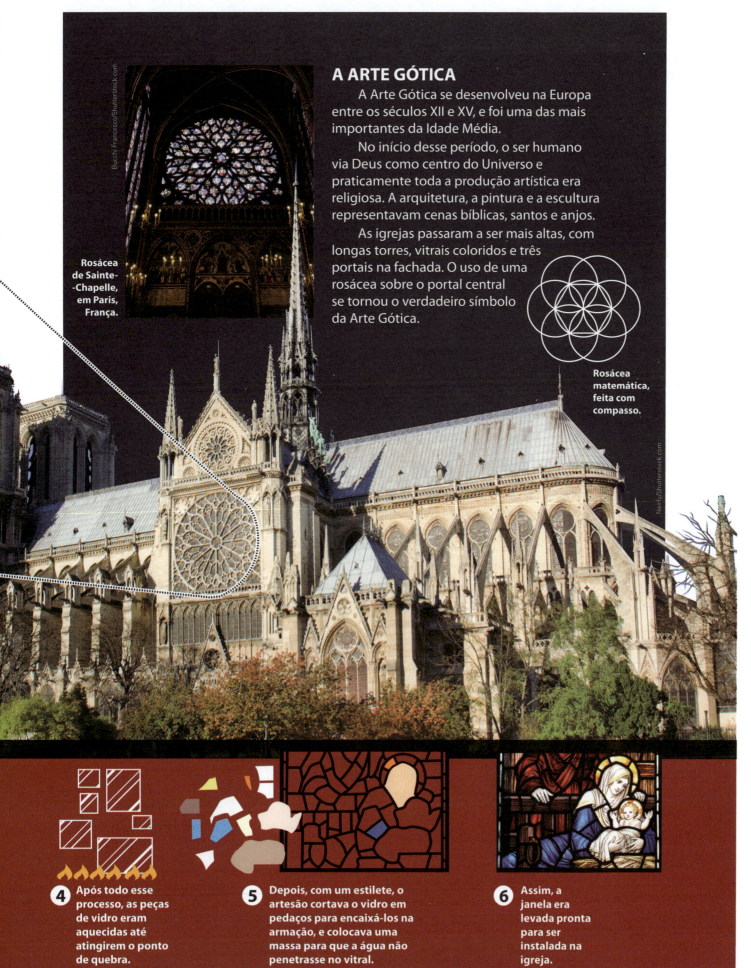

Rosácea de Sainte-Chapelle, em Paris, França.

Rosácea matemática, feita com compasso.

4 Após todo esse processo, as peças de vidro eram aquecidas até atingirem o ponto de quebra.

5 Depois, com um estilete, o artesão cortava o vidro em pedaços para encaixá-los na armação, e colocava uma massa para que a água não penetrasse no vitral.

6 Assim, a janela era levada pronta para ser instalada na igreja.

Retomar

1) Observe que na figura abaixo ABCD é um paralelogramo e ABDE é um retângulo. Além disso, considere que D é um ponto médio do segmento EC e que a área do retângulo ABDE é igual a 12 cm².

A área do paralelogramo ABCD é:

a) 6 cm²
b) 8 cm²
c) 10 cm²
d) 12 cm²

2) Na figura anterior ABCE é um trapézio. A partir dos dados apresentados no enunciado da atividade anterior, a área desse trapézio é

a) 20 cm²
b) 18 cm²
c) 16 cm²
d) 14 cm²

3) Sobre quadriláteros considere as seguintes afirmações que foram escritas na lousa para os alunos avaliarem:

  I. Um retângulo tem as diagonais congruentes;

  II. No losango as diagonais se cortam no ponto médio e são perpendiculares;

  III. Num quadrado as diagonais são congruentes e formam ângulo reto no ponto de encontro.

Sendo V verdadeiro e F falso, a sequência correta para essas afirmações é:

a) F – V – V
b) V – F – F
c) V – V – V
d) F – F – F

4) No desenho ao lado está indicada a medida do raio interno de uma rotatória circular que será construída no entroncamento de algumas ruas na cidade em que Pedro mora. Considerando que π é aproximadamente 3,14, qual será a área interna dessa rotatória?

a) 1456 m²
b) 1526 m²
c) 1256 m²
d) 1625 m²

5) Na atividade anterior observe que a parte circular está dividida em 6 setores circulares de mesmo tamanho. Nos setores que há a indicação de área verde será feito um cercado de ferro em volta, como indica a parte vermelha na imagem:

Qual é o comprimento aproximado da cerca para cada um desses setores, considerando 3,14 para π?

a) 60,93 m
b) 70,93 m
c) 50,93 m
d) 85,93 m

6 No plano cartesiano a seguir está representado um losango ABCD. Considere que cada quadradinho da malha quadriculada tem 1 cm de medida de lado.

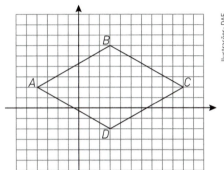

As medidas das diagonais desse losango são:

a) 12 cm e 8 cm

b) 12 cm e 14 cm

c) 14 cm e 12 cm

d) 8 cm e 14 cm

7 A área do losango ABCD representado na atividade anterior é, em centímetros quadrados, igual a:

a) 56

b) 65

c) 75

d) 86

8 Triplicando-se a medida do lado de um quadrado, sua área:

a) permanece igual.

b) é também triplicada.

c) será multiplicada por 9.

d) quadruplica.

9 O desenho a seguir representa a garagem da casa de Paula. Para revestir o piso dessa garagem serão utilizadas cerâmicas quadradas de área 0,25 m² cada uma. Qual é o número total de cerâmicas que deverão ser utilizadas para esse revestimento?

a) 36 cerâmicas

b) 46 cerâmicas

c) 86 cerâmicas

d) 96 cerâmicas

10 A área de um setor circular correspondente ao ângulo central de 60° representa:

a) $\frac{1}{8}$ da área do círculo.

b) $\frac{1}{6}$ da área do círculo.

c) $\frac{1}{5}$ da área do círculo.

d) $\frac{1}{4}$ da área do círculo.

11 No plano cartesiano estão localizados os vértices A, B e C de um triângulo.

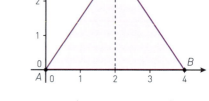

Qual é a área desse triângulo (em unidades de área)?
a) 6
b) 8
c) 10
d) 12

12 O desenho a seguir representa uma praça circular em que a parte colorida (coroa circular) será revestida com grama.

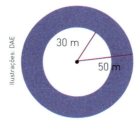

Utilize a aproximação 3,14 para π e assinale a alternativa que indica corretamente a área de grama necessária, sem considerar possíveis perdas.
a) 4 024 m²
b) 3 024 m²
c) 2 024 m²
d) 5 024 m²

13 Considerando a praça representada na atividade 12, responda: Qual é a medida aproximada do contorno externo dessa praça?
a) 314 m
b) 31,4 m
c) 3 140 m
d) 628 m

14 O círculo representado a seguir foi dividido em 16 setores circulares iguais.

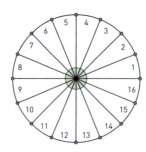

É correto afirmar que cada setor circular tem um ângulo central correspondente a:
a) 22°
b) 22,5°
c) 23°
d) 45°

15 Ainda em relação à figura da atividade anterior, a fração que indica corretamente o comprimento de cada arco, sendo R a medida do raio da circunferência, é:

a) $\dfrac{\pi R}{32}$

b) $\dfrac{\pi R}{16}$

c) $\dfrac{\pi R}{8}$

d) $\dfrac{\pi R}{4}$

16 (Obmep) No trapézio ABCD da figura, os lados AB e CD são paralelos e o comprimento de CD é o dobro do comprimento de AB. O ponto P está sobre o lado CD e determina um triângulo ABP com área igual a 17. Qual é a área do trapézio ABCD?

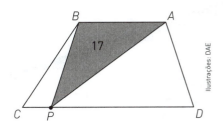

a) 32
b) 34
c) 45
d) 51
e) 68

17 (Obmep) Na figura abaixo, ABCD é um paralelogramo. O ponto E é ponto médio de AB, e F é ponto médio de CD. Qual é a razão entre a área do triângulo GIH e a área do paralelogramo ABCD?

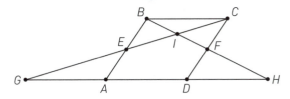

a) $\dfrac{9}{8}$

b) $\dfrac{5}{4}$

c) $\dfrac{4}{3}$

d) $\dfrac{3}{2}$

e) 2

Os peregrinos – Série O Contador de Histórias e outras histórias da Matemática
de Egidio Trambaiolli Neto (FTD)

Você é convidado, ao ler este livro, a participar de uma empolgante aventura para evitar um cataclisma que promete exterminar a vida na Terra. Conhecimentos diversos, principalmente em Matemática, serão necessários para evitar a tragédia.

UNIDADE 5

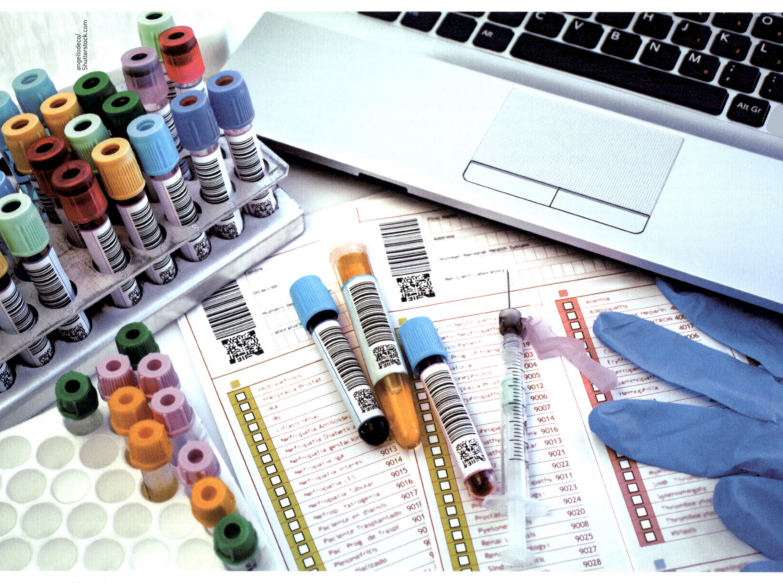

Mesa de um laboratório de análises clínicas com ferramentas de trabalho.

Antever

Você sabia que conceitos de probabilidade são usados na análise de DNA e podem ajudar, inclusive, a determinar a chance de uma pessoa desenvolver determinadas doenças? A probabilidade também é utilizada na Biologia para estudar certas características genéticas. Nesta unidade, estudaremos conceitos de contagem e probabilidade. Responda às questões com base em seus conhecimentos nesse assunto:

Contagem e probabilidades

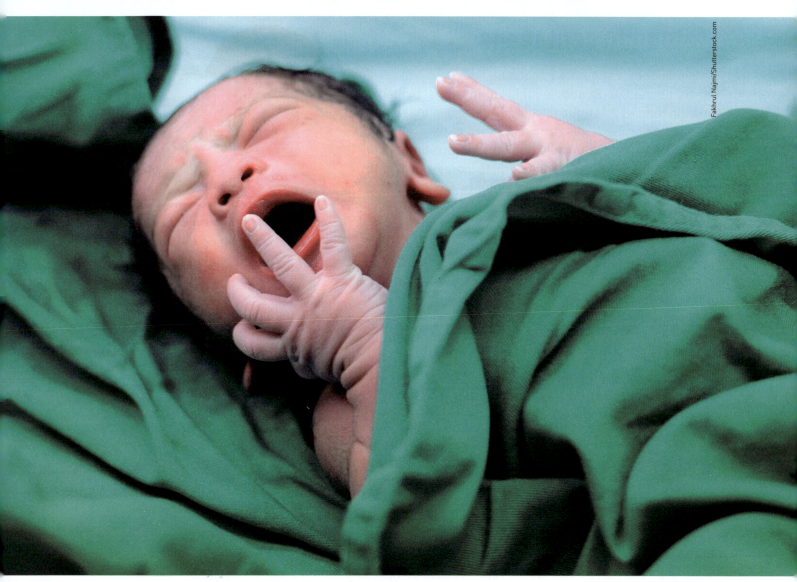

Recém-nascido.

1. Se 4 amigos estiverem reunidos e todos eles apertarem uma única vez a mão de todos os outros, quantos serão os apertos de mãos?

2. Se houver um sorteio para escolher alguém de sua turma, é mais provável ser escolhido um aluno que use óculos ou um que não use?

CAPÍTULO 13
Problemas de contagem

Efetuando contagens

Considere a seguinte situação:

As turmas do 8º ano se juntaram para participar de uma gincana escolar que envolve diversas escolas. Decidiu-se que seriam feitas camisetas para cada integrante. Todos os alunos das turmas do 8º ano foram entrevistados sobre a cor preferida entre duas cores apresentadas para fazer a camiseta. Cada aluno tinha de escolher apenas uma cor:

Ao final, verificou-se que 34 alunos optaram pela cor vermelha e 43 alunos pela cor azul.

Nessa situação, dizemos que a escolha das cores é composta de duas partes ou dois eventos que são **mutuamente exclusivos**:

Evento 1 – escolher a cor vermelha

Evento 2 – escolher a cor azul

> **zoom**
> Dizemos que dois eventos são **mutuamente exclusivos** quando eles não podem ocorrer ao mesmo tempo.

Responda:
1. Qual o número de opções de escolha para cada aluno?
2. Quantos alunos foram entrevistados?

A situação apresentada envolve a contagem do número de ocorrência de eventos, isto é, para obter a quantidade de alunos entrevistados você teve de efetuar uma adição (ocorrência do evento 1 com ocorrência do evento 2), pois ou ocorre um deles ou ocorre o outro. Ao efetuar essa adição, você utilizou o **princípio aditivo da contagem**.

Existem situações de contagem em que, ao determinar o número de ocorrências, precisamos tomar o cuidado de verificar se de fato os eventos são exclusivos. Vamos, por exemplo, considerar que na escolha da cor da camiseta da situação anterior os alunos pudessem escolher além das cores vermelha e azul ambas as cores. Veja o resultado apresentado no quadro seguinte:

Cores	Vermelha	Azul	Vermelha e azul
Escolhas	44	53	20

- Para calcular o número total de alunos, vamos adicionar o total de escolhas da cor vermelha com o total de escolhas da cor azul, porém precisamos subtrair as escolhas de ambas, já que foram adicionadas duas vezes:

$$n = 44 + 53 - 20$$
$$n = 77$$

- Outra maneira de você pensar é adicionar o número total de escolhas só da cor vermelha com o total de escolhas só da cor azul e com o total de escolhas de ambas:

  n = (44 − 20) + (53 − 20) + 20
  n = 24 + 33 + 20
  n = 77

1. Eduardo tem 4 camisetas cor-de-rosa, 5 camisetas brancas e 3 camisetas azuis. Quantas possibilidades ele tem para escolher uma camiseta?

2. Para realizar sua viagem de férias, Antônia pode percorrer o trajeto de ônibus ou de avião. Nos quadros a seguir estão indicadas as opções de horário de partida para cada tipo de transporte.

Horários dos ônibus	6h	8h	10h	12h	14h	16h	18h

Horários dos voos	7h	11h	17h	20h	22h

a) Se Antônia preferir ir de ônibus, quantas opções de horário de partida ela terá?
b) Se Antônia escolher ir de avião, quantas opções de horário de partida ela terá?
c) Ao todo, quantas opções de horário de partida Antônia tem?

3. Em uma cooperativa de costureiras foram confeccionadas 348 bermudas que, antes de serem encaminhadas à loja parceira, passam por um controle de qualidade, pois só são enviadas peças sem defeito. Após esse controle, constatou-se que:
   - 21 bermudas tinham defeito na costura;
   - 13 tinham defeito no tecido;
   - e 4 tinham defeito tanto na costura como no tecido.

   Com base nessas informações, quantas bermudas puderam ser enviadas à loja parceira?

4. Elabore um problema que possa ser resolvido por meio do princípio aditivo da contagem e que envolva múltiplos de números do quadro a seguir.

1	2	3	4	5	6	7	8	9	10
11	12	13	14	15	16	17	18	19	20
21	22	23	24	25	26	27	28	29	30
31	32	33	34	35	36	37	38	39	40

Depois, apresente o problema a um colega e peça a ele que o resolva.

Princípio fundamental da contagem

Você já reparou nas placas dos automóveis no Brasil? Nessas placas, há uma sequência de três letras, as quais podem se repetir, e quatro algarismos, que também podem se repetir.

Com esse critério, quantas placas diferentes de automóveis podem ser formadas?

A princípio, você pode pensar em enumerar uma a uma as possibilidades, mas logo observará que tal procedimento seria muito trabalhoso. Situações como essa envolvem processos de contagem – queremos determinar quantas combinações de três letras e quatro números, diferentes ou iguais, são possíveis realizar.

Uma característica interessante desse tipo de problema é que os termos são independentes. Caso pudéssemos escolher a primeira letra de uma placa, por exemplo, essa escolha não influenciaria a decisão de qual seria a segunda letra.

> Responda:
> 1. Quantas são as possibilidades para a 1ª letra de uma placa de automóvel?
> 2. E quantas são as possibilidades para a 2ª letra? E para a 3ª?
> 3. Quantas são as possibilidades para o 1º algarismo? E para o 2º?

Para determinar a quantidade de placas de automóveis que podem ser formadas de acordo com esse critério, podemos utilizar o **princípio fundamental da contagem**, que será apresentado adiante. Acompanhe as situações a seguir.

1ª situação

Marcela tem 2 calças e 3 camisetas que utiliza para ir à escola. Ela quer combinar essas peças sem repetir uma combinação de calça e camiseta em uma semana. Será que é possível?

Para resolver esse tipo de situação, precisamos determinar quantas combinações Marcela pode fazer com essas peças. Para isso, podemos elaborar o seguinte esquema:

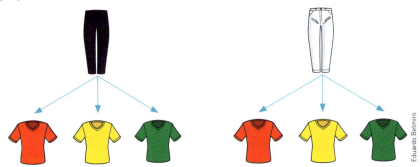

Esse tipo de esquema é conhecido como **árvore de possibilidades**, ou **diagrama de árvore**.

Perceba que, com cada calça, Marcela pode usar 3 camisetas; logo, ela pode fazer 6 combinações. Como em uma semana há 5 dias letivos, concluímos que Marcela pode combinar as peças sem repetições nesse período.

Embora um diagrama facilite nossa compreensão, ele não é indispensável para resolver esse tipo de problema, que estaria corretamente solucionado pela expressão $2 \cdot 3 = 6$.

Em outras palavras, multiplicando-se a quantidade de calças (2) pela quantidade de camisetas (3), temos 6 combinações diferentes. Esse procedimento de cálculo é conhecido como **princípio fundamental da contagem**.

> De acordo com o princípio fundamental da contagem, se um evento tem duas etapas distintas e independentes, podendo ocorrer a primeira de *m* modos e a segunda de *n* modos, então o evento pode ocorrer de *m* · *n* modos distintos.
>
> Isso também se aplica a eventos que tenham mais de duas etapas.

Agora, acompanhe outras situações de contagem que podem ser resolvidas por meio desse princípio.

2ª situação

Você sabe o que é um anagrama? Anagrama é cada uma das palavras que podem ser formadas com as mesmas letras de outra palavra, sem necessariamente ter sentido como palavra. Por exemplo: a palavra ROMA é um anagrama da palavra AMOR. A palavra RAMO também é um anagrama da palavra AMOR.

Quantos anagramas podemos formar com a palavra CABO?

- Utilizando um diagrama de árvore, temos:

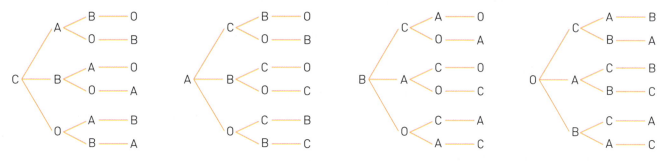

> Responda:
> 1. Observando o diagrama de árvore acima, indique quais anagramas começam pela letra A.
> 2. Quantos são os anagramas da palavra CABO?

Observe que, quanto mais elementos for preciso combinar, mais difícil torna-se a construção do diagrama de árvore. Por isso, vamos resolver esse problema pelo princípio fundamental da contagem:

1. Para a primeira letra do anagrama, temos **4 possibilidades**.
2. Para a segunda letra do anagrama, devemos lembrar que uma letra já foi usada; portanto, temos **3 possibilidades**.
3. Para a terceira letra do anagrama, devemos lembrar que duas letras já foram usadas; portanto, temos **2 possibilidades**.
4. Para a quarta letra do anagrama, devemos lembrar que três letras já foram usadas; portanto, temos **1 possibilidade**.

Logo, para resolver o problema basta multiplicar os termos anteriormente definidos:
$$4 \cdot 3 \cdot 2 \cdot 1 = 24 \longrightarrow 24 \text{ anagramas}$$

3ª situação

Quantos números de 3 algarismos distintos podemos formar utilizando os caracteres 0, 3, 5, 6, 8 e 9? Queremos um número com 3 algarismos.
- Como o primeiro número não pode ser 0, temos 5 possibilidades para a primeira posição: 3, 5, 6, 8 e 9.
- Os algarismos devem ser distintos, agora podemos utilizar o número 0, mas não o algarismo que ocupa a primeira posição, portanto, temos 5 possibilidades para a segunda opção.
- Dois algarismos já foram utilizados nas duas primeiras posições. Assim, temos 4 possibilidades para a última posição.

Logo, pelo princípio fundamental da contagem, calculamos: $5 \cdot 5 \cdot 4 = 100$

Portanto, podemos formar 100 números distintos.

Atividades

1 Juliano elaborou a seguinte árvore de possibilidades para ilustrar as combinações formadas por 3 tipos de camisa, 2 tipos de calça e 2 tipos de cinto. Veja:

Agora, responda:

a) Quantas opções de camisa foram representadas? E de calças? E de cinto?

b) Para formar um conjunto de uma camisa com uma calça, quantas opções de combinação Juliano terá?

c) Quantas combinações de camisa, calça e cinto Juliano poderá formar?

2 Junte-se a um colega e sigam as instruções para fazer esta atividade:

a) Formem todos os números naturais com dois algarismos de tal maneira que:
   - O algarismo das dezenas seja ímpar.
   - O algarismo das unidades seja par.

b) Elaborem, em uma folha avulsa, a árvore de possibilidades que representa os algarismos que podem ser formados de acordo com o critério acima.

c) Vocês chegariam ao mesmo resultado se as condições fossem trocadas, isto é, **o algarismo das dezenas seja par** e **o algarismo das unidades seja ímpar**?

3 Imagine que na cantina da escola há 5 sabores de suco: uva, laranja, pêssego, melancia e acerola. Esses sucos são vendidos em 3 tipos de copo: pequeno, médio e grande. Responda:

a) Se você escolher suco de uva, qual é o número de possibilidades para a escolha do tamanho de copo?

b) Para cada tamanho de copo que você escolhe, quantas são as possibilidades para a escolha de suco?

c) Considerando o sabor do suco e o tipo de copo, de quantas maneiras você poderia escolher sua bebida?

4 Na cidade em que Renam mora os números de telefones têm 9 algarismos. Ele precisava ligar para um amigo, porém, só lembra a ordem correta dos cinco primeiros algarismos, como indicado abaixo.

| 9 | 9 | 1 | 5 | 5 | - | | | | |

Se os quatro últimos números são 3, 4, 8 e 7, qual é o total de possibilidades para Renam formar o número de telefone do amigo?

5 Elabore um problema de contagem com base na imagem ao lado que possa ser resolvido pelo princípio fundamental da contagem.

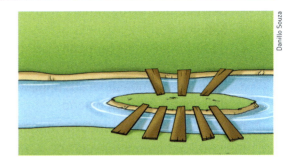

Probabilidade

Ideias iniciais

Nos anos anteriores, estudamos cálculo de probabilidade. Antes de aprofundarmos tal estudo, vamos retomar, por meio de exemplos, algumas ideias sobre o assunto.

Inicialmente, considere que os números abaixo foram escritos em pedaços de papel do mesmo tamanho e dobrados de forma idêntica.

11	29	54	17	9
13	7	6	76	68
26	37	24	89	85

Após serem dobrados, os papéis foram colocados em uma urna e um deles foi sorteado.

Responda:
1. É mais provável que o papel sorteado contenha um número par ou um número ímpar?
2. É menos provável que o papel sorteado contenha um número de um algarismo ou um número de dois algarismos?

Na situação apresentada, podemos concluir que é mais provável que o papel sorteado contenha um número ímpar, mas não podemos afirmar, com certeza, qual será o resultado do sorteio.

Situações como essa são chamadas de **experimentos aleatórios**. Nesses experimentos, o resultado depende do acaso e não pode ser previsto com precisão.

Os resultados possíveis de um experimento aleatório constituem um conjunto chamado **espaço amostral**. Assim, na situação anterior, o espaço amostral é o conjunto:

{11, 29, 54, 17, 9, 13, 7, 6, 76, 68, 26, 37, 24, 89, 85}.

Veja alguns exemplos de experimentos aleatórios e seu respectivo espaço amostral.

Exemplo 1

Experimento aleatório: Lançamento de um dado e verificação do número da face voltada para cima.

Espaço amostral: {1, 2, 3, 4, 5, 6}

Exemplo 2

Experimento aleatório: Sorteio de um dos alunos de sua turma para ganhar uma entrada para o cinema.

O espaço amostral é o conjunto formado por todos os alunos de sua turma.

Atividades

1 Pense no lançamento de uma moeda e na observação da face voltada para cima.

Responda:

a) Esse é um exemplo de experimento aleatório?

b) Que resultados podem ocorrer?

c) Esses resultados são equiprováveis, isto é, têm as mesmas chances de ocorrência?

2 O diagrama de árvore abaixo representa os possíveis resultados do seguinte experimento: lançamento de uma mesma moeda 3 vezes consecutivas e verificação da face voltada para cima. A letra K representa cara e a letra C representa coroa.

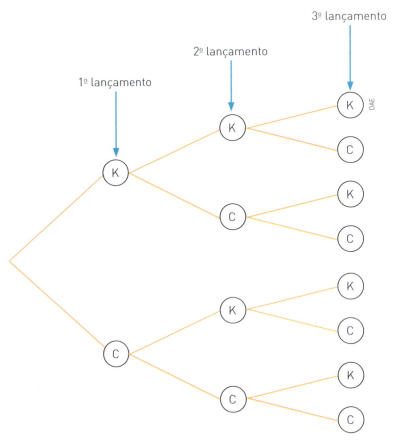

a) Pela interpretação da árvore das possibilidades, qual é o número de resultados possíveis desse experimento?

b) Utilizando o princípio multiplicativo, como você determinaria o total de resultados possíveis desse experimento?

c) Escreva todas as sequências de resultados que podem ocorrer nesse experimento.

3 Construa uma árvore de possibilidades para representar os possíveis resultados do lançamento de uma moeda 2 vezes consecutivas. Depois, responda:

a) Quantos resultados podem ocorrer nesse experimento?

b) Quais são esses resultados? Use K para representar cara e C para representar coroa.

De olho no legado

Probabilidade e história

A noção de probabilidade tem a sua origem mais remota referida não só a prática de jogos "de azar", antes disso, à instituição dos seguros que foram usados já pelas civilizações mais antigas, designadamente pelos fenícios, a fim de protegerem a sua atividade comercial marítima.

O cálculo das probabilidades parece ter nascido na Idade Média, com as primeiras tentativas de matematização dos jogos de azar, muito difundidos na época. É sabido que desde sempre os jogos foram praticados como apostos, mas também para prever o futuro, decidir conflitos, dividir heranças etc.

O desenvolvimento do cálculo das probabilidades surgiu no século XVII. A ligação das probabilidades com os conhecimentos estatísticos veio dar uma nova dimensão à ciência Estatística. Os três nomes importantes ligados a esta fase são: Fermat (1601-1665), Pascal (1623-1662) e Huygens (1629-1695).

No cotidiano usamos diariamente o cálculo de probabilidades de uma forma intuitiva, ao acordarmos olhamos o tempo, sentimos a temperatura, ouvimos e consultamos a internet sobre a previsão do tempo em determinado dia, a partir daí escolheremos a roupa que vamos usar, se levaremos guarda-chuva ou não; podemos também ter uma noção de que hora precisamos sair de casa para não chegar atrasado à escola, no trabalho, a probabilidade do trânsito estar congestionado, podemos também calcular a probabilidade do nosso time ganhar um campeonato, um jogo; a probabilidade de passarmos em um concurso público ou vestibular "chutando" todas as questões; diariamente, muitas pessoas no Brasil e em todas as partes do mundo – em busca de diversão e, principalmente, dinheiro – apostam em loterias, vão às casas de bingo, compram raspadinhas, gastam moedinhas em caças-níqueis, viajam para lugares onde há cassinos.

Independentemente do valor apostado, que pode ser R$ 0,50, em uma raspadinha, ou quantias milionárias, como as que circulam em Las Vegas (EUA), Punta del Este (Uruguai) ou Mônaco, por exemplo, os jogos de azar despertaram a atenção das pessoas que sonham com dinheiro fácil e uma vida mais tranquila.

É muito importante destacar, por fim, que, embora os jogos de azar tenham historicamente impulsionado o desenvolvimento das teorias das probabilidades, essa fascinante parte da matemática tem aplicações notáveis em outras ciências, como biologia (principalmente em genética), finanças, marketing e econometria (conjunto de técnicas matemáticas usadas para quantificar fenômenos econômicos).

Fonte: Disponível em: <www.portaleducacao.com.br/conteudo/artigos/administracao/introducao-e-importancia-de-probabilidades/30524>. Acesso em: ago. 2018.

Pesquise sobre os assuntos de cada pergunta para respondê-las:

1. Como a probabilidade atua na genética para estimar a cor dos olhos de um bebê?
2. Os seguros de automóveis ou até mesmo os seguros de vida trabalham com base em probabilidade?

Cálculo de probabilidades

Como vimos nos anos anteriores, podemos calcular a probabilidade de ocorrência de cada resultado possível em um experimento aleatório. Para esse cálculo são considerados o número de elementos de um evento relacionado ao experimento e o número de elementos do espaço amostral.

Evento de um experimento aleatório é um subconjunto do espaço amostral desse experimento. Considerando o lançamento de um dado e a observação da face voltada para cima, por exemplo, temos o evento "sair número par", cujos resultados favoráveis são {2, 4, 6}.

> O conjunto formado por todos os resultados possíveis em um experimento aleatório é chamado de **espaço amostral**.
> O conjunto formado por todos os resultados favoráveis em um experimento é chamado de **evento**.

Agora, vamos analisar algumas situações para retomar e aprofundar nosso estudo do cálculo de probabilidades.

1ª situação

Imagine que você sorteou um dos seguintes números:

1	2	3	4	5	6	7	8	9	10
11	12	13	14	15	16	17	18	19	20

Qual é a probabilidade de você sortear um número múltiplo de 4?

Inicialmente, vamos lembrar que existem 20 resultados possíveis. Apenas 5 desses resultados são favoráveis ao evento "sortear um número múltiplo de 4".

Então, a probabilidade de você sortear um número múltiplo de 4 é dada pela fração:

$$\frac{5}{20}$$

$\frac{5}{20} \longrightarrow$ Número de situações favoráveis ao evento

$\longrightarrow$ Número de resultados possíveis

Retornando ao exemplo, observe que a probabilidade de que cada um dos elementos do espaço amostral seja o número escolhido é a mesma. Dessa forma, se representarmos por p(1) a probabilidade de ser o número 1, de p(2) a probabilidade de ser o número 2, e assim sucessivamente, teremos:

$$p(1) = p(2) = p(3) = \ldots = p(19) = p(20) = \frac{1}{20}$$

Agora acompanhe o cálculo da soma dessas probabilidades:

$$p(1) + p(2) + p(3) + \ldots + p(19) + p(20) = \frac{1}{20} + \frac{1}{20} + \frac{1}{20} + \ldots + \frac{1}{20} + \frac{1}{20}$$

$$p(1) + p(2) + p(3) + \ldots + p(19) + p(20) = \frac{20}{20}$$

$$p(1) + p(2) + p(3) + \ldots + p(19) + p(20) = 1$$

> A soma das probabilidades de cada elemento do espaço amostral é igual a 1.

2ª situação

Observe o dado representado abaixo, com forma de dodecaedro (12 faces), cujas faces são numeradas de 1 a 12. Considere que o lançamento desse dado e a observação da face voltada para cima é um experimento aleatório. Vamos calcular a probabilidade de resultar um número múltiplo de 3.

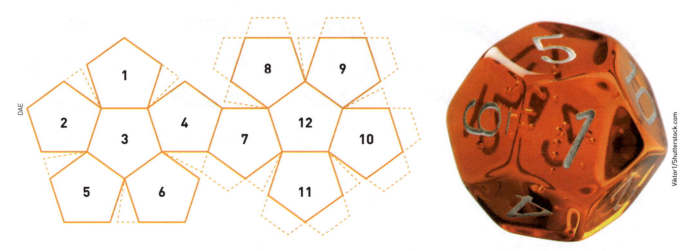

Nesse caso, o número de elementos do espaço amostral é igual a 12. Os resultados possíveis são:

$$\underbrace{1 - 2 - 3 - 4 - 5 - 6 - 7 - 8 - 9 - 10 - 11 - 12}_{\text{resultados possíveis}}$$

- O número de elementos do evento "sair um número múltiplo de 3" é 4. Os resultados favoráveis a esse evento são:

$$\underbrace{3 - 6 - 9 - 12}_{\text{resultados favoráveis}}$$

- Sendo **p** a probabilidade de o resultado ser um número múltiplo de 3, temos:

$$p = \frac{\text{número de resultados favoráveis}}{\text{número de resultados possíveis}}$$

$$p = \frac{4}{12}$$

$$p = \frac{1}{3}$$

$$p = 0{,}333\ldots$$

$$p = 33{,}33\ldots\%$$

> Em relação à situação apresentada, responda:
> 1. Qual é a probabilidade de cada elemento do espaço amostral?
> 2. Qual é a soma das probabilidades de cada elemento desse espaço amostral?

Observe que, na situação anterior, a probabilidade de ocorrência do evento "sair um número múltiplo de 3" foi representada de três maneiras diferentes:

$\frac{1}{3}$ ⟶ forma fracionária

0,333... ⟶ forma decimal

33,33... % ⟶ forma percentual

135

1 Considere que cinco tampinhas, cada uma representando uma vogal, foram colocadas em um saco.

Sendo p(A), p(E), p(I), p(O) e p(U) a probabilidade de sortear a vogal A, a vogal E, a vogal I, a vogal O e a vogal U, respectivamente, responda:

a) Qual é o valor de p(A), p(E), p(I), p(O) e p(U)?

b) Qual é o resultado de p(A) + p(E) + p(I) + p(O) + p(U)?

2 A turma do 8º ano fez um sorteio para decidir o dia da semana em que cada aluno deveria informar a previsão do tempo. Para isso, os dias da semana foram escritos em papéis iguais e de mesmo tamanho.

Todos esses papéis foram dobrados da mesma maneira e inseridos em uma urna. Responda:

a) Todos os dias da semana têm a mesma probabilidade de ser sorteados?

b) Qual é a probabilidade de sair "Sábado"?

c) Qual é a probabilidade de sair um dia da semana que não seja sábado ou domingo?

Junte-se a um colega para realizar as atividades **3** e **4**.

3 Em uma urna foram colocadas 50 bolinhas numeradas de 1 a 50, de mesmo tamanho. Considerando que uma dessas bolas será retirada ao acaso, respondam:

a) Qual é a probabilidade de que a bola retirada tenha um número par?

b) Qual é a probabilidade de que a bola retirada tenha um número múltiplo de 4?

c) Qual é a probabilidade de que a bola retirada tenha um número múltiplo de 5?

d) Qual é a probabilidade de que a bola retirada tenha um número múltiplo de 8?

4 Com base na atividade anterior, elaborem quatro questões que possam ser resolvidas por meio de cálculo de probabilidades e que envolvam os números de 1 a 60.

Depois, troquem as questões com outras duplas e resolvam as atividades criadas pelos colegas.

5 Numa sacola, sem que se possa ver o que está dentro, foram colocadas 20 bolas coloridas de mesmo tamanho, sendo 12 vermelhas, 6 brancas e 2 azuis. Uma dessas bolas será extraída ao acaso da sacola. Calcule a probabilidade de essa bola ser:

a) vermelha   b) branca   c) azul

6. Em relação à atividade anterior, imagine que, após retirar uma bola e não devolvê-la à sacola, você deverá retirar uma segunda bola. Calcule a probabilidade de que a segunda bola seja:

   a) vermelha, sendo que a primeira bola foi vermelha.
   b) vermelha, sendo que a primeira bola foi branca.
   c) vermelha, sendo que a primeira bola foi azul.

7. Na ilustração a seguir estão representados 6 pares de meia. Essas meias são de Bruna e estão espalhadas dentro de uma gaveta. Sem olhar para dentro da gaveta, Bruna retira um pé de meia. Em seguida, também sem olhar, Bruna retira outro pé de meia. Qual é a probabilidade de o segundo pé de meia retirado ser par do primeiro?

8. Na ilustração ao lado, uma das letras da placa do carro do pai de Maurício está encoberta por um papel. Essa é uma brincadeira para que Maurício adivinhe a letra que está faltando.

   Responda:

   Qual é a probabilidade de Maurício acertar a letra que está faltando com apenas uma tentativa?

9. Tendo em vista o enunciado da atividade anterior, responda:

   a) Qual seria a probabilidade de Maurício acertar a letra faltante considerando que seu pai disse que as 3 letras são diferentes?
   b) E qual seria a probabilidade de Maurício acertar considerando que seu pai disse: "A letra faltante não é vogal"?

137

CAPÍTULO 15
Propriedades das probabilidades

Evento certo e evento impossível

Em uma brincadeira com dois dados de cores diferentes, Mateus e Laura elaboraram um quadro contendo todos os resultados possíveis. Eles estavam interessados em responder a duas questões:
- Qual é a probabilidade de tirar um duplo seis em um par de dados?
- Qual é a probabilidade de tirar uma soma 7 em um par de dados?

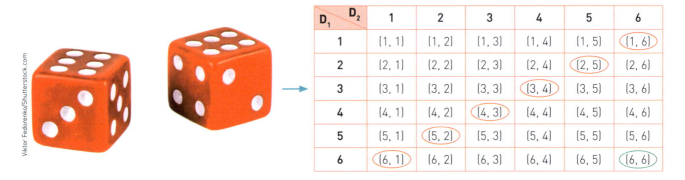

Inicialmente, eles perceberam que havia 36 resultados possíveis, isto é, o espaço amostral era formado por 36 elementos. Sem a construção do quadro e utilizando o princípio multiplicativo também poderiam obter esse resultado:

$$6 \cdot 6 = 36$$

Para responder às questões, precisavam calcular as probabilidades de dois eventos.
- Evento A: tirar um duplo 6 no lançamento de dois dados (em verde): {(6, 6)}, 1 elemento.
- Evento B: obter a soma 7 no lançamento de dois dados (em vermelho): {(1, 6); (2, 5); (3, 4); (4, 3); (5, 2); (6, 1)}, 6 elementos.

Cálculo das probabilidades desses dois eventos:

- $p(A) = \dfrac{n(A)}{n(E)} = \dfrac{1}{36} = 0{,}02777\ldots$ ou aproximadamente 2,78%.

- $p(A) = \dfrac{n(B)}{n(E)} = \dfrac{6}{36} = \dfrac{1}{6} = 0{,}1666\ldots$ ou aproximadamente 16,67%.

Volte à situação e responda:
1. Qual seria a probabilidade de ocorrer soma igual a 13 nesses dois dados?
2. Qual seria a probabilidade de ocorrer soma menor que 13 nesses dois dados?

Agora, vamos observar dois eventos em relação ao lançamento de um dado:

Evento A – o resultado ser um número maior que 7
- O número de resultados favoráveis é 0. Como há 6 resultados possíveis no experimento, a probabilidade é:

$p(A) = \dfrac{0}{6} = 0$ → Dizemos que este é um evento impossível.

Evento B – o resultado ser um número menor que 7
- O número de situações favoráveis é 6. Como há 6 resultados possíveis, a probabilidade é:

$p(B) = \dfrac{6}{6} = 1$ → Dizemos que este é um evento certo.

> Um evento de um experimento aleatório é dito:
> - **impossível** – se a probabilidade de ocorrer é igual a 0;
> - **certo** – se a probabilidade de ocorrer é igual a 1.

Assim, para um evento A de um espaço amostral, podemos dizer que a probabilidade de esse evento ocorrer varia de 0 a 1. Em símbolos: $0 \leq p(A) \leq 1$

impossível ↑   ↑ certo

 Atividades

1) Junte-se a um colega e escrevam um exemplo de:
   a) evento certo;
   b) evento impossível.

2) Responda:
   a) Se um evento é certo, qual é a probabilidade, em porcentagem, de ele ocorrer?
   b) Se um evento é impossível, qual é a probabilidade, em porcentagem, de ele ocorrer?

3) Na ilustração abaixo estão representadas as 52 cartas de um baralho, divididas em quatro naipes. Considere que essas cartas foram embaralhadas e colocadas em um monte em cima de uma mesa.

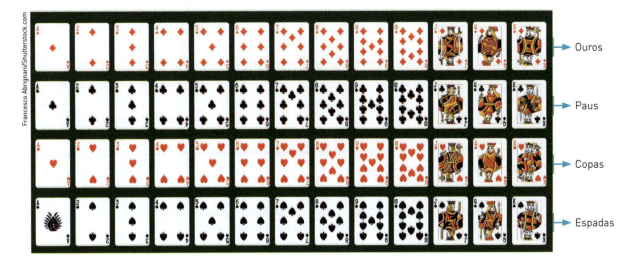

a) Qual é a probabilidade de você extrair uma carta desse baralho e ela não ser de nenhum desses naipes?

b) Qual é a probabilidade de você extrair uma carta desse baralho e ela ser de um dos quatro naipes?

c) É mais provável extrair uma carta de paus ou de copas?

4. Utilizando ainda o baralho da atividade anterior, com suas 52 cartas, elabore uma pergunta sobre a extração de uma dessas 52 cartas em que a probabilidade seja de:
   a) 25%
   b) 50%

5. Observe a planificação e a representação de um dado de 20 faces triangulares numeradas de 1 a 20. Considere que no lançamento desse dado é observada a face voltada para cima.

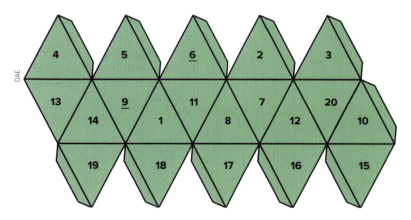

   a) Qual é a probabilidade de sair uma face com um número múltiplo de 10?
   b) Qual é a probabilidade de sair uma face que contenha um número divisor de 10?
   c) Qual é a probabilidade de sair uma face que contenha um número múltiplo de 30?
   d) Qual é a probabilidade de sair uma face que contenha um número menor que 30?

Eventos complementares

O calendário ao lado é referente ao mês de setembro de 2025 e o dia 7, destacado, representa o dia da Independência do Brasil. Imagine que seu professor de Matemática faça aniversário em setembro e você queira adivinhar em qual dia.

> Responda:
> 1. Qual é a probabilidade de você acertar a data na primeira tentativa?
> 2. Qual é a probabilidade de você errar a data na primeira tentativa?

O mês tem 30 dias, mas apenas um deles corresponde à data de aniversário do professor. Nesse caso, é mais provável você errar do que acertar essa data. De qualquer maneira, uma das duas coisas aconteceria: você acertaria ou erraria o chute.

> Em um experimento aleatório, a soma da probabilidade de ocorrer um evento A com a probabilidade de não ocorrer o evento A é igual a 1.

Para exemplificar, vamos considerar o lançamento de um dado comum e o evento A: "sair número múltiplo de 3". Então, vamos representar por $\overline{A}$ o evento "não sair múltiplo de 3". Assim, temos:
- Resultados favoráveis ao evento A: 3 e 6, logo $p(A) = \dfrac{2}{6}$;
- Resultados favoráveis ao evento $\overline{A}$: 1, 2, 4 e 5, logo $p(\overline{A}) = \dfrac{4}{6}$.

Responda:
1. O que é mais provável: ocorrer um múltiplo de 3 ou não ocorrer um múltiplo de 3?
2. Qual é o resultado de p(A) + p($\overline{A}$)?

Os eventos A e $\overline{A}$ são ditos complementares. Em eventos complementares, a soma das probabilidades é igual a 1.

Atividades

1. Considere um dado com faces numeradas de 1 a 20, conforme representado na figura ao lado.

    Responda, em porcentagem:
    a) Qual é a probabilidade de, no lançamento desse dado, resultar uma face com um número par?
    b) E uma face com um número ímpar?
    c) Os eventos "resultar uma face com um número par" e "resultar uma face com um número ímpar" são complementares? Justifique.

2. Considerando o dado da atividade anterior, responda, em porcentagem:
    a) Qual é a probabilidade de, lançando esse dado, sair uma face com um número múltiplo de 8?
    b) E qual é a probabilidade de, lançando esse dado, não sair uma face com um número múltiplo de 8?
    c) Responda: esses eventos são complementares?

3. Considere o sorteio de cartelas numeradas de 1 a 20 e elabore duas questões que envolvam o cálculo de probabilidade de eventos complementares.

4. Considere um baralho de 52 cartas.
    a) Qual é a probabilidade de retirar uma carta e ela ser um rei (K)?
    b) E qual é a probabilidade de você tirar um sete (7) que não seja de ouros nem de copas?
    c) Qual é a probabilidade de você tirar um valete (J) de ouros?
    d) Elabore uma pergunta sobre a probabilidade de ocorrência de determinado evento.
    e) Elabore uma segunda pergunta que aborde um evento complementar ao que você elaborou no item anterior.

5. Na ilustração ao lado estão representadas as peças de um jogo de dominó. Considere que essas peças foram misturadas em cima da mesa com os pontinhos voltados para baixo.

    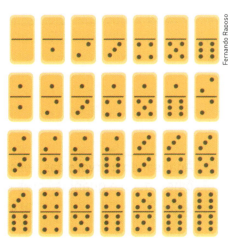

    a) Escolhendo aleatoriamente uma dessas peças, calcule a probabilidade de que ela tenha, em uma de suas partes, 6 pontinhos.
    b) Escolhendo aleatoriamente uma dessas peças, calcule a probabilidade de que ela não tenha 6 pontinhos em nenhuma de suas partes.

Retomar

1) Imagine que você irá de uma cidade A até uma cidade B de ônibus ou de táxi. Se existem 4 empresas diferentes de ônibus que fazem a viagem entre essas duas cidades e 3 diferentes tipos de táxi, o número de opções que você tem de ir de ônibus ou de táxi de uma cidade a outra é:

a) 12 **b)** 7 **c)** 8 **d)** 10

2) O código de uma placa deve ser formado por duas vogais. Qual é a quantidade total de possibilidades para formar esse código?

2 vogais

a) 10 **b)** 20 **c)** 12 **d)** 25

3) Em relação à placa do enunciado da questão anterior, qual é o número total de códigos que podem ser formados com duas vogais diferentes?

a) 10 **b)** 20 **c)** 12 **d)** 25

4) Você deve escolher duas cores: uma para pintar um hexágono e outra para colorir um círculo. Para descobrir de quantas maneiras diferentes isso pode ser feito foi organizada a seguinte árvore contendo todas as possibilidades:

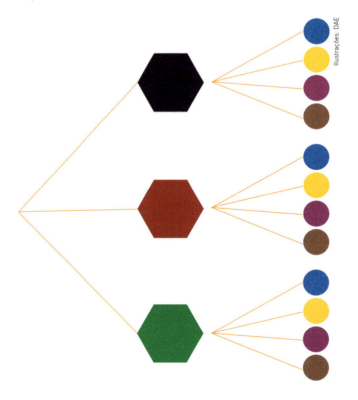

Analisando a árvore das possibilidades, responda quantas cores estavam disponíveis para colorir o hexágono e quantas cores estavam disponíveis para colorir o círculo.

a) 3 e 3 **b)** 4 e 2 **c)** 3 e 4 **d)** 6 e 6

5 Considerando a árvore de possibilidades da questão anterior, determine o número total de possibilidades de pintar o hexágono e o círculo.

a) 7   b) 12   c) 24   d) 36

6 A árvore das possibilidades abaixo contém os possíveis resultados de 4 lançamentos consecutivos de uma mesma moeda. O resultado cara está representado por 🪙 e coroa, por 🪙.

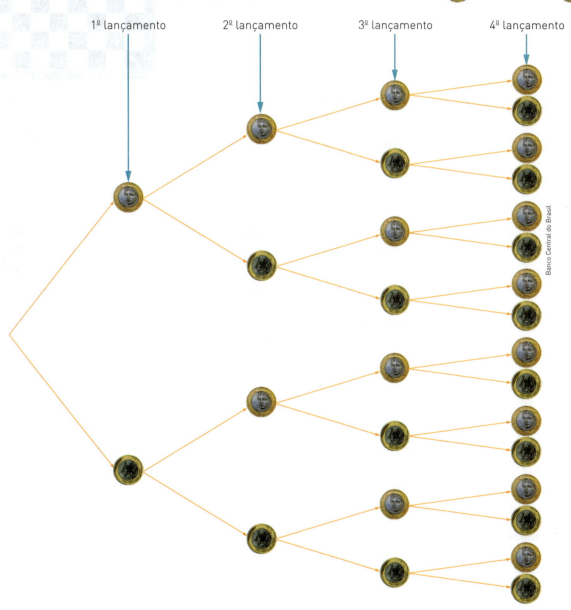

O número total de possibilidades desses lançamentos é:

a) 8   b) 12   c) 16   d) 24

7 Ainda em relação ao lançamento de uma moeda por 4 vezes consecutivas, a probabilidade de ocorrer coroa nos quatro lançamentos é de:

a) 6,25%   b) 12,5%   c) 25%   d) 50%

8) Na figura está representado um tabuleiro de xadrez com 32 casas brancas e 32 casas pretas.

Responda:

a) De quantas maneiras você pode escolher uma casa branca e uma casa preta desse tabuleiro?

b) E se você tivesse de escolher uma casa branca e depois uma casa preta de tal modo que as casas não pudessem pertencer à mesma linha e a mesma coluna, qual seria o número de possibilidades para essa escolha?

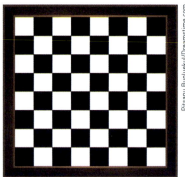

9) O segredo do cadeado da mala de Marta é formado por 3 algarismos, como ilustrado na figura ao lado:

a) Qual é o número total de possibilidades para Marta compor o segredo de seu cadeado?

b) Se você tiver de adivinhar, numa tentativa apenas, qual o segredo desse cadeado, qual a probabilidade de você acertar?

10) Se a probabilidade de você ganhar um ingresso para assistir a uma peça de teatro é de 15%, qual é a probabilidade de você não ganhar?

a) 15%
b) 85%
c) 75%
d) 100%

11) Uma sacola contém 15 bolas numeradas de 1 a 15, de mesmo tamanho. Uma delas será retirada ao acaso. A probabilidade de essa bola estar numerada com um número par é de:

a) $\frac{1}{15}$
b) $\frac{8}{15}$
c) $\frac{7}{15}$
d) $\frac{1}{30}$

12) Ainda em relação à atividade anterior, responda: Qual é a probabilidade de a bola retirada ter um número ímpar?

a) $\frac{1}{15}$
b) $\frac{8}{15}$
c) $\frac{7}{15}$
d) $\frac{1}{30}$

13) A probabilidade de um evento impossível ocorrer é:

a) próximo de 0%
b) próximo de 100%
c) 100%
d) 0%

14) A probabilidade de um evento certo ocorrer é:

a) próximo de 0%
b) próximo de 100%
c) 100%
d) 0%

15) Considere a letra contida em três cartões de tamanhos iguais, conforme ilustrado a seguir.

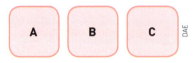

Quantas sequências de letras podem ser formadas utilizando esses cartões?

a) 12
b) 8
c) 6
d) 4

16 Considere as sequências que podem ser formadas utilizando os cartões da questão anterior. Ao anotar essas sequências em pedaços de papel e sortear uma delas ao acaso, qual é a probabilidade de sair a sequência A – B – C?

a) $\dfrac{1}{6}$

b) $\dfrac{1}{5}$

c) $\dfrac{2}{5}$

d) $\dfrac{5}{6}$

17 **(Obmep)** Cinco crianças lançaram, cada uma, dois dados. A soma dos pontos obtidos nos dez dados foi 57. Quantas crianças, no mínimo, tiraram 6 em ambos os dados?

a) 1
b) 2
c) 3
d) 4
e) 5

O segredo dos números,

de Luzia Faraco Ramos (Ática).

Lendo este livro você não apenas estará envolvido em uma aventura com os personagens Samuel, André e Ana, mas também poderá conhecer um pouco mais sobre as primeiras formas de contagem utilizadas pela humanidade. A partir disso, é possível relembrar as facilidades do sistema de numeração decimal.

18 **(Obmep)** João tem lápis nas cores verde, amarela e preta e quer colorir o tabuleiro da figura, de modo que:
- cada quadradinho deve ser colorido com uma única cor;
- quaisquer dois quadradinhos com um lado comum devem ser coloridos com cores diferentes.

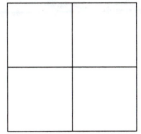

De quantas maneiras diferentes ele pode colorir esse tabuleiro?

a) 12
b) 18
c) 24
d) 54
e) 81

UNIDADE 6

Produtores colhendo legumes em uma plantação.

Antever

Para criar políticas públicas eficientes e alocar recursos de forma a atender às demandas da população de uma comunidade, é preciso conhecer e analisar alguns dados da população em questão. As pesquisas estatísticas podem ser utilizadas para essa finalidade.

1. Qual é a profissão de seus familiares ou das pessoas com quem você mora?

Estatística

Linha de produção em fábrica de motores em indústria automobilística.

2. Você sabe quais são as ocupações mais comuns entre o povo brasileiro? Cite algumas delas.

3. Vocês acham que essas perguntas poderiam informar algo importante para atender a alguma demanda da sociedade? Exemplifique.

CAPÍTULO 16

Pesquisa estatística

De olho no legado

Coleta de dados

Desde remota Antiguidade, os governos têm se interessado por informações sobre suas populações e riquezas, tendo em vista, principalmente, fins militares e tributários. O registro de informações perde-se no tempo. Confúcio relatou levantamentos feitos na China [...] mais de 2000 anos antes da era cristã. No antigo Egito, os faraós fizeram uso sistemático de informações de caráter estatístico, conforme evidenciaram pesquisas arqueológicas. Desses registros também se utilizaram as civilizações pré-colombianas dos maias, astecas e incas. É conhecido de todos os cristãos o recenseamento dos judeus, ordenado pelo Imperador Augusto.

Os balancetes do Império Romano, o inventário das posses de Carlos Magno, o *Doomsday Book*, registro que Guilherme, o Conquistador, invasor normando da Inglaterra, no século 11, mandou levantar das propriedades rurais dos conquistados anglo-saxões para se inteirar de suas riquezas, são alguns exemplos anteriores à emergência da estatística descritiva no século XVI, na Itália.

Palê Zuppani/Pulsar Imagens

Essa prática tem sido continuada nos tempos modernos por meio dos recenseamentos, dos quais temos um exemplo naquele que se efetua a cada decênio, em nosso país, pelo [...] IBGE, órgão responsável por nossas estatísticas (dados estatísticos) oficiais.

Com o Renascimento, foi despertado o interesse pela coleta de dados estatísticos, principalmente por suas aplicações na administração pública. A obra pioneira de Francesco Sansovini (1521-1586), representante da orientação descritiva dos estatísticos italianos, publicada em 1561, é um exemplo dessa época. Deve ser mencionado ainda o reconhecimento por parte da Igreja Católica Romana da importância dos registros de batismos, casamentos e óbitos, tornados compulsórios a partir do Concílio de Trento (1545-1563).

Entretanto, mais amplos e gerais foram os estudos feitos pelos alemães, especialmente por Gottfried Achenwall (1719-1772), professor da Universidade de Göttingen, a quem se atribui ter criado o vocábulo "estatística", em 1746. Contudo, nada mais fizeram do que dar melhor sistematização e definição da mesma orientação descritiva dos estatísticos italianos.

[...]

José Maria Pompeu Memória. Primórdios. In: _____. *Breve história da estatística*. Brasília: Embrapa Informação Tecnológica, 2004. p. 11-12. Disponível em: <www2.ee.ufpe.br/codec/historia_estatistica.pdf>. Acesso em: ago. 2018.

1 Pensando em sua comunidade escolar, qual tema seria adequado para uma pesquisa estatística que visasse avaliar a qualidade de ensino?

2 Você acredita que os dados estatísticos, resultantes de pesquisas, podem ser manipulados para esconder ou mascarar informações importantes?

Planejamento de uma pesquisa estatística

Pesquisas estatísticas podem ser realizadas por diferentes motivos: estudar um fenômeno social ou econômico, levantar dados sobre a fauna e flora de determinada localidade, verificar a opinião dos consumidores sobre certo produto etc. A escolha do tema deve ser o primeiro passo do planejamento de uma pesquisa estatística, seguido da escolha da população do estudo.

Responda:
1. Que pessoas você entrevistaria para pesquisar se determinado tipo de tênis de corrida é confortável?
2. Você pesquisaria toda a população brasileira para saber quantos alunos levam lanche para a escola?

Variáveis de uma pesquisa estatística

A escolha do tema de uma pesquisa estatística deve ser feita de forma objetiva, pois definirá as **variáveis** de estudo.

Para compreender esse elemento da pesquisa, acompanhe a situação a seguir.

Na escola Aprender e Crescer, será feito um estudo sobre a altura e a massa corporal dos 440 alunos que a frequentam para que sejam disponibilizados uniformes de tamanho adequado. Para essa pesquisa, a direção da escola solicitou aos alunos os dados indicados no quadro a seguir.

> Variáveis de uma pesquisa estatística são as características que serão estudadas.

Idade: _____	Sexo: _____	Ano: _____
Altura: _____	Massa corporal: _____	

Cada um dos itens desse quadro é uma variável da pesquisa. Essas variáveis podem ser classificadas em quantitativas ou qualitativas.
- **Variável quantitativa** é uma característica que pode ser expressa por valores numéricos, por exemplo, idade, altura e massa corporal.
- **Variável qualitativa** é toda característica que pode ser utilizada para classificar os elementos pesquisados, por exemplo, sexo (feminino ou masculino) e ano.

Observe que a variável "ano" implica um número em sua representação, por exemplo, 8º ano. No entanto, a função desse número é de código, ele não tem valor numérico. Assim, a variável "ano" é qualitativa.

Responda:
1. Como essa pesquisa poderia ser feita?
2. Como você calcularia a média aritmética das alturas de todos os alunos dessa escola?

Pesquisa amostral e pesquisa censitária

A pesquisa considerada na situação anterior é chamada **pesquisa censitária**, pois todos os elementos da população, ou seja, do conjunto de alunos da escola, foram analisados no estudo. No entanto, nem sempre é conveniente estudar todos os elementos da população de uma pesquisa, seja pelo tempo, seja pelos recursos disponíveis para a execução da tarefa. Nesses casos, opta-se pela **pesquisa amostral**, que analisa um subconjunto, chamado de amostra, representativo da população.

Acompanhe as situações a seguir para compreender como é possível selecionar uma amostra de uma população.

Primeira situação

A diretora da escola Aprender e Crescer deseja fazer uma pesquisa para saber qual destino os alunos preferem para o próximo passeio escolar: teatro, museu ou zoológico. No entanto, como dispõe de pouco tempo para a tarefa, ela fará uma pesquisa amostral. Serão entrevistados 10% dos 440 alunos.

- Confira a seguir o procedimento da diretora para selecionar a amostra da pesquisa.
    1. Ela acessou os arquivos da escola e obteve o número de matrícula dos 440 alunos.
    2. Os números de matrícula foram impressos em papéis do mesmo tipo e tamanho, dobrados e colocados dentro de uma urna.
    3. Como 10% de 440 corresponde a 44, a diretora sorteou 44 números de matrícula, selecionando os alunos para participar da pesquisa.

Como esse sorteio é um experimento aleatório, todos os alunos terão a mesma chance de serem sorteados. Essa maneira de escolher a amostra da população é denominada **amostragem causal simples** ou **aleatória simples**.

> A **amostragem casual simples**, ou **amostragem aleatória simples**, é feita por um processo que garanta que todos os elementos da população tenham a mesma chance de serem selecionados para a amostra.

Segunda situação

Veja, no quadro abaixo, como os alunos da escola Aprender e Crescer foram subdivididos de acordo com o ano que cursam.

Ano escolar	Número de alunos
6º ano	160
7º ano	120
8º ano	90
9º ano	70
TOTAL	440

Para aumentar o acervo da biblioteca da escola, a bibliotecária fará uma pesquisa para descobrir o gosto literário dos alunos. Assim como na situação anterior, essa pesquisa será amostral, com uma parcela de 10% dos 440 alunos.

A bibliotecária deseja escolher livros que estejam relacionados ao conteúdo curricular de cada ano. Por isso, ela deseja que o número de alunos de cada série selecionados para a amostra seja proporcional ao número total de alunos da respectiva série.

Assim, vejam quantos alunos de cada série serão selecionados para a amostra:

Ano escolar	Número de alunos	Amostra (10%)
6º ano	160	16
7º ano	120	12
8º ano	90	9
9º ano	70	7
TOTAL	440	44

Definida a quantidade de alunos da amostra, é possível fazer um sorteio para selecioná-los.

Responda:
1. Em sua opinião, os alunos de diferentes anos escolares gostam dos mesmos tipos de livros?

Esse método de seleção da amostra é denominado **amostragem proporcional estratificada**. Consideramos que cada subgrupo da população (6º ano, 7º ano, 8º ano e 9º ano) é um estrato.

> A **amostragem proporcional estratificada** considera os diferentes estratos da população e também obtém uma amostra que é proporcional ao número de elementos de cada estrato.

Há ainda outras formas de selecionar a amostra de uma população. Veja a situação a seguir.

Terceira situação

Uma transportadora presta serviços para 220 empresas que estão cadastradas e identificadas com números de 1 a 220. Essa transportadora deseja fazer uma pesquisa para verificar a opinião dos clientes sobre a qualidade de seus serviços. Por uma questão de praticidade, a pesquisa será amostral e serão selecionadas 20 empresas para a amostra. Acompanhe como as empresas foram selecionadas.

1. Dividiu-se 220 por 20 e obteve-se o resultado 11.
2. Foi sorteado, aleatoriamente, um número de 1 a 11 para indicar qual seria a primeira empresa a ser pesquisada. O número sorteado foi 9.
3. Assim, começando com a empresa identificada pelo número 9, foi selecionada 1 a cada 11 empresas listadas. As empresas selecionadas foram:

9, 20, 31, 42, 53, 64, 75, 86, 97, 108, 119, 130, 141, 152, 163, 174, 185, 196, 207 e 218.
9 + 11

Esse método de definir a amostra é denominado **amostragem sistemática**.

> Na **amostragem sistemática**, os elementos são escolhidos por meio de um padrão de repetição. Com os elementos ordenados, seleciona-se um deles a cada K elementos, tal que:
> $$K = \frac{N}{n}$$
> Onde N é o número de elementos da população e n o número de elementos da amostra.

Atividades

1. Em uma academia de ginástica, foi feita uma pesquisa estatística amostral para estudar o tipo de atividade preferida dos alunos. Para isso, foram sorteados 30 alunos entre os 150 matriculados. Responda:

   a) Qual é a população a ser pesquisada?
   b) Que tipo de amostragem foi utilizada e qual é a amostra considerada?

2. O esquema a seguir representa a população e a amostra de uma pesquisa estatística.

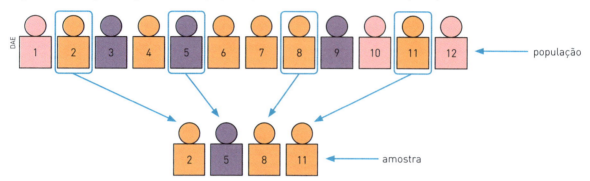

   a) Quantos elementos fazem parte da população?
   b) Que percentual dessa população foi selecionado para compor a amostra?
   c) O esquema sugere uma amostragem casual simples, uma amostragem proporcional estratificada ou uma amostragem sistemática?

3. Considere as quatro pesquisas a seguir.

   Pesquisa 1
   População: alunos do Ensino Fundamental de sua escola.
   Variável: quantidade de irmãos de cada um.

   Pesquisa 2
   População: alunos do Ensino Fundamental de sua escola.
   Variável: cor dos olhos.

   Pesquisa 3
   População: alunos do Ensino Fundamental de sua escola.
   Variável: altura de cada aluno.

   Pesquisa 4
   População: alunos do Ensino Fundamental de sua escola.
   Variável: time de futebol preferido.

   Responda:
   a) Em quais dessas pesquisas as variáveis são quantitativas?
   b) Em quais dessas pesquisas as variáveis são qualitativas?

4 Uma variável quantitativa pode ser classificada como **variável discreta**, caso seja representada por um número inteiro ou como **variável contínua**, caso possa ser representada por um número não inteiro.

Retorne à atividade anterior, e responda:

a) Em quais pesquisas a variável é discreta?

b) Em quais pesquisas a variável é contínua?

5 Considere que a prefeitura de um município fará uma pesquisa estatística cuja amostra será selecionada por amostragem proporcional estratificada, de acordo com os grupos de idade da população. O quadro abaixo apresenta a população do município separada em quatro estratos de idades.

Estrato	Número de pessoas	Amostra (15%)
menores de 10 anos	5342	
de 10 a 18 anos completos	6460	
de 19 a 29 anos completos	3564	
de 30 anos em diante	2988	
Total	18354	

Copie e preencha esse quadro com a quantidade de pessoas da amostra correspondente a cada estrato.

6 Considere a situação a seguir.

> Em uma escola com 80 alunos na faixa de 12 anos de idade será feita uma pesquisa estatística sobre a massa dessas crianças. Para isso, será selecionada uma amostra de 10% dos alunos. Considere que foi elaborada uma lista com o nome das 80 crianças e cada uma foi numerada de 1 a 80.

a) Você deve selecionar os alunos pesquisados utilizando a amostragem casual simples. Explique como obter essa amostra e faça uma simulação.

b) Você deve selecionar os alunos pesquisados utilizando a amostragem sistemática. Explique como obter essa amostra e faça uma simulação.

7 A fim de saber a qualidade das frutas do pomar do sítio, Anderson decidiu fazer uma pesquisa por amostra estratificada. Escolheria aleatoriamente 2% das frutas colhidas. A tabela a seguir mostra a quantidade total de cada tipo de fruta colhida.

Pomar	
Fruta	Quantidade (unidades)
laranja	906
mexerica	747
carambola	683

Fonte: colheita de Anderson.

a) Determine a quantidade aproximada de cada tipo de fruta que será analisada na pesquisa.

b) Você faria como Anderson, isto é, analisaria apenas uma amostra das frutas ou todas as frutas? Justifique.

8 Analise as situações a seguir e assinale a alternativa correta em relação a cada uma.

Primeira situação

Manuela pretende comprar um apartamento no bairro onde mora, por isso, fez um levantamento das características que considera relevantes, para comparar os dados de todos os imóveis vistos. Veja o que ela anotou no quadro ao lado.

Apartamentos visitados				
Apartamento	Valor (R$)	Área	Quantidade de quartos	Garagem
A	180.000,00	48	1	sim
B	230.000,00	60	2	sim
C	200.000,00	55	1	não
D	205.000,00	62	2	sim

a) A variável "garagem" é quantitativa.

b) Nesse conjunto de dados estão sendo analisadas 5 variáveis.

c) A variável "quantidade de quartos" é discreta.

d) A variável "área" é qualitativa.

Segunda situação

Hernani é muito fã do time de vôlei masculino da cidade onde mora, por isso ele fez o levantamento resumido na tabela ao lado.

Time de vôlei da cidade			
Jogador	Altura	Pontuação no último jogo	Erro
Rogério	1,89	12	4
Clóvis	1,92	11	6
Reginaldo	2,03	18	2
Péricles	1,87	24	5
Jonas	1,96	10	-
Fernando	1,88	0	4

a) A variável "altura" é contínua.

b) A variável "erro" é qualitativa.

c) Nesse conjunto de dados há 2 variáveis.

d) As 4 variáveis desse conjunto de dados são quantitativas.

Terceira situação

João Luiz é vendedor de automóveis. Este mês ele vendeu 4 automóveis e registrou, na tabela a seguir, as informações mais importantes sobre os carros vendidos.

Carros vendidos no mês			
Carro	Valor (R$)	Ano	Ar-condicionado
A	28.000,00	2015	sim
B	22.000,00	2010	não
C	37.000,00	2018	sim
D	18.000,00	2008	não

Nesse conjunto de dados que João anotou há:

a) 3 variáveis das quais 2 são qualitativas.

b) 3 variáveis das quais 1 é qualitativa.

c) 4 variáveis das quais 3 são quantitavivas.

d) 4 variáveis das quais 1 é quantitativa.

CAPÍTULO 17

Organização de dados

Gráficos e tabelas

Os gráficos e as tabelas são recursos visuais que facilitam a apresentação de dados estatísticos. Considere as informações a seguir, que foram divulgadas por meio de tabelas e gráficos estatísticos. Acompanhe a análise dos dados apresentados em cada situação.

Primeira situação

- Uso de tabelas

Estudo inédito mostra moradores sujeitos a enchentes e deslizamentos

Ranking de municípios com população em áreas de risco

	Municípios	Pessoas em área de risco
1	Salvador (BA)	1 217 527
2	São Paulo (SP)	674 329
3	Rio de Janeiro (RJ)	444 893
4	Belo Horizonte (MG)	389 218
5	Recife (PE)	206 761
6	Jaboatão dos Guararapes (PE)	188 026
7	Ribeirão das Neves (MG)	179 314
8	Serra (ES)	132 433
9	Juiz de Fora (MG)	128 946
10	São Bernardo do Campo (SP)	127 648

Mais de 8 milhões de pessoas viviam em áreas com risco potencial de enchentes e deslizamentos de terra, em 2010, em 872 municípios no país. Foi o que revelou o estudo inédito População em Área de Risco no Brasil, divulgado hoje pelo IBGE. Salvador foi a cidade com maior concentração de pessoas nessas condições, 1,2 milhão, que equivale a 45% de sua população. São Paulo, com 674,3 mil moradores e Rio de Janeiro, com 444,9 mil, ocuparam a segunda e terceira colocações no *ranking*, seguidos por Belo Horizonte e Recife.

Fonte: Agência IBGE Notícias. Disponível em: <https://agenciadenoticias.ibge.gov.br/agencia-noticias/2012-agencia-de-noticias/noticias/21566-estudo-inedito-mostra-moradores-sujeitos-a-enchentes-e-deslizamentos.html>. Acesso em: 11 ago. 2018.

Responda:
1. Os dados apresentados são de 2010. Em sua opinião esses dados atualmente estariam muito diferentes? Justifique.
2. O uso da tabela facilita a leitura das informações?

Segunda situação

- Uso de gráfico de segmentos ou linha

A taxa de desocupação voltou a crescer, no trimestre de dezembro de 2017 a fevereiro de 2018, atingindo 12,6%, segundo a Pesquisa Nacional por Amostra de Domicílios Contínua (Pnad-C), divulgada hoje pelo IBGE. No trimestre encerrado em novembro, a taxa era de 12,0%.

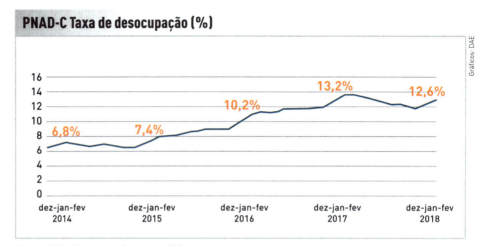

Fonte: IBGE – Diretoria de Pesquisas, DPE.

Responda às questões.
1. Em qual trimestre houve maior taxa de desocupação?
2. Em sua opinião, o gráfico de linha facilita que tipo de análise sobre a informação?

Terceira situação

- Uso de gráfico de setores

Cresce o número de jovens entre 15 e 29 anos que não estudam nem trabalham.

Fonte: Pnad 2017. Educação/IBGE.

Responda às questões.
1. Que informação mais chamou sua atenção no gráfico ao lado?
2. Em sua opinião, em que situação o gráfico de setores é útil na apresentação de informações?

Quarta situação

- Uso de gráficos de colunas

Cresce participação das atividades relacionadas à alimentação no comércio

De 2007 a 2016, "Hipermercados e supermercados" e o comércio varejista e por atacado de "produtos alimentícios, bebidas e fumo" foram as atividades que mais ganharam participação na receita líquida do comércio brasileiro. Em contrapartida, os setores "comércio por atacado de combustíveis e lubrificantes" e "comércio de veículos automotores, peças e motocicletas" sofreram as maiores quedas no *ranking* de atividades do comércio no mesmo período.

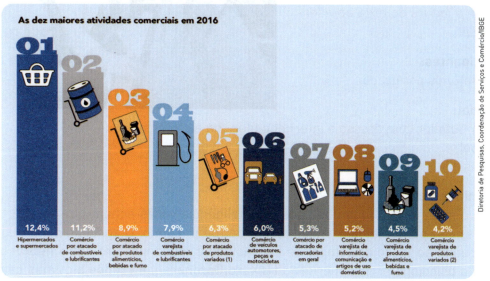

Fonte: Agência IBGE Notícias. Disponível em: <https://agenciadenoticias.ibge.gov.br/agencia-noticias/2012-agencia-de-noticias/noticias/21564-cresce-participacao-das-atividades-relacionadas-a-alimentacao-no-comercio.html>. Acesso em: ago. 2018.

Responda:

1. Em sua opinião, por que os hipermercados e supermercados estão em primeiro lugar no gráfico?
2. Observe outra informação que estava na mesma página das informações acima. Considerando que o Brasil sofreu uma crise financeira em boa parte do período entre 2007/2016, qual é o motivo da queda do comércio de veículos automotores e da elevação de hipermercados e supermercados?

Fonte: IBGE; Diretoria de Pesquisas Coordenação de Serviços e Comércio: Pesquisa Anual de Comércio 2007/2016

Considerando que o Brasil sofreu uma crise financeira em boa parte do período entre 2007/2016, qual é o motivo da queda do comércio de veículos automotores e da elevação de hipermercados e supermercados?

Conviver

Tipos de inteligência

Converse com seus colegas e levante características que considerem mais fortes e importantes sobre você e sobre o grupo de pessoas ao seu redor, anotando essas informações. Depois, façam a leitura do texto apresentado a seguir.

Participantes:
4 ou 5 alunos por grupo

Material:
- computador com acesso à internet e planilha eletrônica;
- papel;
- lápis.

Encaminhamento

O que é inteligência? Quantos tipos de inteligência vocês acham que existe? Um? Dois? Mais? Essas são perguntas difíceis de responder de imediato. O conceito de inteligência vem sendo discutido ao longo do tempo, se expandindo e mudando. Um entre muitos estudiosos do tema é o psicólogo norte-americano Howard Gardner, que propôs algumas categorias de inteligência: **lógico-matemática, linguística, espacial, corporal-cinestésica, interpessoal, intrapessoal, musical, natural e existencial**. De acordo com Gardner, cada um de nós trabalha com todas elas, geralmente desenvolvendo algumas mais que outras.

zoom
Howard Gardner é psicólogo cognitivo e educacional nascido nos Estados Unidos, em 1943. Conhecido por sua teoria das inteligências múltiplas, além de mergulhar no estudo da inteligência, ele estuda a criatividade, as competências e o talento das pessoas.

Fonte: *Um estudo sobre a Teoria das Inteligências Múltiplas*. Disponível em: <www.gradadm.ifsc.usp.br/dados/20152/SLC0631-1/Trabalho_tipos_inteligencia.pdf>. Acesso em: set. 2018.

Você e seus colegas realizarão atividades que ajudarão a conhecer um pouco mais sobre esse assunto. Sigam as etapas.

1 Em grupo, pesquisem sobre Gardner e cada uma das categorias de inteligência propostas por ele.

  I. Com base nas informações obtidas, discutam no grupo que aptidões se destacam em cada um. Depois, um integrante do grupo será escolhido para que os outros colegas levantem atributos positivos sobre ele e, então, busquem categorias de inteligência das quais esse integrante se aproxime. Todos devem participar dessa etapa e cada um deve anotar as informações levantadas sobre si e sobre os colegas.

  II. Reúnam todos os grupos em uma roda de conversa, escrevam na lousa os tipos de inteligência que apareceram na etapa anterior, anotando a quantidade de vezes que cada categoria apareceu. Todos devem registrar essas informações no caderno.

2 Cada grupo deve entrevistar pelo menos 20 pessoas da escola, que não sejam de sua turma. Essa entrevista deve ocorrer da seguinte maneira:

  I. O grupo pergunta para o entrevistado se ele conhece diferentes tipos de inteligência, registrando a resposta obtida, mesmo que não esteja de acordo com aquelas propostas por Gardner.

  II. Em seguida, o grupo apresentará resumidamente as inteligências apontadas por Gardner e perguntará à pessoa com quais ela se identifica e por quê.

  III. Registrem as respostas de cada entrevistado.

3 Com as informações recolhidas, cada grupo deve escolher um tipo de gráfico estudado neste capítulo para representar os dados obtidos ao longo desta atividade com base nas seguintes orientações:

  I. Construam um gráfico para representar os tipos de inteligência levantados por sua turma.

  II. Construam um gráfico para representar os tipos de inteligência registrados na entrevista com outras pessoas.

  III. Registrem esses gráficos em uma cartolina, um ao lado do outro, informando o número de pessoas consideradas para compor cada gráfico.

  IV. A turma toda deve se organizar para construir um único cartaz contendo as inteligências apontadas por Gardner, citando exemplos.

  V. Escolham um local para expor os cartazes elaborados.

4 Respondam:

  a) Como se sentiram após realizar esse trabalho?

  b) A forma como veem seus colegas mudou?

  c) O que podemos concluir sobre a diversidade de pessoas ao nosso redor?

Atividades

1. Uma empresa lançou um produto A e, após um mês, fez uma pesquisa sobre o que os consumidores achavam a respeito desse produto. O resultado foi exposto no gráfico de setores ao lado.

   Responda:
   a) É correto afirmar que a maioria dos consumidores está satisfeita com o produto?
   b) Se a pesquisa foi feita entre 600 consumidores, quantos deles se mostraram insatisfeitos?

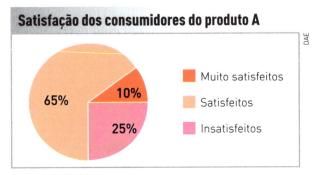

Fonte: Dados fictícios.

2. O gráfico a seguir indica as temperaturas médias de um município M durante as quatro estações do ano.

   a) Considerando que a amplitude térmica é a diferença entre as temperaturas máxima e mínima, descreva as amplitudes térmicas ao longo das estações de acordo com as informações do gráfico.
   b) Qual é a média de temperaturas registradas no verão?
   c) No inverno e na primavera as temperaturas máximas foram as mesmas, mas as temperaturas médias foram diferentes. Qual é o motivo?

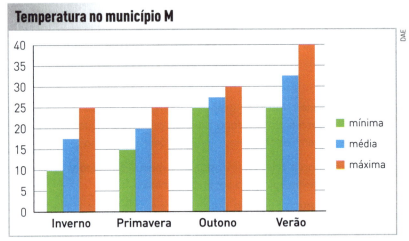

Fonte: Dados fictícios.

3. Junte-se a um colega para fazer esta atividade. Sigam as instruções.

   Instruções
   1. Observem o gráfico ao lado e reproduzam-no em uma folha quadriculada.
   2. Elaborem um título para o gráfico.
   3. Façam um resumo do que está sendo analisado nesse gráfico.
   4. Apresentem o resumo aos demais colegas.

Conviver

Tabela de distribuição de frequência

Algumas pesquisas geram muitos dados como respostas. Uma pesquisa sobre a altura de 40 crianças, por exemplo, gerou os seguintes dados, em centímetros:

167	161	162	151	163	160	166	167	165	161
163	162	169	163	156	173	160	155	165	169
156	151	162	159	154	154	168	150	170	163
154	161	153	172	150	155	156	157	161	160

Vamos ordenar os valores em ordem crescente. A essa distribuição damos o nome de rol.

150	150	151	151	153	154	154	154	155	155
156	156	156	157	159	160	160	160	161	161
161	161	162	162	162	163	163	163	163	165
165	166	167	167	168	169	169	170	172	173

Classificamos agora os valores em intervalos de 5 centímetros, começando pelo menor número, e os organizamos em um quadro de frequência (ocorrências dentro de um intervalo). O símbolo ⊢ indica que o intervalo começa, por exemplo, no número 150, incluindo ele, e vai até 155, sem considerar o próprio 155. Nesse intervalo, encontramos oito valores: 150, 150, 151, 151, 153, 154, 154 e 154. A definição do intervalo para a organização dos dados deve ser sensata, uma vez que grandes intervalos não permitem uma boa análise dos dados.

Altura (cm)	Frequência
150 ⊢ 155	8
155 ⊢ 160	7
160 ⊢ 165	14
165 ⊢ 170	8
170 ⊢ 175	3
Total	40

Junte-se a três ou quatro colegas para fazer as atividades a seguir.

Encaminhamento

1. Os dados a seguir referem-se à idade de um grupo de voluntários para distribuir agasalhos de uma campanha de doação. Elabore um quadro de frequência e, com base nele, escreva um comentário analisando esse grupo considerando as respectivas idades.

    18   25   26   34   31   34   28
    19   20   33   30   28   28   17   17

2. Escolham juntos um dos temas a seguir para fazer uma pesquisa com um grupo de 20 pessoas de sua escola. Esse grupo precisa ser definido, por exemplo: serão alunos (escolher uma ou duas séries diferentes) ou funcionários.

    I. Altura.   II. Idade.   III. Peso.   IV. Número do calçado.

    Em posse dos dados, elaborem uma tabela de frequência e compartilhem com os colegas em um mural.

CAPÍTULO 18
Medidas de tendência central

Média, mediana e moda

Para o estudo desses conceitos, analisemos a situação descrita a seguir.
Ao verificar a altura dos jogadores de dois times de basquete, obtivemos os seguintes dados:

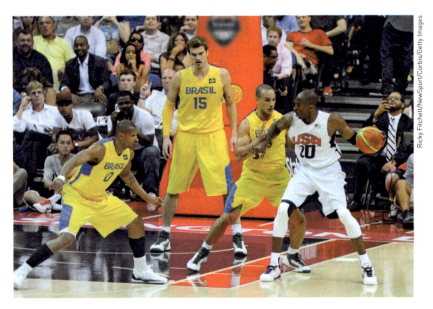

Time A	
jogador 1	185 cm
jogador 2	201 cm
jogador 3	198 cm
jogador 4	182 cm
jogador 5	190 cm

Time B	
jogador 1	180 cm
jogador 2	192 cm
jogador 3	189 cm
jogador 4	203 cm
jogador 5	187 cm

Observando os quadros que mostram a altura dos jogadores dos times, responda:
1. Em qual dos times a diferença entre a altura máxima e a altura mínima é maior?
2. Em qual dos times a média das alturas é maior?

> Quando queremos analisar os dados de um grupo de valores, podemos usar três tipos de medidas: média, mediana e moda.

Média

Para calcular a média aritmética de um conjunto de dados numéricos, devemos adicionar todos os elementos e dividir o resultado pelo número de elementos adicionados. Logo:

- a média de altura do time A é 191,2 cm $\left(\dfrac{185 + 201 + 198 + 182 + 190}{5} = 191{,}2\right)$

- a média de altura do time B é 190,2 cm $\left(\dfrac{180 + 192 + 189 + 203 + 187}{5} = 190{,}2\right)$

> A **média aritmética** de *n* elementos pode ser calculada dividindo-se a soma de todos esses elementos por *n*.

Dessa forma, podemos afirmar que a média de altura do time A é maior que a média de altura do time B.

A seguir, vamos considerar outro exemplo.

Abaixo estão representadas as vendas de uma empresa ao longo de 5 meses desde sua inauguração.

Observe que a linha tracejada indica a quantidade média de unidades vendidas nesses 5 meses.

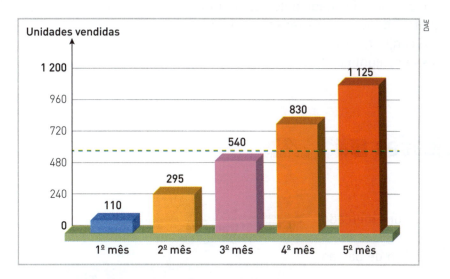

- Ao calcular a quantidade média mensal de unidades vendidas, adicionamos os valores correspondentes aos cinco meses e dividimos o resultado por 5:

$$\text{Média} = \frac{110 + 295 + 540 + 830 + 1\,125}{5} \qquad \text{Média} = \frac{2\,900}{5} \longrightarrow \text{Média} = 580$$

A média é um tipo de medida chamado de **tendência central**. Outras medidas de tendência central muito utilizadas são a **mediana** e a **moda**.

Mediana

A mediana de um conjunto de dados numéricos é o valor central obtido quando os elementos são ordenados em ordem crescente ou decrescente.

No caso da altura dos jogadores dos dois times de basquete exemplificados anteriormente, as medianas são os números destacados:

Time A: 182 — 185 — **190** — 198 — 201
Time B: 180 — 187 — **189** — 192 — 203

Logo, a mediana do time A é 190 cm e a mediana do time B é 189 cm.

Observe que, nesse caso, temos 5 informações de cada time. Portanto, é possível descobrir o valor que está no "meio". Mas se houvesse seis informações de cada time, qual seria o valor da mediana?

Vejamos o exemplo a seguir.

No conjunto de dados 31, 45, 47, 50, 52, 52 há 6 elementos.

Nesse caso, a mediana será representada pela média aritmética entre os dois termos centrais:

31, 45, |47, 50|, 52, 52;

$$\text{Mediana} = \frac{47 + 50}{2} = 48,5$$

Moda

Em estatística, **moda** é o valor que mais se repete em um conjunto de dados. No caso dos times de basquete, não há repetição de valores; assim, dizemos que esse conjunto é **amodal**, ou seja, não tem moda.

Um conjunto de dados pode ter diversas modas. Observe os exemplos a seguir.
- Considere o conjunto formado pelos elementos: 12, 15, 15, 16, 17, 19, 19, 20, 21.
  Esse conjunto é bimodal, pois tem duas modas: 15 e 19.
- Considere o conjunto formado pelos elementos: 21, 25, 25, 25, 27, 30, 31, 31, 34, 36, 37, 37.
  A moda desse conjunto é 25.

Atividades

1. Luana é dona de um mercado e representou as vendas do 1º trimestre no gráfico de barras ao lado.

   Calcule o valor em reais que representa a média mensal de vendas no 1º trimestre.

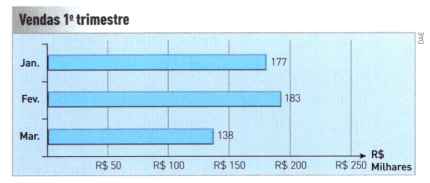

Fonte: Dados fictícios.

2. As notas das provas de um candidato em um concurso foram: 8,4; 9,1; 7,2; 6,8; 8,7 e 7,2. Determine a nota média, a nota mediana e a nota modal desse candidato.

3. A distribuição dos salários dos funcionários de uma empresa está descrita na tabela a seguir.

   Determine o salário médio, o salário mediano e o salário modal dos funcionários dessa empresa.

Salário	Número de funcionários que recebem o valor
R$ 2.400,00	5
R$ 3.600,00	2
R$ 5.000,00	2
R$ 10.000,00	1

4. As idades dos funcionários de uma empresa foram organizadas na seguinte sequência:

   23, 23, 34, 36, 36, 36, 36, 38, 39, 40, 41, 42, 42, 43, 50, 50, 50, 51, 52

   a) Calcule a média, a moda e a mediana das idades dos funcionários.

   b) Elabore uma tabela de frequência para esses dados.

   c) Na mesma empresa do item **a**, foram admitidos 3 novos funcionários com as idades de 34 anos, 23 anos e 57 anos. Qual é a nova média? A moda sofreu alteração? E a mediana?

5. Reunidos em uma sala, há quatro jovens com idade média de 15 anos. Se entrar na sala um jovem de 25 anos, qual será a nova média de idade das pessoas do grupo? Justifique sua resposta.

6 O gráfico a seguir contém o número total de alunos do 8º ano, da Escola Verde Feliz, que participaram de atividades assistenciais promovidas pela instituição entre 2014 e 2018.

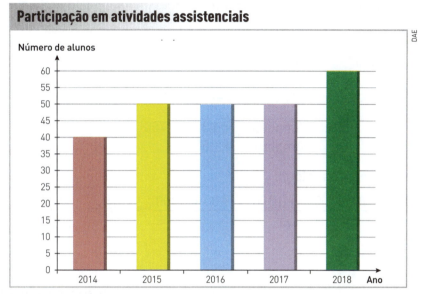

Fonte: Dados fictícios.

Desse grupo de dados, obtenha:

a) a média;　　　　　　　　b) a mediana;　　　　　　　　c) a moda.

7 Junte-se a um colega para resolver a atividade a seguir.
Na tabela abaixo, estão as idades dos alunos da escola A em anos completos. Observe que na 1ª coluna da tabela está registrada a quantidade de alunos e, na 2ª coluna, as idades correspondentes.

Idade dos alunos da escola A	
Quantidade	Idade em anos
4	10
15	11
10	12
1	14

Fonte: Dados fictícios.

a) Calculem a média das idades desses 30 alunos.
b) Obtenham a mediana das idades desses alunos.
c) Obtenham a moda das idades desse grupo de alunos.

O uso da média, mediana e da moda

Agora que vimos como obter a média, a moda e a mediana de um grupo de valores, vamos avançar um pouco mais. Nem sempre utilizar a média aritmética é a melhor opção para representar um conjunto de dados. Em algumas situações, a moda ou a mediana podem ser mais significativas.

Acompanhe as três situações a seguir. Em cada uma delas, vamos observar a **amplitude** dos valores de um conjunto de dados que nos permitirá observar a **dispersão** entre eles.

> A diferença entre o maior valor e o menor valor de um grupo de dados é chamada **amplitude**.

> **Dispersão** mostra o quão espaçada está a distribuição de dados.

Primeira situação

Júlia elaborou o seguinte quadro dos valores em reais que ela conseguiu guardar em caderneta de poupança ao longo dos 8 primeiros meses do ano.

Mês	Jan.	Fev.	Mar.	Abr.	Maio	Jun.	Jul.	Ago.
Valor	700	800	800	900	1 000	1 100	1 200	1 000

- Observe inicialmente que a amplitude desses dados é:

$$\text{Amplitude} = 1\,200 - 700$$
$$\text{Amplitude} = \ \ 500$$

- Calculando a média desses valores:

$$\text{Média} = \frac{700 + 800 + 800 + 900 + 1\,000 + 1\,100 + 1\,200 + 1\,000}{8} \longrightarrow \text{Média} = \frac{7\,500}{8} \longrightarrow \text{Média} = 937,50$$

Responda:
1. A maioria dos valores poupados está próxima do valor correspondente à média de valores?
2. Você considera que o valor médio guardado mensalmente representa os valores guardados ao longo desses 8 meses?

Segunda situação

Rafaela é diretora-financeira de uma empresa que presta serviço de entregas. Ela fez um levantamento dos salários de todos os funcionários para observar quanto a empresa gasta, em média, somente com os salários. A tabela a seguir foi elaborada por ela.

Cargos e salários da empresa		
Cargo	Salário (R$)	Número de funcionários
Serviços gerais	1.450,00	2
Entregador	2.460,00	21
Técnico administrativo	3.200,00	4
Diretor	28.000,00	3

Fonte: Dados fictícios.

- Observe inicialmente que a diferença entre o maior valor e o menor valor, também denominado de amplitude, é:

$$\text{Amplitude} = 28\,000 - 1\,450$$
$$\text{Amplitude} = 26\,550$$

- Cálculo da média dos salários:

$$\text{Média} = \frac{2 \cdot 1\,450 + 21 \cdot 2\,460 + 4 \cdot 3\,200 + 3 \cdot 28\,000}{2 + 21 + 4 + 3}$$

$$\text{Média} = \frac{2\,900 + 51\,660 + 12\,800 + 84\,000}{30} \longrightarrow \text{Média} = \frac{151\,360}{30} \longrightarrow \text{Média} \cong 5\,045,34$$

Responda:
1. Compare a amplitude com a média de salários. Os valores são próximos?
2. Você considera que a média dos salários representa adequadamente o grupo de salários das 30 pessoas da empresa?

Nessa situação, tanto a moda quanto a mediana dos salários (elas são iguais) representam melhor o salário desse grupo de 30 pessoas. Observe que, se colocássemos esses salários em ordem crescente, teríamos o 15º e o 16º salários iguais a 2 460 reais.

$$1\,450, \ldots\ldots\ldots\ldots, 2\,460, 2\,460, \ldots\ldots\ldots\ldots, 28\,000$$

$$\text{Mediana} = \frac{2\,460 + 2\,460}{2} = 2\,460$$

A mediana é bastante útil quando temos uma grande quantidade de valores e, além disso, valores que fogem do valor médio. Nessa situação, o valor R$ 2.460,00 é muito mais representativo do que o valor correspondente à média dos valores.

Terceira situação

Fabrício é voluntário em uma ONG e arrecadou doações para comprar itens de higiene para a comunidade auxiliada pela organização. Ele obteve ajuda de nove doadores. Cada um deles doou uma nota de real, conforme representado a seguir.

Qual valor representa melhor esse conjunto de notas?
- Observe inicialmente que a diferença entre o maior valor e o menor valor, denominada amplitude, é:

$$\text{Amplitude} = 100 - 2$$
$$\text{Amplitude} = 98$$

- Cálculo da média das quantias:

$$\text{Média} = \frac{2 + 2 + 2 + 2 + 5 + 10 + 20 + 50 + 100}{9} \longrightarrow \text{Média} = \frac{193}{9} \longrightarrow \text{Média} = 21{,}444\ldots$$

- Valor da mediana:

$$\underbrace{2 - 2 - 2 - 2}_{\text{4 valores}} - 5 - \underbrace{10 - 20 - 50 - 100}_{\text{4 valores}}$$

Mediana dos valores

Responda:
1. Você considera que a média dos valores está representando adequadamente o grupo de dados?
2. E a mediana?

Na situação apresentada, tanto a média das quantias quanto a mediana não estão representando de forma adequada a realidade: das nove doações, quatro foram de R$ 2,00. Assim, a moda representa melhor esse conjunto de dados.

Atividades

1. Márcia é responsável pela biblioteca pública de seu município. Ela elaborou o gráfico a seguir mostrando o resultado do levantamento das quantidades de livros emprestados nos últimos 6 anos.

   Responda:
   a) Em média, qual é o número de livros emprestados por ano durante o período analisado?
   b) Qual é a diferença entre o número máximo e o número mínimo de livros emprestados por ano nesse período?

Fonte: Dados fictícios.

2. O gráfico ao lado foi extraído da revista *Veja* em janeiro de 2016.

   Observe nesse gráfico os seguintes dados: o maior número de atletas transferidos, o menor número de atletas transferidos, a média anual. Com base nesses dados, escreva uma frase que resuma as informações dessa notícia.

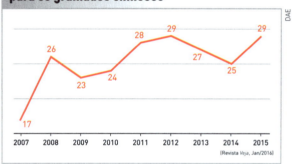

Fontes: CBF, Fifa e Amir Somoggi, consultor de marketing e gestão esportiva.

3. Observe os resultados de uma pesquisa descritos na tabela a seguir.

Teste de medicamento contra dor de cabeça	Remédio	A	B	C	D	E
	Números de resultados positivos	24	28	22	24	32

Qual dos remédios obteve o melhor resultado? Justifique.

4. O resultado de uma pequena pesquisa com 6 mulheres adultas reunidas numa sala sobre a quantidade de filhos de cada uma foi:

   a) Obtenha, dos dados, as seguintes medidas de tendência central: média e moda.
   b) A média representa adequadamente esse conjunto de valores? Justifique.
   c) A moda representa adequadamente esse conjunto de valores? Justifique.

Mulher	Número de filhos
A	0
B	1
C	1
D	2
E	3
F	1

Fonte: Dados fictícios.

5. Junte-se a um colega e elaborem uma situação formada por um grupo de 10 valores de tal maneira que a média aritmética, a moda e a mediana deles sejam exatamente iguais.

6. Numa avaliação do desempenho de uma turma, o resultado observado pelo professor está na tabela ao lado.

Você utilizaria a média aritmética ou outra medida de tendência central para representar o grupo de notas? Qual? Justifique.

Fonte: Dados fictícios.

Desempenho da turma	
Número de alunos	Nota
3	zero
15	9,0
2	10,0
Média	7,75

Conviver

Elaboração de uma pesquisa estatística

Já estudamos a diferença entre uma pesquisa censitária e uma pesquisa amostral. Também vimos o que são as variáveis de uma pesquisa e os métodos que podem ser utilizados para selecionar uma amostra. Agora, conheça os passos para a realização de uma pesquisa estatística.

- **Definição do tema da pesquisa**: O que você deseja pesquisar, ou seja, qual o problema que você deseja analisar por meio da pesquisa?
- **População e amostra**: Qual será a população da pesquisa? A pesquisa será censitária ou amostral? Se for amostral, qual será o método utilizado para selecionar a amostra?
- **Escolha das variáveis**: Quais serão as variáveis da pesquisa, ou seja, quais serão as características estudadas?
- **Coleta de dados**: definidas as variáveis, é o momento de coletar e registrar os dados.
- **Apresentação**: apresente os dados de forma adequada, ou seja, escolha que tipo de tabela será utilizado ou que tipo de gráfico é o mais apropriado para organizar o resultado da pesquisa.
- **Análise da pesquisa**: por meio de um relatório, analise o resultado da pesquisa observando aspectos como as medidas de tendência central (média, moda e mediana) e a amplitude dos dados. No final do relatório, apresente as conclusões.

Agora, forme um grupo com mais nove colegas e sigam as instruções abaixo para fazer uma pesquisa estatística.

Encaminhamento

1. Cada grupo deverá decidir um tema relevante para a comunidade escolar para ser pesquisado e justificar a escolha.
2. A população da pesquisa será o conjunto de alunos da escola. Escolham a amostra que será usada e como ela será selecionada.
3. Escolham as variáveis do estudo e elaborem um questionário para a pesquisa.
4. Coletem os dados agindo de forma respeitosa durante as entrevistas.
5. Organizem os dados da pesquisa em tabelas, por exemplo.
6. Elaborem um gráfico utilizando planilhas eletrônicas e o imprimam para apresentar aos colegas.
7. Escrevam um relatório destacando aspectos como as medidas de tendência central (média, moda e mediana) e a amplitude, com as conclusões da pesquisa realizada.
8. Apresentem o resultado da pesquisa.

Retomar

1) As idades de uma turma de hidroginástica do período da manhã da Academia Saúde são:

28, 67, 70, 56, 60, 42, 68, 67, 50, 56, 76 e 56.

a) Determine a média, a moda e a mediana desse conjunto de dados.

b) Com que intervalo você iria dispor esses dados em uma tabela de frequência?

2) O quadro abaixo representa a quantidade de litros de leite produzidos por uma vaca ao longo de uma semana.

Dia	domingo	segunda-feira	terça-feira	quarta-feira	quinta-feira	sexta-feira	sábado
Litros	11	13	14	16	16	18	15

Qual valor representa a moda?

a) 11

b) 13

c) 16

d) 18

3) Na atividade anterior, qual valor representa a mediana do conjunto de dados?

a) 15

b) 13

c) 14

d) 16

4) Ainda em relação ao enunciado da atividade 2, é correto afirmar que a média diária de litros de leite é mais próxima de:

a) 14

b) 14,7

c) 15

d) 15,2

5) Numa brincadeira feita em sala de aula, observe como ficou a distribuição do número de pontos obtidos pelas equipes.

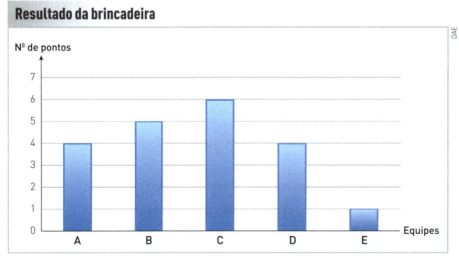

Fonte: Dados fictícios.

A média aritmética da quantidade de pontos obtidos pelas equipes foi de:

a) 4

b) 5

c) 4,5

d) 5,5

6 Em relação à atividade anterior, assinale a alternativa que indica corretamente a amplitude da quantidade de pontos obtidos pelas equipes.

a) 4

b) 5

c) 4,5

d) 5,5

7 Henrique fez o levantamento das despesas mensais de sua casa no primeiro trimestre do ano. O resultado está no gráfico a seguir.

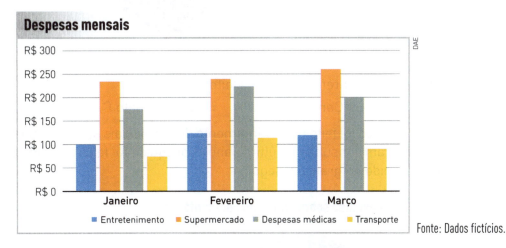

Fonte: Dados fictícios.

O que é correto afirmar com base nas informações do gráfico?

a) As despesas com entretenimento são maiores do que com supermercado.

b) As despesas médicas no trimestre são maiores que as despesas com entretenimento.

c) As despesas com transporte aumentaram mês a mês no trimestre.

d) As despesas com entretenimento em cada mês não passam de 100 reais.

8 Em uma cidade do interior de São Paulo, a porcentagem de pessoas que utilizam o ônibus é menor do que a daqueles que utilizam algum meio de transporte individual, como carros, motos, táxis (42%), e também daqueles que preferem andar a pé ou de bicicleta (32%).

O gráfico abaixo mostra o destino dos usuários de ônibus em dias úteis.

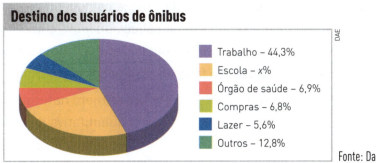

Fonte: Dados fictícios.

a) É possível afirmar, pelo texto, que 42% das pessoas utilizam exclusivamente o carro como meio de transporte nessa cidade?

b) Qual é o principal destino dos usuários de ônibus?

c) Qual é a porcentagem de pessoas que utilizam ônibus para ir à escola?

9 Numa eleição de representante de turma, apareceram três candidatos: A, B e C. A pesquisa sobre quem seria eleito pelos alunos resultou no seguinte gráfico:

Fonte: Dados fictícios.

Qual dos candidatos têm a preferência dos eleitores?

a) Candidato A.　　b) Candidato B.　　c) Candidato C.　　d) Nenhum deles.

10 Num ambulatório médico foi feito um levantamento dos principais sintomas relatados pelos 1 500 pacientes que lá fizeram consultas no último ano. A pesquisa foi feita em 10% dessa população e o resultado foi resumido no gráfico a seguir

Fonte: Dados fictícios.

Qual alternativa indica uma interpretação correta das informações?

a) Mais de 50% dos pacientes relataram dor de cabeça como sintoma.
b) Mais de 50% dos pacientes relataram dor de cabeça ou febre como sintoma.
c) Mais de 50% dos pacientes relataram febre ou dor lombar como sintoma.
d) Mais de 20% dos pacientes relataram falta de apetite como sintoma.

11 Numa pesquisa, quando a variável é expressa por um número natural, tal variável é chamada de:

a) qualitativa.
b) quantitativa contínua.
c) quantitativa discreta.
d) qualitativa contínua.

12 Quando, como amostra de uma pesquisa, escolhem-se aleatoriamente 15 pessoas entre 150, temos:

a) uma amostragem estratificada.
b) uma amostragem casual.
c) uma amostragem sistemática.
d) nenhum dos tipos anteriores de amostra.

13. **(Obmep)** Os produtos A, B e C foram avaliados pelos consumidores em relação a oito itens. Em cada item, os produtos receberam notas de 1 a 6, conforme a figura. De acordo com essas notas, qual é a alternativa correta?

Ampliar

Atividades e jogos com estatística,
de Marion Smoothey (Scipione)

Os elementos de uma pesquisa, bem como os principais tipos de gráficos, são trabalhados por meio de exemplos interessantes e bem ilustrados. Lendo esse livro, você conhecerá a estatística em diversas situações.

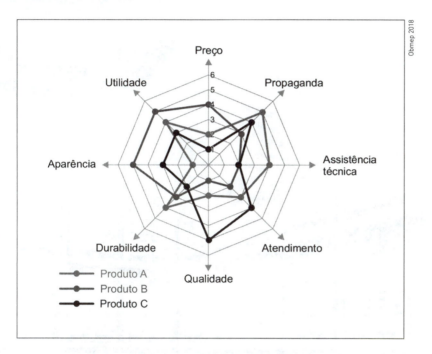

a) O produto B obteve a maior nota no item propaganda.
b) O produto de maior utilidade é o menor durável.
c) O produto C obteve a maior pontuação em quatro itens.
d) O produto de melhor qualidade é o de melhor assistência técnica.
e) O produto com a melhor avaliação em propaganda é o pior em aparência.

14. **(Obmep)** O gráfico mostra o número de casos notificados de dengue, a precipitação de chuva e a temperatura média, por semestre, dos anos de 2007 a 2010 em uma cidade brasileira. Podemos afirmar que:

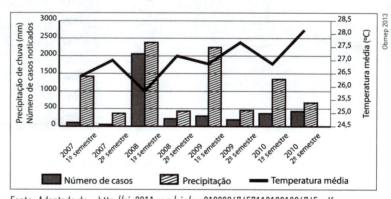

a) O período de maior precipitação foi o de maior temperatura média e com o maior número de casos de dengue notificados.
b) O período com menor número de casos de dengue notificados também foi o de maior temperatura média.
c) O período de maior temperatura média foi também o de maior precipitação.
d) O período de maior precipitação não foi o de maior temperatura média e teve o maior número de casos de dengue notificados.
e) Quanto maior a precipitação em um período, maior o número de casos de dengue notificados.

UNIDADE 7

Alimentos empilhados em um hipermercado.

 Antever

Os produtos são dispostos de diversas maneiras em estabelecimentos, como lojas e supermercados. Em relação à ilustração da pilha de latas, responda:

Álgebra

Latas de tinta empilhadas em um depósito.

1 Como essa pilha foi formada?

2 É possível dispor 55 latas conforme esse padrão de formação das camadas? Como?

CAPÍTULO 19

Equações do 1º grau e expressões algébricas

Resolução de equações do 1º grau

No volume anterior desta coleção, iniciamos o estudo de Álgebra. Vimos que, em muitas situações, podemos usar letras para representar quantidades desconhecidas e também que problemas podem ser resolvidos por meio de equações.

Na Matemática, uma equação pode ser interpretada como se ela fosse uma balança de dois pratos em equilíbrio. Se acrescentarmos a mesma massa aos dois pratos ou retirarmos a mesma massa deles, o equilíbrio se mantém. De modo análogo, em uma igualdade, quando acrescentamos a mesma quantidade aos dois membros (ou a retiramos deles), obtemos uma igualdade também verdadeira. Essa ideia simples possibilita-nos resolver equações.

Na imagem a seguir, a balança está em equilíbrio. Do lado esquerdo, estão dispostos 2 potes de mel e um peso de 100 gramas. Do lado direito, estão dispostos um peso de 300 gramas e um pote de mel. Considere que os potes de mel tenham a mesma massa.

Com base na situação da balança:
1. Escreva uma equação que represente a igualdade associada à ilustração da balança em equilíbrio.
2. Qual é a massa de cada pote de mel?

Neste capítulo vamos recordar as equações do 1º grau. Observe atentamente o procedimento para resolver os exemplos a seguir.

Exemplo 1

A soma de três números naturais ímpares e consecutivos é igual a 147. Determine esses três números.

- Para estabelecer a equação que traduz a situação, precisamos observar que os números são ímpares e consecutivos. Um número ímpar pode ser representado por x. Assim, escrevemos:

    1º número = x 2º número = $x + 2$ 3º número = $x + 4$

- Agora escrevemos uma equação para representar a situação e a resolvemos:

$$x + x + 2 + x + 4 = 147$$
$$3x + 6 = 147$$
$$3x + 6 - 6 = 147 - 6$$
$$3x = 141$$
$$x = \frac{141}{3} = 47$$

Se $x = 47$, então podemos calcular cada número:

1º número: 47
2º número: $47 + 2 = 49$
3º número: $47 + 4 = 51$

Portanto, os números são 47, 49 e 51.

Exemplo 2

Observe a equação e responda: Que número x devemos somar a 8 para obter o resultado 17?

$$x + 8 = 17$$

É possível que você tenha utilizado a estratégia $9 + 8 = 17$.

Agora vamos pensar de outra forma: somando (-8) aos dois membros da equação, teremos:

$$x + 8 - 8 = 17 - 8$$

Ao calcular $+8 - 8$ teremos $x = 17 - 8$, ou seja, $x = 9$.

---

1. Com base no exemplo anterior, quais são as soluções das equações abaixo?

a) $x - 6 = 10$

b) $x + 20 = 8$

c) $7 - x = 4$

d) $6 + x = 19$

Exemplo 3

Observe a equação e responda: Qual valor deve ser atribuído a x?

$$2x = 24$$

É possível que você tenha utilizado a estratégia $2 \cdot 12 = 24$.

Agora vamos pensar de outra forma: multiplicando os dois termos da equação por $\left(\frac{1}{2}\right)$ para isolar a incógnita, teremos:

$$\frac{1}{2} \cdot 2x = 24 \cdot \frac{1}{2}$$

Dessa forma, $x = \frac{24}{2}$ ou $x = 12$.

---

1. Com base no exemplo anterior, quais são as soluções das equações abaixo?

a) $3x = 15$

b) $2x = 100$

c) $20x = -2$

d) $\frac{x}{2} = 4{,}5$

Exemplo 4

Resolva a seguinte equação do 1º grau na incógnita x: $4 \cdot (x - 1) + 6x = 7 - 2 \cdot (3 - x)$

- Inicialmente, resolvemos as multiplicações pelos parênteses e agrupamos os termos semelhantes em cada um dos membros da igualdade.

$$4 \cdot (x - 1) + 6x = 7 - 2 \cdot (3 - x)$$
$$4x - 4 + 6x = 7 - 6 + 2x$$
$$10x - 4 = 1 + 2x$$

- Agora vamos "equilibrar" a equação até que possamos isolar a incógnita x:

$$+4 + 10x - 4 = 1 + 2x + 4$$
$$10x - 4 + 4 = 1 + 2x + 4$$
$$-2x + 10x = 5 + 2x - 2x$$
$$8x = 5$$

$$\frac{8x}{8} = \frac{5}{8}$$
$$x = \frac{5}{8}$$

Exemplo 5

Resolva a seguinte equação na incógnita x: $\dfrac{x - 2}{2} + \dfrac{4 - 2x}{3} = \dfrac{7}{6}$

- Para facilitar o cálculo, podemos eliminar as frações. Para isso, multiplicamos os dois membros da igualdade pelo número 6 (mínimo múltiplo comum dos denominadores existentes). Em seguida, o procedimento é análogo ao do exemplo anterior.

$$6 \cdot \left[\frac{x - 2}{2} + \frac{4 - 2x}{3}\right] = 6 \cdot \frac{7}{6}$$
$$3 \cdot (x - 2) + 2 \cdot (4 - 2x) = 7$$
$$3x - 6 + 8 - 4x = 7$$
$$-x + 2 = 7$$
$$-x + 2 - 2 = 7 - 2$$
$$(-1) \cdot (-x) = 5 \cdot (-1)$$
$$x = -5$$

zoom: No final da resolução dessa equação, multiplicamos os dois membros por -1 para alterar o sinal da incógnita no 1º membro.

Exemplo 6

Um vendedor de carros ganha mensalmente um salário fixo de R$ 1.550,00, além de uma comissão de 2% sobre o total de vendas do mês. Considerando que neste mês ele recebeu R$ 4.450,00, determine o total de vendas que ele efetuou.

- Representando o total de vendas que ele efetuou por x, temos a seguinte equação:

$$1550 + 0{,}02 \cdot x = 4450$$
$$1550 - 1550 + 0{,}02 \cdot x = 4450 - 1550$$
$$0{,}02x = 2900$$
$$\frac{0{,}02x}{0{,}02} = \frac{2900}{0{,}02}$$
$$x = \frac{2900}{0{,}02}$$
$$x = 145\,000$$

Portanto, o vendedor efetuou um total de R$ 145.000,00 em vendas.

Atividades

1) Considere a balança, representada a seguir, em equilíbrio:

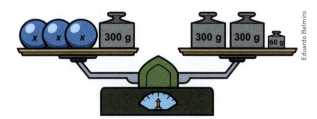

a) Considerando que as três bolas colocadas no prato da esquerda têm a mesma massa, escreva uma equação que represente a situação.

b) Resolva essa equação determinando a massa de cada bola para que os pratos da balança fiquem em equilíbrio.

2) Há três números naturais consecutivos com soma igual a 102.

a) Escreva uma equação que represente essa situação.

b) Que números são esses?

3) Determine três números naturais ímpares e consecutivos cuja soma seja igual a 75.

4) Considere a balança representada a seguir em equilíbrio, sabendo que cada lata tem a mesma massa, e faça o que se pede.

a) Escreva uma equação que represente os elementos e o equilíbrio da balança.

b) Qual é a massa de cada lata?

5) Sabendo que a balança encontra-se em equilíbrio e que as embalagens do mesmo produto têm mesma massa, faça o que se pede.

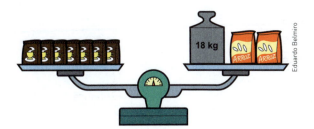

a) Escreva uma equação que represente a balança em equilíbrio utilizando C para café e A para arroz.

b) Com base nessa equação, determine a massa de cada pacote de arroz, sabendo que cada pacote de café tem massa igual a 4 kg.

6 Determine o número x para que as expressões 6(2x + 3) e 6² + 3x sejam iguais.

7 Resolva as equações a seguir determinando o valor da incógnita x.

a) $2x - 70 = -10$
b) $3[5x - 2^2] = 3$
c) $\dfrac{x}{21} + 1 = \dfrac{x}{7}$
d) $\sqrt{81} - 3x = 15$
e) $\dfrac{x+3}{2} = \dfrac{x-2}{3}$
f) $5(x + 3) - 2(x - 1) = 20$
g) $\dfrac{1}{4} + \dfrac{x}{2} = \dfrac{1}{3}$
h) $6\left[\dfrac{1}{3} - x\right] + x = \dfrac{1}{2}$
i) $3x - \dfrac{5}{2} = 2(x - 5) - \dfrac{3x}{2}$

8 Assinale **V** se a afirmação for verdadeira ou **F** se a afirmação for falsa.

a) ///// 8 é a raiz da equação $x + 3 = -5$
b) ///// Resolvendo $3^2 x = 14 - 5$, obteremos 1 como resposta.
c) ///// 15 é a raiz da equação $-3(-8) = x + 9$.
d) ///// A solução da equação $50x + 20 = 10x$ é um número inteiro.

9 Numa cidade, a corrida de táxi custa R$ 5,00 de valor fixo mais R$ 2,00 por quilômetro rodado. Se a pessoa gastou R$ 25,00 em uma corrida, qual foi a distância percorrida?

10 O triplo da quantia que João possui mais R$ 44,00 resulta exatamente na quantia necessária para ele pagar uma dívida de R$ 134,00. Qual é a quantia que João possui?

11 Um vendedor recebe um salário fixo mensal de R$ 2.300,00 mais uma comissão de 2% sobre o valor de vendas efetuadas durante o mês.

a) Defina uma equação que forneça o rendimento mensal R desse vendedor em razão das vendas x realizadas.

b) Se o ganho desse vendedor, no final do mês, foi de R$ 4.200,00, qual foi seu volume de vendas?

12 Elabore um problema parecido com o da atividade anterior. Apresente o problema e a resolução para os demais colegas.

Expressões algébricas

Álgebra é a área da Matemática que representa e manipula números ou grandezas desconhecidas. Efetuam-se generalizações para relacionar padrões não apenas numéricos, mas também geométricos. Por exemplo, podemos ter a seguinte sequência formada por cubos de mesmo tamanho:

1ª figura → 1 · 2 cubos
2ª figura → 2 · 3 cubos
3ª figura → 3 · 4 cubos
4ª figura → 4 · 5 cubos
⋮
10ª figura → 10 · 11 cubos
⋮
nª figura → n · (n + 1) cubos

1ª figura

3ª figura

2ª figura

4ª figura

Por meio da representação figural, podemos perceber um padrão numérico que associa a posição da figura na sequência com a quantidade de cubos que a formam.

Ao escrever n · (n + 1) estamos utilizando uma expressão algébrica que permite determinar a quantidade de cubos existentes na figura de ordem n, bastando atribuir um valor para n.

Responda:
1. Quantos cubos há ao todo na 18ª figura dessa sequência?
2. Ao substituir *n*, na expressão algébrica *n* · (*n* + 1), pelo número natural 100, qual é o resultado e o que ele significa na sequência de figuras construídas acima?

Considere um retângulo em que a medida da base corresponda a 10 unidades a mais que a medida da altura. Como não conhecemos a medida da altura, vamos representá-la pela letra *x*. Desse modo, a medida da base poderá ser representada por *x* + 10.

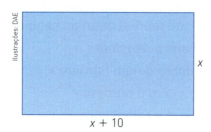

A área desse retângulo poderá ser representada por:

(*x* + 10) · *x*

Temos, então, uma **expressão algébrica** que representa a área desse retângulo.

> Uma expressão algébrica é formada por letras, números e sinais que indicam as operações. Numa expressão algébrica, as letras são denominadas **variáveis**.

Exemplos:
- 9*mn* + 10*xy* ⟶ expressão algébrica com variáveis *m*, *n*, *x* e *y* formada por dois termos: 9*mn* e 10*xy*;
- 81 + 10*y* + y^2 ⟶ expressão algébrica com variável *y* formada por três termos: 81, 10*y* e y^2.

Agora, retornemos ao retângulo anterior, porém atribuindo o valor 5 à variável *x*. Assim, podemos determinar a área desse retângulo.

(*x* + 10) · *x*
fazendo *x* = 5
(5 + 10) · 5 =
= 15 · 5 = 75

O resultado obtido é o valor numérico da expressão algébrica para *x* = 5, que é a medida da área do retângulo cujos lados medem 5 e 15 unidades de medidas, respectivamente.

> **Valor numérico** de uma expressão algébrica é um número que se obtém substituindo a variável (ou as variáveis) por número (ou números). Para encontrar esse valor, as operações indicadas na expressão algébrica devem ser efetuadas.

Observe o exemplo a seguir.
Calcule o valor numérico que a expressão algébrica $n^2 + 10n + 4$ assume para $n = 7$.

- Substituímos n por 7 na expressão algébrica.

$$7^2 + 10 \cdot 7 + 4 = 49 + 70 + 4$$
$$\text{Valor numérico} = 123$$

Atividades

1) Escreva as expressões algébricas que representam as seguintes sentenças:

a) O quadrado do número x adicionado a seu dobro.

b) A soma de um número y com o dobro de um número x.

c) O quadrado da soma do número x com o número y.

d) O quadrado da diferença do número x com o número y.

e) O produto de um número inteiro n pelo seu sucessor.

f) A diferença entre o quadrado de um número x e seu quíntuplo.

g) A diferença dos quadrados dos números x e y.

h) A diferença entre o quadrado de um número x e sua metade.

2) Calcule o valor numérico que a expressão $x^2 - 8x + 10$ assume para os seguintes valores de x:

a) 0

b) 1

c) 2

d) 3

e) -1

f) -3

3) O polígono a seguir tem todos os lados de mesma medida, expressa por $2x + 1$.

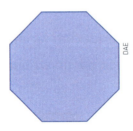

a) Escreva uma expressão algébrica que represente o perímetro desse octógono.

b) Calcule o perímetro desse octógono considerando $x = 2,5$.

c) Calcule o perímetro desse octógono considerando $x = 3,5$.

d) Calcule o perímetro desse octógono considerando $x = 4,5$.

e) Se o perímetro é igual a 88, qual é o valor de x?

4) Utilize uma expressão algébrica para indicar:

a) o número de dias correspondente a x semanas e mais cinco dias;

b) o número de horas correspondente a y dias inteiros e mais 16 horas;

c) a quantidade de meses correspondente a z anos menos 3 meses.

5 Copie e complete o quadro.

x	y	$x^2 + y^2$	$(x + y)^2$
4	5		
−2	7		
10	5		
0,3	1,4		
1,8	−2		
−3	−6		
9	10		

6 Copie e complete o quadro.

x	y	$(x + y)^2$	$x^2 + 2xy + y^2$
−4	−5		
−2	−7		
10	−5		
0,3	1,4		
1,8	−2		
−3	−6		
9	−10		

Agora responda: As expressões $(x + y)^2$ e $x^2 + 2xy + y^2$ são equivalentes?

7 Copie e complete o quadro.

x	y	$(x - y)^2$	$x^2 - 2xy + y^2$
14	5		
12	7		
10	−5		
5,4	1,4		
3,8	−2		
4	−2		
29	10		

Agora responda: As expressões $(x - y)^2$ e $x^2 - 2xy + y^2$ são equivalentes?

8 Atribua valores a x e y e verifique se as expressões algébricas $(x + y)(x - y)$ e $x^2 - y^2$ são equivalentes ou não.

Operando com expressões algébricas

Consideremos dois retângulos com a representação das medidas de seus lados. Vamos obter uma expressão algébrica que forneça a soma das áreas dos dois retângulos.

Observe que a área do primeiro retângulo pode ser representada por 12xy e a área do segundo retângulo por 4xy. Esses dois termos são semelhantes porque eles têm a mesma parte literal.

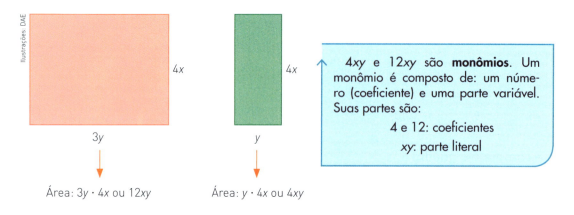

4xy e 12xy são **monômios**. Um monômio é composto de: um número (coeficiente) e uma parte variável. Suas partes são:

4 e 12: coeficientes

xy: parte literal

Área: 3y · 4x ou 12xy   Área: y · 4x ou 4xy

> Dois termos que têm a mesma parte literal são denominados **termos semelhantes**.

Voltando ao exemplo dos retângulos, vamos determinar a soma de suas áreas. Como as áreas estão representadas por dois termos semelhantes, precisamos obter a soma deles, ou seja:

12xy + 4xy = ?

→ Como adicionar dois termos diferentes?

- Uma maneira de responder a essa pergunta é considerar que, como os dois retângulos têm a mesma altura, podemos formar um novo retângulo com a base medindo (3y + y). Assim, a área será:

4x · (3y + y) = 4x · 4y = 16xy

Aplicando a propriedade distributiva, podemos escrever como:

xy · (12 + 4) = xy · 16

ZOOM: A propriedade distributiva da multiplicação em relação à adição é:

a(b + c) = ab + ac

Já pela propriedade comutativa podemos escrever: 16xy, pois, se a · b = b · a, então x · y · 16 = 16 · x · y.
Logo:

12xy + 4xy = 16xy

> A adição de termos semelhantes é efetuada adicionando-se os coeficientes e conservando-se a parte literal.

Observe os exemplos:
- $14p + 5p - 2p = (14 + 5 - 2) \cdot p = 17 \cdot p = 17p$
- $4x^2y + \dfrac{1}{3}x^2y = \left(4 + \dfrac{1}{3}\right) \cdot x^2y = \dfrac{13}{3}x^2y$

Quando os termos não são semelhantes em uma soma algébrica, deixamos as operações indicadas mantendo os sinais. Note como procedemos na expressão algébrica a seguir.

Efetue a seguinte soma algébrica:

$$12mx + 7m - 10 + 15mx.$$

Observe que existem, nessa expressão algébrica, apenas dois termos semelhantes. Adicionamos então esses dois termos e deixamos indicados os demais:

$$12mx + 7m - 10 + 15mx = 12mx + 15mx + 7m - 10 = 27mx + 7m - 10$$

Atividades

1 Junte-se a um colega e resolvam o desafio a seguir registrando as estratégias utilizadas na resolução.

Na terceira semana de novembro de 2016, uma instituição de caridade recebeu x doações em reais. A cada segunda-feira das semanas seguintes, o valor doado dobrou em relação à semana anterior; isso ocorreu até a semana do dia 20 de dezembro. Considerando o calendário abaixo, qual foi o total arrecadado?

Novembro 2016						
Seg	Ter	Qua	Qui	Sex	Sáb	Dom
	1	2	3	4	5	6
7	8	9	10	11	12	13
14	15	16	17	18	19	20
21	22	23	24	25	26	27
28	29	30				

Dezembro 2016						
Seg	Ter	Qua	Qui	Sex	Sáb	Dom
			1	2	3	4
5	6	7	8	9	10	11
12	13	14	15	16	17	18
19	20	21	22	23	24	25
26	27	28	29	30	31	

2 Escreva, num único termo, o resultado de:
a) $7x + 8x - 10x$
b) $16m + 2m - 20m + 4m$
c) $4x^2 - 32x^2 + 80x^2$
d) $y - 2y + 3y + 4y$

3 Simplifique as expressões algébricas reduzindo os termos semelhantes.
a) $4m - 7x - 4 + 5m + 8 - 2x$
b) $5y - 7p - 2x + 15p - 8x - 3y$
c) $14m^2 - 17x^2 - 4x^2 + 5m^2 + 8m^2 - 2x^2$
d) $9t^3 - 7 - 4t^3 + 15t^3 + 18 - 2t^3$
e) $9xy + 18x - 36y + 22x - 5xy$
f) $9x^2 + 44x - 3y^2 + 12x - 5x^2 + 9y^2$
g) $26x + 3x - y + 22x - 5y$
h) $13ab + 8ab - 16a + 22 - 5ab - 12$

4 Escreva uma expressão simplificada que indique o perímetro das figuras planas a seguir.

a)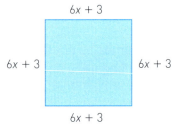

b)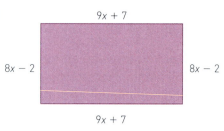

5 Em relação ao retângulo abaixo, faça o que se pede a seguir.

a) Escreva uma expressão algébrica que represente o perímetro desse retângulo.
b) Escreva uma expressão algébrica que represente a área desse retângulo.
c) Qual a medida do perímetro para $x = 3$?
d) Qual a medida da área total quando $x = 3$?

6 Observe as seguintes expressões algébricas.

$$A = 7x - 4 \longrightarrow B = 9 - 3x$$
$$C = 9x + 14 \longrightarrow D = 10 - 6x$$

Agora, resolva:

a) $A + B$
b) $A - B$
c) $C + D$
d) $C - D$
e) $A + B - C - D$
f) $A - B + C - D$

7 Para fazer caixas de papelão, precisamos calcular a área de cada face da caixa. Suponha que João precise produzir 10 caixas de acordo com as medidas indicadas na figura a seguir. Qual é a área total de papelão que deve ser comprada?

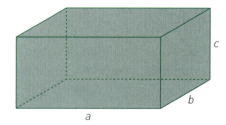

8 Junte-se a um colega para resolver a situação a seguir.

Camila vende doces para festas por R$ 65,00 o cento e salgadinhos por R$ 53,00 o cento. Com base nessas informações, façam o que se pede.

a) Determinem uma possível expressão que generalize o custo de uma encomenda.
b) Se uma pessoa comprar 4 centos de salgadinhos e 5 centos de doces, quanto gastará? Essa quantidade de alimentos será suficiente para os convidados?

9 Em dupla com o mesmo colega, elaborem uma situação como a anterior que envolva uma relação de venda de duas quantidades de produtos diferentes. Depois, troquem com outra dupla para que a atividade seja resolvida.

De olho no legado

A idade de Diofante

Naquele dia de março de 415, uma multidão de romanos, gregos e egípcios, judeus, cristãos, escravos e homens livres andava pelas ruas de Alexandria. Situada no delta do Nilo, Alexandria era um grande centro comercial e cultural. O museu da cidade era ponto de encontro de sábios de todo o Império Romano do Oriente.

Era para o museu que ia aquela jovem. Na carroça que a levava pelas ruas cheias de gente, talvez pensasse nas conferências que costumava dar. Frequentemente falava sobre o matemático Diofante, grande estudioso de Álgebra, que tinha morrido poucos anos antes. Fazia tempo que ela se dedicava a estudar o trabalho do mestre, a escrever e dar aulas sobre ele.

De repente, até hoje ninguém sabe por quê, um grupo de desordeiros parou a carroça e, a golpes de afiadas conchas de ostra, matou a jovem conferencista.

Assim o mundo perdeu Hipatia, a primeira mulher matemática da História.

Até aquela época, os matemáticos gregos preferiam estudar Geometria. Apenas Diofante se dedicou à Álgebra.

A História não guardou muitos dados sobre a vida de Diofante. Tudo o que sabemos dele estava numa dedicatória gravada em seu túmulo – com toda certeza, escrita por Hipatia:

Caminhante!

Aqui foram sepultados os restos de Diofante.

E os números podem mostrar – oh, milagre – quão longa foi a sua vida, cuja sexta parte constituiu sua formosa infância.

E mais um duodécimo pedaço de sua vida havia transcorrido quando de pelos se cobriu seu rosto.

E a sétima parte de sua existência transcorreu em um matrimônio sem filhos.

Passou-se um quinquênio mais e deixou-o muito feliz o nascimento de seu primeiro filho, que entregou à terra seu corpo, sua formosa vida, que durou somente a metade da de seu pai.

E com profundo pesar desceu à sepultura, tendo sobrevivido apenas quatro anos ao descenso de seu filho.

Digam-se: Quantos anos viveu Diofante quando lhe chegou a morte?

Oscar Guelli. *Contando a história da Matemática* – Equação: o idioma da álgebra. São Paulo: Ática, 1995. p. 5-7.

Junte-se a um colega e decifrem o enigma da idade de Diofante quando morreu.

Sequências recursivas e não recursivas

Você já conheceu algumas sequências numéricas. Entre elas, a sequência dos números naturais, a sequência dos números naturais pares e a sequência dos números naturais ímpares.

Cada um dos números de uma sequência pode ser chamado de "termo" dessa sequência. Ao observar, por exemplo, a sequência dos números naturais pares, temos:

Ordem	1º	2º	3º	4º	5º	6º	...	nº
Número	0	2	4	6	8	10	...	2(n − 1)

Responda:
1. Qual é o 7º termo da sequência acima?
2. Qual o valor de n, na expressão algébrica 2(n − 1), que devemos substituir para obter o 100º número par?

A expressão algébrica $2(n - 1)$ representa o número que ocupa a n-ésima posição na sequência dos números naturais. Essa expressão permite que você descubra qualquer termo dessa sequência apenas conhecendo a posição dele. Entretanto, em algumas sequências, os termos podem ser dados por meio de regras. Observe o exemplo a seguir.

Exemplo

Vamos obter os 10 primeiros termos de uma sequência, considerando que:

1º termo = 1
2º termo = 1

Regra para os demais termos:

A partir do 3º termo, cada termo é a soma dos dois termos imediatamente anteriores.

- Conforme a regra, temos:

    3º termo = 1 + 1 = 2 ⟶ (soma do 1º termo com o 2º termo)
    4º termo = 1 + 2 = 3 ⟶ (soma do 2º termo com o 3º termo)
    5º termo = 2 + 3 = 5 ⟶ (soma do 3º termo com o 4º termo)
    6º termo = 3 + 5 = 8 ⟶ (soma do 4º termo com o 5º termo)
    7º termo = 5 + 8 = 13 ⟶ (soma do 5º termo com o 6º termo)
    8º termo = 8 + 13 = 21 ⟶ (soma do 6º termo com o 7º termo)
    9º termo = 13 + 21 = 34 ⟶ (soma do 7º termo com o 8º termo)
    10º termo = 21 + 34 = 55 ⟶ (soma do 8º termo com o 9º termo)

- Portanto, a sequência formada pode ser assim escrita:

    (1, 1, 2, 3, 5, 8, 13, 21, 34, 55, ...)

Você pode elaborar sequências estabelecendo regras de formação. Essas regras, como no exemplo anterior, devem informar como a sequência deve ser desenvolvida. Algumas vezes podemos utilizar esquemas para formar sequências.

Exemplo

Duas sequências numéricas estão sendo formadas conforme o diagrama abaixo. O início é o número 1.

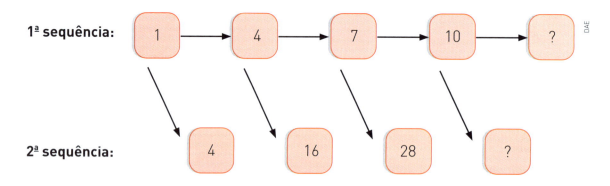

Responda:
1. Como a 1ª sequência foi formada a partir do número 1?
2. Como a 2ª sequência foi formada?
3. Que números devem ser colocados no lugar do ponto de interrogação?

 **Atividades**

① Luana colocou 5 peças de dominó em cima da mesa e disse que havia um padrão numérico na sequência formada pelas quantidades de pontinhos. As duas peças da direita precisam ser colocadas segundo o padrão numérico estabelecido por Luana.

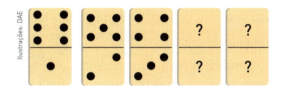

Responda:

a) Quais são as duas peças que estão faltando? Desenhe-as.
b) Qual é o padrão numérico estabelecido por Luana?

② As figuras a seguir seguem um padrão em relação à quantidade de bolinhas em cada uma.

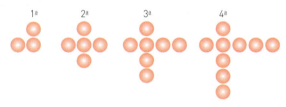

a) Copie e complete o quadro abaixo com as quantidades que estão faltando.

Figura	1ª	2ª	3ª	4ª	5ª	6ª
Quantidade						

b) Explique como, a partir da quantidade de bolinhas da 1ª figura, as demais figuras são formadas?
c) Quantas bolinhas serão colocados na 20ª figura dessa sequência?
d) E na 99ª figura dessa sequência?

③ Junte-se a um colega para observar a sequência de retângulos formados por quadradinhos dispostos em linhas e colunas.

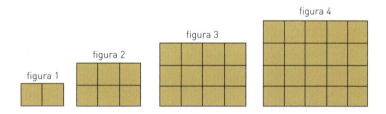

a) Copiem e completem o quadro a seguir.

Figura	1ª	2ª	3ª	4ª	5ª	6ª
Número de quadradinhos						

b) Expliquem como essa sequência é formada.

c) Se representarmos por *n* o número de linhas de uma figura qualquer, qual expressão representará:
- o número de colunas da figura?
- o número total de quadradinhos que formam a figura?

4 Elabore uma sequência de acordo com as instruções abaixo.

I. Informe qual será o primeiro termo da sequência.

II. Informe a regra de formação dessa sequência a partir do primeiro termo.

III. Escreva os 10 primeiros termos da sequência.

IV. Apresente a um colega apenas o primeiro termo da sequência e a regra de formação. Peça que ele escreva os 10 primeiros termos da sequência para verificar se ele obtém a mesma sequência que você elaborou.

5 Quadradinhos de mesmo tamanho foram dispostos para formar a sequência a seguir.

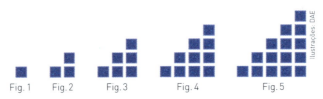
Fig. 1   Fig. 2   Fig. 3   Fig. 4   Fig. 5

a) Escreva a sequência formada pelas quantidades de quadradinhos nessas 5 figuras.

b) Qual será o 6º termo dessa sequência?

c) Qual será o 7º termo dessa sequência?

d) Quantos quadradinhos aumentam da figura 1 para a figura 2? E da figura 2 para a 3? E da figura 3 para a 4? E da figura 4 para a 5?

6 Observe a sequência formada pelo empilhamento de cubinhos de mesmo tamanho em camadas.

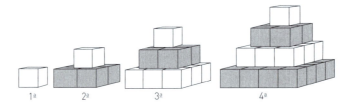
1ª   2ª   3ª   4ª

A quantidade de cubinhos em cada figura da sequência pode ser assim determinada:

1ª figura ⟶ 1^2
2ª figura ⟶ $1^2 + 2^2$
3ª figura ⟶ $1^2 + 2^2 + 3^2$
4ª figura ⟶ $1^2 + 2^2 + 3^2 + 4^2$

Responda:

a) Que quantidade de cubinhos haverá na 5ª figura dessa sequência?

b) Qual figura apresentará 506 cubinhos?

7 Para escrever os 10 primeiros termos da sequência, interprete as regras.

1º termo = 1   2º termo = 1

Regra para os demais termos:

A partir do 3º termo, cada termo é o dobro da soma dos dois termos imediatamente anteriores.

CAPÍTULO 20
Sistemas de equações do 1º grau

Resolução de sistemas de equações do 1º grau com duas incógnitas

Mateus adora inventar problemas!

Certa ocasião, ele estava em um estacionamento, ao lado de um campo de futebol, e resolveu contar todos os pneus das motocicletas e dos carros que estavam estacionados.

Após a contagem, Mateus chegou à conclusão de que havia ao todo 124 pneus. Ele inventou, então, o seguinte problema:

"Em um estacionamento, em determinado momento, havia motocicletas e carros com um total de 124 pneus, sem contar os estepes. Quantos eram os carros e quantas eram as motocicletas?"

Vista aérea de um estacionamento.

Observe que não sabemos o total de carros nem o total de motocicletas. Conhecemos apenas o total de pneus desses veículos. Nesse problema, há duas quantidades desconhecidas, ou seja, duas incógnitas. Estamos, portanto, diante de uma situação que envolve uma equação com duas incógnitas.

Responda:
1. Se você representar pela letra x o número de carros e pela letra y o número de motos, qual equação representaria a situação?
2. Os dados fornecidos são suficientes para você solucionar o problema inventado por Mateus?

Retornando à situação proposta, ao considerar que o número de carros é x e o número de motos é y, verifique se você chegou à equação abaixo pela observação do número de pneus em cada um dos veículos.

pneus de motocicleta
$$4 \cdot x + 2 \cdot y = 124$$
pneus de carros

Observe que nessa equação aparecem duas incógnitas. Será necessário mais uma informação para que possamos descobrir quantos são os carros e quantas são as motocicletas no estacionamento. Vamos então supor que Mateus deu mais uma pista para resolver o problema:

"O número de motocicletas supera o número de carros em 17".

Como o número de carros é representado pela letra x e o número de motocicletas pela letra y, temos uma nova equação com as mesmas incógnitas:

$$y = x + 17$$

Devemos determinar um valor de x e um valor de y que satisfaçam as duas equações simultaneamente. Representamos essa situação por um sistema:

$$\begin{cases} 4x + 2y = 124 \\ y = x + 17 \end{cases}$$

> Quando duas equações com duas incógnitas devem ser satisfeitas simultaneamente, temos um **sistema de duas equações e duas incógnitas**.

Vamos voltar ao sistema considerando que, na 2ª equação, a incógnita y está isolada da incógnita x. Assim, podemos substituir a 2ª equação na 1ª equação:

$$\begin{cases} 4x + 2y = 124 \\ y = x + 17 \end{cases}$$

$$4x + 2 \cdot (x + 17) = 124$$
$$4x + 2x + 34 = 124$$
$$6x + 34 - 34 = 124 - 34$$
$$6x = 90$$
$$\frac{6x}{6} = \frac{90}{5}$$
$$x = 15$$

Calculamos quantos são os carros. Assim, podemos determinar o número de motocicletas substituindo, em uma das duas equações, a incógnita x por 15. Vamos substituí-la na 2ª equação:

$$y = x + 17$$
$$y = 15 + 17$$
$$y = 32$$

Portanto, há 15 carros e 32 motocicletas.

O sistema foi resolvido pelo **método da substituição**.

Vejamos outro exemplo.

Resolva o sistema: $\begin{cases} x + y = 11 \\ 3x - 2y = 23 \end{cases}$

> **Método da substituição**
>
> Para resolver um sistema com duas equações a duas incógnitas, isola-se uma incógnita em uma equação e substitui-se o resultado obtido na outra equação.

192

- Vamos isolar uma das incógnitas em uma das equações. Optamos por isolar y na 1ª equação e substituir esse resultado na 2ª equação, ou seja:

$$\begin{cases} x + y = 11 \Leftrightarrow y = 11 - x \\ 3x - 2y = 23 \end{cases}$$

$$3x - 2 \cdot (11 - x) = 23$$
$$3x - 22 + 2x = 23$$
$$5x - 22 + 22 = 23 + 22$$
$$5x = 45$$
$$\frac{5x}{5} = \frac{45}{5}$$
$$x = 9$$

- Esse resultado poderá ser substituído em uma das duas equações dadas para determinar o valor da outra incógnita. Vamos substituir na 2ª equação (poderia ser na 1ª equação):

$$3 \cdot 9 - 2y = 23$$
$$27 - 2y - 27 = 23 - 27$$
$$-2y = -4$$
$$2y = 4$$
$$y = 2$$

Portanto, $x = 9$ e $y = 2$ representam os valores que são soluções do sistema.

Ao resolver um sistema formado por duas equações e duas incógnitas, podemos também utilizar um método um pouco diferente, que consiste em adicionar, sob certas condições, as duas equações simultaneamente. É o **método da adição**.

Observe como utilizar esse método na resolução de um sistema conforme o exemplo a seguir.

Resolva o seguinte sistema pelo método da adição:

$$\begin{cases} x + y = 15 \\ 3x - y = 33 \end{cases}$$

- Visto que a incógnita y apresenta coeficientes opostos nas duas equações, adicionam-se as equações membro a membro, obtendo uma nova equação que só tem a incógnita x, ou seja:

$$\begin{cases} x + y = 15 \\ 3x - y = 33 \end{cases}$$
$$4x = 48$$
$$\frac{4x}{4} = \frac{48}{4}$$
$$x = 12$$

> **Método da adição**
>
> Quando, num sistema de duas equações a duas incógnitas, uma mesma incógnita aparece com coeficientes opostos, adicionam-se as duas equações membro a membro, eliminando essa incógnita, o que resulta em uma equação com apenas uma incógnita.

- Como conhecemos o valor de uma das incógnitas, podemos substituir esse valor em uma das equações. Vamos substituir na 1ª equação (poderia ser na 2ª equação):

$$x + y = 15$$
$$12 + y = 15$$
$$12 + y - 12 = 15 - 12$$
$$y = 3$$

Portanto, $x = 12$ e $y = 3$ são os valores que representam a solução desse sistema.

Mesmo que no sistema os coeficientes de uma mesma incógnita não sejam opostos, é possível transformá-los de tal maneira que se tornem opostos. Verifique o próximo exemplo.

Resolva o seguinte sistema utilizando o método da adição: $\begin{cases} 2x + 5y = 51 \\ x + y = 12 \end{cases}$

- Se multiplicarmos, por exemplo, a 2ª equação por -2, os coeficientes de x nas duas equações serão opostos. Assim, podemos utilizar o método da adição:

$$\begin{cases} 2x + 5y = 51 \\ (x + y) \cdot (-2) = 12 \cdot (-12) \end{cases} \Leftrightarrow \begin{cases} 2x + 5y = 51 \\ -2x - 2y = -24 \end{cases}$$

- Adicionando, no sistema obtido, as duas equações membro a membro, obtemos:

$$\begin{cases} 2x + 5y = 51 \\ -2x - 2y = -24 \end{cases}$$
$$3y = 27$$
$$\frac{3y}{3} = \frac{27}{3}$$
$$y = 9$$

- Vamos substituir na 2ª equação:
$$x + y = 12$$
$$x + 9 = 12$$
$$x + 9 - 9 = 12 - 9$$
$$x = 3$$

Portanto, $x = 3$ e $y = 9$ são os valores que representam a solução do sistema.

Lembre-se:

A solução de um sistema formado por duas equações e duas incógnitas é um par de valores que satisfazem simultaneamente a ambas as equações.

Atividades

1 Encontre os valores de x e y que representam as soluções de cada uma das equações presentes nos sistemas. Resolva cada sistema pelo método da substituição.

a) $\begin{cases} 2x = y \\ 3x - y = 5 \end{cases}$

b) $\begin{cases} 5x - 8y = 4 \\ -5x + 10y = 0 \end{cases}$

c) $\begin{cases} -6x + 2y = 4 \\ 4x + y = -5 \end{cases}$

d) $\begin{cases} x + y = 1 \\ 4x + 2y = \dfrac{5}{2} \end{cases}$

e) $\begin{cases} 7x - 15y = -21 \\ x + y = -3 \end{cases}$

f) $\begin{cases} x + 2y = 14 \\ x + 4y = -30 \end{cases}$

2 Resolva cada um dos sistemas a seguir utilizando o método da adição.

a) $\begin{cases} x - y = -2 \\ x + y = -6 \end{cases}$

b) $\begin{cases} 2x + 3y = 12 \\ 2x + y = -6 \end{cases}$

c) $\begin{cases} x - 2y = -11 \\ x + 3y = -6 \end{cases}$

d) $\begin{cases} 4x - y = 0 \\ x - y = 15 \end{cases}$

e) $\begin{cases} x - 4y = 0 \\ 2x + 3y = 11 \end{cases}$

f) $\begin{cases} x - 2y = -4 \\ 5x - 2y = 20 \end{cases}$

3 Para manter a balança representada abaixo em equilíbrio, foram utilizados pesos de 200 e 20 gramas, além de maçãs e peras. Calcule a massa das frutas usando o sistema de equações e considerando que frutas iguais têm a mesma massa.

4 Douglas precisa comprar lápis e borrachas. Se ele comprar 2 lápis e 5 borrachas, gastará R$ 17,00. Mas, se ele resolver comprar 4 lápis e 2 borrachas, gastará R$ 18,00. Sabendo disso, determine o valor dos dois itens.

5 Em uma fazenda são criados 72 animais, cavalos e vacas. Sabe-se que há 8 cavalos a mais do que vacas. Com base nessa informação, calcule o número de cavalos e vacas na fazenda.

6 Um estacionamento cobra R$ 5,00 por carro e R$ 4,00 por moto estacionados. Sabendo que o estacionamento obteve uma renda de R$ 60,00 em determinado dia para um total de 14 veículos, calcule a quantidade de motos e carros que foram estacionados.

7 Miguel possui um total de 120 moedas, entre elas moedas de 25 e 5 centavos apenas. Somando-as, obtém-se um valor de R$ 12,60. Determine a quantidade de moedas de 25 e 5 centavos.

8 Pagou-se uma compra de R$ 1.520,00 com notas de R$ 100,00 e R$ 20,00, totalizando 40 cédulas. Com essas informações e com seu conhecimento sobre sistemas de equações, calcule a quantidade de notas de R$ 100,00 e R$ 20,00.

9 Elabore uma situação envolvendo cédulas de R$ 10,00 e R$ 50,00 e que possa ser resolvido por meio de um sistema de equações do 1º grau. Apresente o problema para que um colega resolva. Em seguida, verifique a resolução e a solução dele.

10 Em um jogo de futebol, compareceram ao estádio 30 mil pessoas no total. Sabendo que estavam presentes 10 mil sócios a menos que o triplo do número de não sócios, determine a quantidade de sócios que compareceram ao jogo.

Representação no plano cartesiano

Em uma reta numérica cada ponto é associado a um número e, reciprocamente, a cada número podemos associar um ponto.

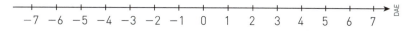

Se, a partir dessa reta, traçarmos outra perpendicular passando exatamente pelo ponto que representa o zero, dividiremos o plano, conforme a figura a seguir, em quatro partes. As duas retas perpendiculares serão os **eixos coordenados**. Qualquer ponto P será localizado no cruzamento de duas coordenadas: um valor de x e um valor de y.

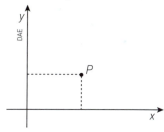

Numa malha quadriculada, a localização dos pontos do plano fica mais simples lembrando que no eixo x temos os valores positivos à direita e, à esquerda, os valores negativos. No eixo y, de modo análogo, temos os valores positivos para cima do eixo x e, para baixo, os negativos.

A seguir, algumas observações importantes a respeito do plano cartesiano.

- Os eixos x e y dividem o plano cartesiano em quatro **quadrantes**, conforme indicado ao lado.
- Os pontos que estão nos eixos coordenados não pertencem a nenhum dos quadrantes.
- O ponto de encontro dos eixos coordenados, representado por O (0, 0), é chamado de **origem** do sistema de coordenadas cartesianas.
- Dado um **par ordenado** (x, y) que corresponde a um ponto do plano cartesiano, x é chamado de **abscissa** do ponto e y é chamado de **ordenada** desse ponto.

Responda:
1. A qual quadrante podemos associar o ponto $P(-4, -5)$ no plano cartesiano?
2. O que podemos afirmar sobre um ponto que pertence ao eixo das abscissas?

Agora que retomamos algumas ideias do plano cartesiano, podemos ampliar esse conhecimento observando que qualquer equação do 1º grau com duas incógnitas **x** e **y** poderá ser representada por meio de uma reta no plano cartesiano. Vamos exemplificar!

Represente no plano cartesiano os pontos que satisfazem a equação $x - 2y = 3$.

- Se a equação apresenta duas incógnitas, podemos, por exemplo, atribuir valores a uma delas e obter os correspondentes valores para outra. Assim, obtemos pares ordenados, isto é:

$$x - 2y = 3 \longrightarrow (x, y)$$
$$y = -1 \longrightarrow x - 2 \cdot (-1) = 3 \longrightarrow x = 1 \longrightarrow (1, -1)$$
$$y = 0 \longrightarrow x - 2 \cdot 0 = 3 \longrightarrow x = 3 \longrightarrow (3, 0)$$
$$y = 1 \longrightarrow x - 2 \cdot 1 = 3 \longrightarrow x = 5 \longrightarrow (5, 1)$$
$$y = 2 \longrightarrow x - 2 \cdot 2 = 3 \longrightarrow x = 7 \longrightarrow (7, 2)$$

- Como cada par ordenado corresponde a um ponto no plano cartesiano, localizamos e ligamos esses pontos por meio de uma reta, conforme o gráfico abaixo.

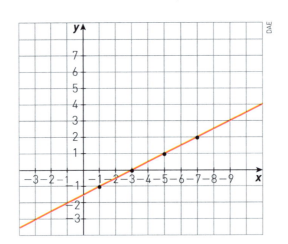

Atividades

1) Construa um plano cartesiano e represente os pontos correspondentes aos seguintes pares ordenados:

A = (−10, 2)   D = (4, 6)   G = (−4, 0)
B = (10, 4)   E = (7, −5)   H = (−5, −6)
C = (−4, −6)   F = (0, 4)

2) Em um mesmo plano cartesiano, represente os pontos A = (0, 4); B = (−2, 4); C = (7, 4) e D = (8, 4) e, depois, responda às questões.

a) O que esses pontos têm em comum?

b) Esses pontos estão alinhados?

3) Reproduza o plano cartesiano a seguir e represente com pontos os pares ordenados que satisfazem a equação $x + y = 8$. Sugestão: atribua valores a x e determine os valores para y em correspondência.

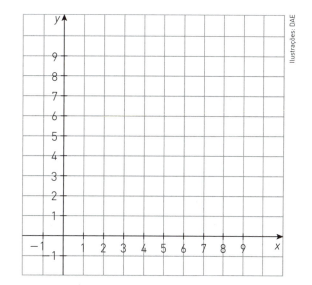

4) Reproduza em uma folha quadriculada o plano cartesiano ao lado e represente com pontos os pares ordenados que satisfazem a equação $x - y = 4$. Sugestão: atribua valores a x e determine os valores para y em correspondência.

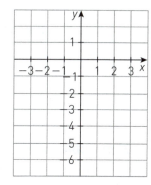

5) Junte-se a um colega e escrevam, como no exemplo anterior, uma equação do 1º grau com duas incógnitas x e y. Depois, representem a reta correspondente num plano cartesiano desenhado numa folha quadriculada.

6) Utilize uma folha de papel quadriculado e faça o que se pede a seguir.
1. Represente um plano cartesiano.
2. Trace a reta correspondente à equação $x - y = 0$.
3. No mesmo plano, represente a reta correspondente à equação $x + y = 0$.

Agora responda: Em que ponto do plano cartesiano essas retas se encontram?

Interpretação geométrica de um sistema de equações do 1º grau com duas incógnitas

Vimos anteriormente que, a partir de uma equação do 1º grau com duas incógnitas, podemos localizar pontos no plano cartesiano. Esses pontos pertencem a uma mesma reta. Veremos agora uma interpretação geométrica associando a cada equação do 1º grau com duas incógnitas uma reta no plano, como fizemos anteriormente.

Observe, por exemplo, que num mesmo plano cartesiano estão representadas duas retas de equações:
$$-x - y = -2 \text{ e } x - y = -2.$$

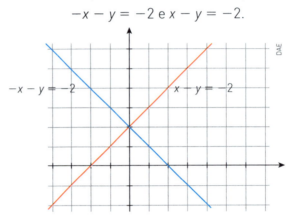

Responda:
1. Essas duas retas apresentam um ponto em comum. Quais são as coordenadas desse ponto?
2. O que as coordenadas desse ponto representam em relação ao sistema formado pelas correspondentes equações dessas retas?

Considerando duas retas representadas em um mesmo plano cartesiano, podemos dizer que existem três possibilidades para as posições relativas dessas duas retas.

1ª possibilidade

Quando duas retas no plano cartesiano têm um único ponto em comum, dizemos que elas são **concorrentes**.

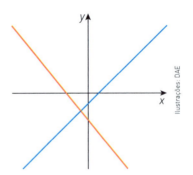

2ª possibilidade

Quando duas retas no plano cartesiano não têm nenhum ponto em comum, dizemos que elas são **paralelas**.

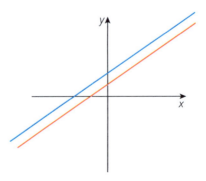

3ª possibilidade

Quando duas retas no plano cartesiano têm infinitos pontos em comum, dizemos que elas são **coincidentes**.

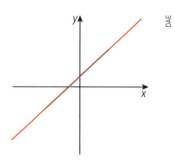

Quando estamos diante de um sistema formado por duas equações do 1º grau com duas incógnitas (x e y), a solução do sistema, caso exista e seja única, representará o ponto de encontro das retas associadas às duas equações.

A seguir apresentamos três exemplos para que você observe essas possibilidades. Analise cada um desses exemplos e troque ideias com os colegas a respeito.

Exemplo 1

Resolva e interprete, no plano cartesiano, o sistema: $\begin{cases} x + y = 4 \\ x - y = 2 \end{cases}$

- Inicialmente, utilizaremos o método da adição para resolver o sistema.

$$\begin{cases} x + y = 4 \\ x - y = 2 \end{cases}$$
$$\overline{ 2x = 6 }$$
$$x = 3 \longrightarrow y = 1$$

- Atribuindo valores para uma das variáveis, obtemos pares ordenados e representamos as retas correspondentes no plano cartesiano.

x + y = 4

x	y	(x, y)
0	4	(0,4)
1	3	(1,3)
3	1	(3,1)

x − y = 2

x	y	(x, y)
1	−1	(1, −1)
3	1	(3,1)
4	2	(4,2)

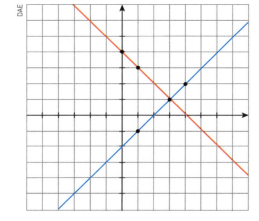

> Em um sistema formado por duas equações do 1º grau com incógnitas x e y, quando apresenta **apenas uma solução**, é interpretado como o ponto de encontro das duas retas que representam as respectivas equações. A solução é um par ordenado, e as retas são ditas **concorrentes**. Dizemos que o sistema é **possível e determinado**.

Exemplo 2

Resolva e interprete, no plano cartesiano, o sistema: $\begin{cases} x + y = 2 \\ 2x + 2y = 4 \end{cases}$

- Inicialmente, resolvemos o sistema. Vamos multiplicar a primeira equação por -2 e utilizar o método da adição.

$$\begin{cases} x + y = 2 \\ 2x + 2y = 4 \end{cases} \longrightarrow \begin{cases} -2x - 2y = -4 \\ 2x + 2y = 4 \end{cases}$$
$$\overline{ 0 = 0 }$$

- Note que, ao adicionar essas duas equações membro a membro, chegamos a uma igualdade que é sempre verdadeira. Dizemos que o sistema apresenta infinitas soluções. Atribuindo valores para uma das variáveis, obtemos pares ordenados e representamos as retas correspondentes no plano cartesiano.

$x + y = 2$

x	y	(x, y)
0	2	(0,2)
1	1	(1,1)
2	0	(2,0)

$2x + 2y = 4$

x	y	(x, y)
0	2	(0,2)
1	1	(1,1)
2	0	(2,0)

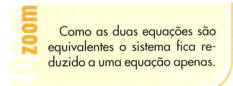

zoom Como as duas equações são equivalentes o sistema fica reduzido a uma equação apenas.

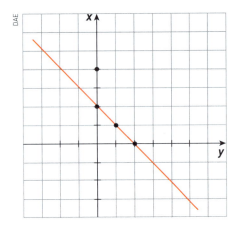

Um sistema formado por duas equações do 1º grau nas incógnitas **x** e **y**, quando apresenta **infinitas soluções**, é interpretado como duas retas **coincidentes**. Dizemos que o sistema é **possível e indeterminado**.

Exemplo 3

Resolva e interprete, no plano cartesiano, o sistema: $\begin{cases} x + y = 2 \\ x + y = 4 \end{cases}$

- Inicialmente, resolvemos o sistema. Vamos multiplicar a segunda equação por -1 e utilizar o método da adição.

$$\begin{cases} x + y = 2 \\ x + y = 4 \end{cases} \longrightarrow \begin{cases} x + y = 2 \\ -x - y = -4 \end{cases}$$
$$\overline{ 0 = -2 } \longrightarrow \text{O que é um absurdo.}$$

- Note que, ao adicionar essas duas equações membro a membro, chegamos a uma igualdade que não é verdadeira. Dizemos que o sistema não apresenta solução. Atribuindo valores para uma das variáveis em cada equação, obtemos pares ordenados e representamos as retas correspondentes no plano cartesiano.

x + y = 2

x	y	(x, y)
0	2	(0,2)
1	1	(1,1)
2	0	(2,0)

x + 4 = 4

x	y	(x, y)
0	4	(0,4)
1	3	(1,3)
2	2	(2,2)

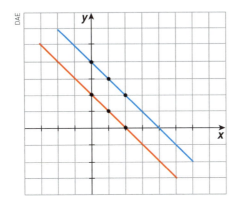

> Quando um sistema formado por duas equações do 1º grau nas incógnitas x e y **não apresenta solução**, é interpretado como duas retas **paralelas**. Dizemos que o sistema é impossível.

Atividades

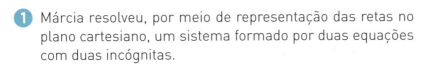

1. Márcia resolveu, por meio de representação das retas no plano cartesiano, um sistema formado por duas equações com duas incógnitas.

   Responda às perguntas:

   a) Para que valores de x e de y as equações são verificadas simultaneamente?

   b) Quantos pontos em comum têm as duas retas?

   c) Qual é o par ordenado que representa a interseção das duas retas no plano cartesiano?

2. Determine graficamente o ponto que representa a solução de cada um dos seguintes sistemas escrevendo as coordenadas do ponto.

   a) $\begin{cases} x + y = 5 \\ x - y = 3 \end{cases}$

   b) $\begin{cases} 2x + y = 6 \\ x - y = 0 \end{cases}$

   c) $\begin{cases} 4x + y = 0 \\ 2x + y = 8 \end{cases}$

   d) $\begin{cases} 3x - y = 10 \\ x - y = 2 \end{cases}$

   e) $\begin{cases} 2x + y = 7 \\ 6x - y = 9 \end{cases}$

   f) $\begin{cases} x + y = 0 \\ x - y = 0 \end{cases}$

3 Represente em um mesmo plano cartesiano cada uma das retas correspondentes às equações do seguinte sistema:

$$\begin{cases} x + y = 4 \\ x + y = 6 \end{cases}$$

Agora, responda às questões.

a) Quantos pontos em comum as retas têm?

b) Quantas soluções o sistema apresenta?

c) Qual é a classificação desse sistema?

4 Represente no mesmo plano cartesiano cada uma das retas correspondentes às equações do sistema:

$$\begin{cases} x - y = 4 \\ 2x - 2y = 8 \end{cases}$$

Depois responda às perguntas.

a) Quantos pontos em comum têm as retas?

b) Quantas soluções o sistema apresenta?

c) Qual é a classificação desse sistema?

5 No plano cartesiano a seguir estão representados os gráficos de algumas equações formadas por duas incógnitas.

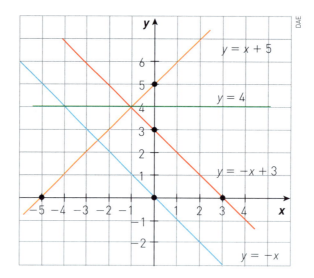

Observe-os atentamente e interprete a solução de cada um dos sistemas.

a) $\begin{cases} y = x + 5 \\ y = 4 \end{cases}$

b) $\begin{cases} y = x + 5 \\ y = -x + 3 \end{cases}$

c) $\begin{cases} y = -x + 3 \\ y = -x \end{cases}$

d) $\begin{cases} y = -x \\ y = 4 \end{cases}$

6 Responda às perguntas.

a) Como denominamos um sistema que apresenta apenas uma solução?

b) E quando o sistema apresenta infinitas soluções?

c) E quando não tem solução?

7 Num mesmo plano cartesiano, represente cada uma das retas correspondentes às equações do sistema:

$$\begin{cases} x + 2y = 2 \\ x + 2y = 8 \end{cases}$$

Depois responda às perguntas.

a) Quantos pontos em comum têm as retas?

b) Quantas soluções o sistema apresenta?

c) Qual é a classificação desse sistema?

8 Num mesmo plano cartesiano, represente cada uma das retas correspondentes às equações do sistema:

$$\begin{cases} x + y = 3 \\ 2x + 2y = 6 \end{cases}$$

Agora responda às perguntas.

a) Quantos pontos em comum têm as retas?

b) Quantas soluções o sistema apresenta?

c) Qual é a classificação desse sistema?

9 Num mesmo plano cartesiano estão representadas as retas correspondentes às equações do sistema. Veja ao lado.

Com base no gráfico e no sistema, faça o que se pede.

a) Resolva o sistema.

b) Obtenha as coordenadas do ponto A.

c) Obtenha as coordenadas do ponto B.

d) Obtenha as coordenadas do ponto C.

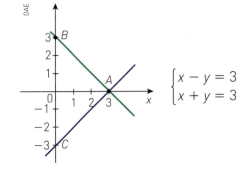

$$\begin{cases} x - y = 3 \\ x + y = 3 \end{cases}$$

10 Considerando ainda a atividade anterior, determine a área do triângulo ABC em unidades de área.

11 Junte-se a um colega e façam a atividade conforme instruções a seguir.

Instruções:

I. Representem numa folha quadriculada um plano cartesiano e as retas de equações:

$$y = 2x;\ y = 2x + 8\ e\ y = -3x - 2$$

II. Com base nas equações das retas, reescrevam:

a) um sistema impossível;

b) um sistema possível e indeterminado;

c) um sistema possível e determinado.

III. Elaborem um problema que possa ser resolvido por meio de um sistema com duas equações do 1º grau a duas incógnitas. Esse problema deverá ter apenas uma solução, isto é, ele deverá ser possível de ser determinado.

CAPÍTULO 21 — Equações do 2º grau

Equações e problemas

Até o presente capítulo, você se deparou com problemas que envolviam uma equação do 1º grau ou sistemas de equações do 1º grau com duas incógnitas. Entretanto, há situações em que a solução ou as soluções são obtidas por meio de equações com uma incógnita com expoente quadrado. São as chamadas equações do 2º grau.

Antes de apresentar essas situações, vamos considerar a seguinte equação:

$$x^2 = 100$$

↳ Um número que elevado ao quadrado apresenta resultado 100.

Responda:
1. Quais números você conhece que, elevando ao quadrado, resultam no número 100?
2. Então, quantas soluções tem a equação $x^2 = 100$?

Considere a situação a seguir.

A área de um retângulo é igual a 256 cm². Sabe-se que a medida de um lado é o quádruplo da medida do outro lado. Determine as medidas de cada um dos lados desse retângulo.

- Vamos considerar que a medida do lado menor seja representada por x. Dessa forma, a medida do lado maior será representada por $4x$ (como indica a figura).

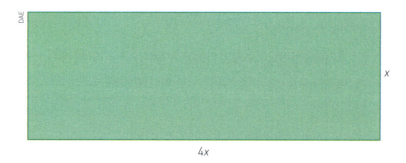

- Considerando que a área do retângulo é o produto das medidas dos dois lados, podemos escrever a seguinte equação:

$$4x \cdot x = 256 \text{ ou } 4x^2 = 256$$

- Assim como procedemos com equações do 1° grau, vamos isolar a incógnita x no primeiro membro da igualdade, isto é:

$$4x \cdot x = 256$$
$$4x^2 = 256$$
$$\frac{4x^2}{4} = \frac{256}{4}$$
$$x^2 = 64$$

- Há dois números que, elevados ao quadrado, resulta em 64, 8 e -8. Indicamos da seguinte maneira:

$$x^2 = 64$$
$$x = \pm\sqrt{64}$$
$$x = \pm 8$$

- Assim, 8 e -8 são as soluções da equação $4x^2 = 256$. Como queremos obter a medida de cada um dos lados, x deve ser positivo. Logo, um dos lados mede 8 cm ($x = 8$) e o outro será igual a 32 cm ($4 \cdot x = 4 \cdot 8$)

> Uma equação do 2° grau escrita na forma $ax^2 = b$, em que a é diferente de zero, pode ser resolvida isolando-se x.

Exemplo

Resolva a equação $9x^2 - 81 = 0$.

- Vamos isolar o termo que tem x elevado ao quadrado no primeiro membro dessa igualdade, isto é:

$$9x^2 - 81 = 0$$
$$9x^2 = 81$$
$$\frac{9x^2}{9} = \frac{81}{9}$$
$$x^2 = 9$$

- Existem dois números que, elevados ao quadrado, resultam em 9: 3 e -3. Isso pode ser indicado na equação da seguinte maneira:

$$x^2 = 9$$
$$x = \pm\sqrt{9}$$
$$x = \pm 3$$

Portanto, as soluções da equação do 2° grau apresentada são 3 e -3.

Responda:
1. Resolver a equação do $x^2 = 144$ é o mesmo que calcular $\sqrt{144}$?
2. Quantos números que, elevados ao quadrado, resultam em 900?
3. Qual é o valor de $\sqrt{900}$?

Nem sempre uma equação do 2° grau na forma $ax^2 = b$ apresenta solução.
Observe isso no exemplo da página seguinte.

Exemplo

Existe um número que, elevado ao quadrado e somado ao número 169, resulta em zero?

- Vamos considerar que *x* representa o número desconhecido. Assim, conforme o enunciado, podemos escrever a seguinte equação:

$$x^2 + 169 = 0$$

- Ao isolar *x* no primeiro membro da equação acima, ficamos com:

$$x^2 = -169$$

Qual é o número que você conhece que elevado ao quadrado resulta em um número negativo?

Dizemos que a equação acima não apresenta solução dentro dos conjuntos numéricos trabalhados, pois, já vimos que um número elevado ao quadrado nunca poderá resultar em um número negativo, logo a resposta a essa pergunta é negativa.

Atividades

1) Resolva cada uma das seguintes equações do 2º grau obtendo os valores de *x*:

a) $2x^2 = 18$

b) $10x^2 = 1\,000$

c) $x^2 = 400$

d) $625 = x^2$

2) Sabe-se que o quadrado da medida do lado de um quadrado corresponde a sua área.

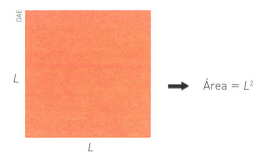

Área = L^2

Qual é a medida do lado do quadrado cuja área é igual a:

a) 49 cm²?

b) 0,49 cm²?

c) 1,44 m²?

d) 0,01 m²?

3) Existem dois valores de x que podem ser escritos no lugar da letra *x* em cada equação. Determine-os, com o auxílio da calculadora.

a) $x^2 = \dfrac{16}{9}$

b) $x^2 = 0,04$

c) $x^2 = \dfrac{144}{49}$

d) $x^2 = 0,09$

4 Ao fazer a planificação de um cubo, Joaquim obteve 6 quadrados. Considerando que a área da figura abaixo é 216 cm², quanto mede cada lado do quadrado?

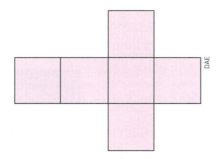

5 Elabore um problema parecido com o anterior mudando a medida da área total. Resolva esse problema e apresente o enunciado e sua resolução para os demais colegas.

6 Junte-se a um colega para identificar a equação e resolver cada um dos seguintes problemas, com o auxílio da calculadora.

   I. O dobro do quadrado de um número é igual a 128. Qual é o número?

   II. A soma do quadrado de um número com 22 resulta em 23. Qual é o número procurado?

   III. O quadrado de um número é igual ao quádruplo de 9. Determine esse número.

7 Ainda com seu colega, elaborem três problemas similares aos anteriores cujas equações sejam do 2º grau. Resolvam-nos e apresentem-nos a outra dupla de colegas para que ela também os resolva. Ao final, verifique se as soluções obtidas por eles foram as mesmas obtidas por você e seu colega.

8 Abaixo está representado um quadrado A, um retângulo B e um segundo retângulo C. Sabe-se que as três figuras têm a mesma altura. A base do retângulo B é o dobro da medida do lado do quadrado A, e a base do retângulo C é o triplo da medida do lado do quadrado A. Sabe-se ainda que a soma das áreas dessas três figuras é igual a 600 cm².

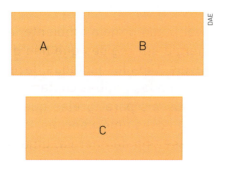

  a) Escreva a equação que representa a situação.
  b) Determine a medida do lado do quadrado A.
  c) Determine as medidas das bases dos retângulos B e C.

9 Responda:
  a) Toda a equação do 2º grau da forma $ax^2 = b$ apresenta solução?
  b) Existe um número natural que, elevado ao quadrado, resulta no número 16?
  c) Existe um número natural que, elevado ao quadrado, resulta no número −16?

Energia em foco

Você sabe de onde vem a energia que usamos para acender a luz? Ou então que mantém uma cidade inteira iluminada? Existem diferentes fontes de energia.

Energia renovável

Esse tipo de energia não agride o meio ambiente porque, para gerá-la, não se agride o meio ambiente. Veja a seguir exemplos de energias renováveis.

- Eólica – provém da força dos ventos.
- Solar – provém do calor e da luz do Sol.
- Geotérmica – obtida do calor interno do nosso planeta.
- Biomassa – obtida de matérias orgânicas.
- Hidrelétrica – provém da força dos rios.

Turbina eólica.

Energia não renovável

Esse tipo de energia é considerado poluente, pois sua utilização causa danos ao meio ambiente. Os recursos para produzir esse tipo de energia são abundantes, entretanto a energia gerada por eles não podem ser regeneradas porque se esgotam. Veja a seguir exemplos de energias não renováveis.

- Nuclear – são usados o urânio e o tório para produzi-las.
- Combustíveis – provém do petróleo, do carvão e do gás mineral.

Torre de resfriamento de uma usina nuclear.

Embora a energia não renovável polua o meio ambiente, ela permite o uso de geradores de energia em regiões que não dispõem de fontes de energia renováveis. Cidades isoladas, fazendas ou até mesmo escolas de determinadas regiões contam com geradores movidos a combustíveis fósseis para tarefas que demandam energia, bem como para situações emergenciais, conscientizando-se de como consumir esse tipo de energia, uma vez que ela agride o meio ambiente.

1. Você já viu algum tipo de gerador de energia? Descreva-o e compartilhe essas informações com os colegas.

2. Uma escola localizada entre montanhas conta com um gerador movido a combustível fóssil. O tempo t de duração, em horas, desse gerador, de acordo com a capacidade C do tanque em litros, é descrito, segundo o fabricante, pela expressão $C = -t^2 + 8t$.

a) Verifique se há combustível para esse gerador funcionar por 6 horas.

b) E por 9 horas?

c) Qual é o limite de tempo de funcionamento desse gerador? Utilize a calculadora.

De olho no legado

Frutas típicas

Tucumã

O Tucumã (*Astrocaryum vulgare Mart.*), fruto de uma palmeira amazônica, de polpa grudenta e fibrosa, [...] é riquíssimo em vitamina A, tendo a vitamina 90 vezes mais que o abacate e 3 vezes superior a da cenoura, possuindo também alto teor de vitamina B (tiamina) e alto teor de vitamina C, rivalizando com os cítricos.

[...]

O tucumã é espécie nativa do norte da América do Sul, possivelmente do Pará, onde tem seu centro de dispersão. Distribuído até a Guiana Francesa e Suriname.

Fruto do tucumanzeiro, palmeira que chega a alcançar 10m de altura. Essa palmeira produz cachos com numerosos frutos de formato ovóide, casca amarelo-esverdeada e polpa fibrosa, amarela, oleaginosa característica, que reveste o caroço.

Tucumã

Fonte: Disponível em: <www.amazoniadeaaz.com.br/sem-categoria/o-que-e-tucuma/>. Acesso em: set. 2018.

Buriti

Pertencente a família palmáceas, o buriti (*Mauritia vinifera e M. flexuosa*) predomina numa extensa área que cobre praticamente todo o Brasil central e o sul da planície amazônica.

Espécie de porte elegante, seu caule pode alcançar até 35 metros de altura. Folhas grandes, formam uma copa arredondada. Flores de coloração amarelada, surgem de dezembro a abril. Seus frutos em forma de elipsóide, castanho-avermelhado, possuem uma superfície revestida por escamas brilhantes. A polpa amarela cobre uma semente oval dura e amêndoa comestível. Frutifica de dezembro a junho. [...] Da polpa de seus frutos é extraído um óleo comestível que possui altos teores de vitamina A. [...]

Buriti

Fonte: Disponível em: <www.amazoniadeaaz.com.br/cidades/o-que-e-buriti/>. Acesso em: set. 2018.

Por todos os benefícios que o tucumã e o buriti oferecem, essas frutas são consumidas tanto por comunidades locais quanto por turistas que se interessam por elas.

Discuta com os colegas estas questões:

1. Você já conhecia o tucumã e o buriti? Já provou o sabor desses frutos?

2. Uma viajante desejava comprar uma cesta de cada fruta, então o vendedor, que se divertia fornecendo o preço das cestas com o uso da Matemática, informou o valor da seguinte maneira:

"Se você comprar uma cesta de tucumã e duas de buriti, o preço é R$ 13,00; e se você comprar duas cestas de tucumã e uma de buriti, então o preço é R$ 17,00."

Descubra o preço da cesta de tucumã e da cesta de buriti informado pelo comerciante. Uma dica é buscar um sistema de equações com as informações disponíveis.

Retomar

1) A solução da equação $x + \dfrac{1}{2} = \dfrac{x-1}{3}$ é um número:
   a) natural.
   b) inteiro.
   c) racional.
   d) irracional.

2) Um número é adicionado ao seu dobro, seu resultado é o menor número natural com dois algarismos. A equação que pode representar essa situação é:
   a) $x + 2x = 10$
   b) $x + 2x = -10$
   c) $x + 2x = 100$
   d) $x - 2x = 100$

3) O valor de x na equação $6x - y = 10$, considerando que $y = 2$, é:
   a) $x = 0$
   b) $x = 1$
   c) $x = 2$
   d) $x = 3$

4) O dobro de um número adicionado à sua terça parte resulta em 45. A equação que representa essa situação é:
   a) $2x + \dfrac{1}{3} = 45$
   b) $2x + \dfrac{1}{3}x = 45$
   c) $2x - \dfrac{1}{3} = 45$
   d) $2x - \dfrac{1}{3}x = 45$

5) Em uma lanchonete, 2 copos de suco de fruta e 3 pães recheados custam R$ 5,70. Além disso, o preço de 3 copos de suco e de 5 pães recheados é R$ 9,30. O preço de cada copo de suco é:
   a) R$ 0,90
   b) R$ 0,85
   c) R$ 0,70
   d) R$ 0,60

6) Doze anos atrás, Larissa tinha a metade da idade de Marcelo. Hoje Marcelo tem 9 anos a mais do que Larissa. Qual é a idade de Marcelo?

7) Ao adicionar 5 aos três meios de um número, o resultado é o mesmo que adicionar 3 aos quatro quintos desse mesmo número. Que número é esse?

8) Em um retângulo, o perímetro é igual a 92 cm. Determine as medidas dos lados desse retângulo considerando que o comprimento é 8 cm a mais que a largura.

9) Determine um número sabendo que o dobro desse número, mais sua terça parte e mais sua quarta parte somam 31.

10) Três filhos recebem do pai, no Natal, uma quantia em dinheiro. O mais velho recebe o dobro do que o segundo, e este, o dobro do que recebe o mais moço. Considerando que a quantia dos três soma R$ 700,00, determine quanto recebe cada um deles.

11) O tanque de um carro contém 40 litros de gasolina, o que representa 80% da capacidade dele. Qual é a capacidade total do tanque?

12 Marcos e Paula estavam conversando sobre a resolução de enigmas e problemas. Marcos então disse a Paula:

– Pense em um número. Dobre esse número, some 12 ao resultado, divida o novo resultado por 2. Quanto deu?
Paula respondeu:
– Deu 15.

Com base nesse resultado, Marcos adivinhou o número que Paula havia pensado inicialmente. Calcule esse número.

13 Num estacionamento há automóveis e motocicletas. No total, são 17 veículos e 58 rodas de veículos. O número total de motocicletas é:

a) 5
b) 6
c) 8
d) 15

14 O primeiro termo de uma sequência numérica é 3. A regra de formação da sequência é: cada termo, a partir do 2º, é o dobro do termo imediatamente anterior. Assim, o 4º termo dessa sequência é:

a) 6
b) 12
c) 24
d) 48

15 Que quantidade de pequenos retângulos formará a figura 6 da sequência abaixo?

Figura 1

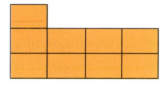
Figura 2

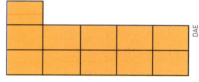
Figura 3

a) 11
b) 13
c) 15
d) 17

16 Ao interpretar um sistema formado por duas equações e duas incógnitas, duas retas concorrentes foram representadas no plano cartesiano. Então, é correto afirmar que esse sistema:

a) é impossível.
b) apresenta apenas uma solução.
c) apresenta infinitas soluções.
d) apresenta mais de uma solução.

17 No plano cartesiano dado, estão representadas as retas correspondentes a um sistema formado por duas equações e duas incógnitas, x e y. A solução desse sistema é:

a) $x = 3$
b) $x = 2$
c) $x = 3$ e $y = 2$
d) $x = 2$ e $y = 3$

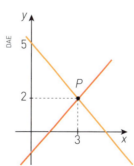

18 Considerando que a balança está em equilíbrio, assinale a alternativa que indica corretamente a massa do pacote de arroz.

a) 2 kg
b) 3 kg
c) 4 kg
d) 5 kg

19 Se minha idade atual é igual a x e a de meu pai é igual a y, daqui a 20 anos nossas idades serão:

a) $x + 10$ e $y + 10$
b) $x + 20$ e $y + 10$
c) $x + 20$ e $y + 20$
d) $x + 2$ e $y + 2$

20 Se a diferença entre as idades de meus pais atualmente é de 5 anos, qual será essa diferença daqui a 20 anos?

a) 25 anos
b) 15 anos
c) 20 anos
d) 5 anos

21 Adicionando-se 5 ao triplo do quadrado de um número x, obtém-se 32. A equação do 2º grau que representa essa situação é:

a) $3x^2 + 5 = 32$
b) $x^2 + 5 = 32$
c) $3(x^2 + 5) = 32$
d) $3 + x^2 + 5 = 32$

22 A equação da atividade anterior apresenta:

a) apenas uma solução.
b) duas soluções positivas.
c) duas soluções negativas.
d) duas soluções opostas.

23 Os dois pratos da balança estão em equilíbrio.

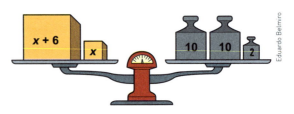

Assim, o valor de x que torna verdadeira tal situação é:

a) $x = 7$
b) $x = 6$
c) $x = 8$
d) $x = 9$

24 (Saresp) A nota que Tonico recebeu em Ciências é o dobro da nota de Taís, mais 3 pontos. Já a nota de Raul é o triplo da de Taís e a mesma recebida por Tonico. A expressão que representa a relação entre as notas desses alunos é:

a) $2x = 3x + 3$ e $x = 2$.
b) $2x + 3 = 3x$ e $x = 3$.
c) $2x + 3x = 3$ e $x = 2$.
d) $3x + 3 = 2x$ e $x = 2$.

25 (OBM) Ana, Esmeralda e Lúcia têm, juntas, 33 reais. Ana e Esmeralda, juntas, têm 19 reais, e Esmeralda e Lúcia, juntas, têm 21 reais. Quantos reais tem Esmeralda?

a) 6
b) 7
c) 10
d) 12
e) 14

26 (Obmep) Em uma loja, os preços dos produtos terminam sempre em 99 centavos. Por exemplo, R$ 0,99, R$ 1,99, R$ 2,99, ... Juca pagou R$ 41,71 por uma compra nessa loja. Quantos produtos Juca comprou?

a) 31
b) 29
c) 21
d) 19
e) 9

27 Considere a seguinte expressão: $\dfrac{x^2 - 2xy}{x + y}$.

a) Determine o valor numérico dessa expressão para $x = 10$ e $y = 8$.
b) Determine o valor numérico dessa expressão para $x = -10$ e $y = 6$.

28 No retângulo abaixo, estão representadas as medidas de seus lados.

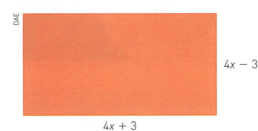

a) Escreva uma expressão algébrica que represente o perímetro desse retângulo.

b) Escreva uma expressão algébrica que represente a área desse retângulo.

29 Em relação ao retângulo representado na atividade anterior, determine o valor numérico:

a) do perímetro, quando $x = 2$;

b) do perímetro, quando $x = 10$;

c) da área, quando $x = 2$;

d) da área, quando $x = 10$.

30 Esta é uma sequência para formação de pares ordenados de pontos a serem localizados no plano cartesiano. Observe as instruções que explicam os deslocamentos:

- inicia-se no ponto $P_1(0, 0)$;
- desloca-se 1 unidade para a direita para obter o ponto $P_2(1, 0)$;
- do ponto $P_2(1, 0)$ desloca-se 1 unidade para cima para obter o ponto $P_3(1, 1)$;
- do ponto $P_3(1, 1)$ deslocam-se 2 unidades para a esquerda para obter o ponto $P_4(-1, 1)$;
- do ponto $P_4(-1, 1)$ deslocam-se 2 unidades para baixo para obter o ponto $P_5(-1, -1)$;
- do ponto $P_5(-1, -1)$ deslocam-se 3 unidades para a direita para obter o ponto $P_6(2, -1)$.

a) Escreva os comandos do ponto P_6 até o ponto P_{11}.

b) O que há em comum nas coordenadas dos pontos P_1, P_3, P_7 e P_{11}?

c) Quais serão as coordenadas dos pontos P_{12}, P_{13}, P_{14} e P_{15} dessa sequência?

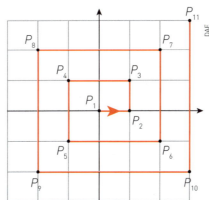

Ampliar

Encontros de primeiro grau,
de Luzia Faraco Ramos
(Ática)

Após sobreviver a um naufrágio, Wang passa a vida procurando a filha desaparecida. Um tempo depois ele conhece Rodrigo, um balconista que conta com a ajuda do novo amigo oriental para conquistar a jovem Carolina. Os problemas se iniciam quando a fábrica de produtos químicos do pai da garota começa a poluir o rio da cidade. Navegue por essa história de espionagem industrial, que mostra como podemos resolver uma série de problemas por meio de equações de 1º grau.

UNIDADE 8

Arquiteto utilizando instrumento de medida.

Antever

Inúmeros são os profissionais que se dedicam à elaboração de projetos de edifícios, estádios e tantas outras construções em uma cidade.

Construções geométricas e medidas

1. Quais profissionais que você conhece trabalham na elaboração de projetos com base em figuras geométricas?

2. Se você está olhando para a lousa e decide rotacionar 180° em torno de você mesmo, qual será sua nova posição em relação à lousa?

Engenheira agrimensora utilizando um teodolito, instrumento de precisão para medir ângulos horizontais e verticais.

CAPÍTULO 22
Construções geométricas

Construções de ângulos

Nos anos anteriores, você já participou de atividades de construções geométricas utilizando instrumentos para fazer desenhos. Neste capítulo, iremos retomar algumas dessas construções e propor outras. Descreveremos as etapas de cada uma para que você possa acompanhar e efetuar sua própria construção.

1ª construção

Mediatriz de um segmento utilizando régua e compasso.

Instruções

1. Com o auxílio de uma régua, represente um segmento AB de medida qualquer.
2. Utilizando um compasso com abertura maior do que a metade do comprimento AB, trace dois arcos: um com a ponta seca em A e outro com a ponta seca em B.

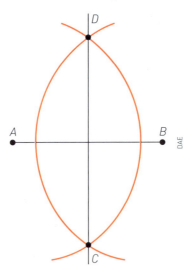

3. Esses arcos, conforme figura acima, vão se encontrar nos pontos C e D (marque-os).
4. Com uma régua, trace a reta que passa pelos pontos C e D. Essa reta é a mediatriz do segmento AB.

Faça o que se pede.
1. Você compreendeu como se constrói a mediatriz? Então, faça essa construção em uma folha e mostre-a aos demais colegas.
2. Escolha um ponto qualquer da mediatriz e responda: esse ponto está situado à mesma distância dos pontos A e B?

2ª construção

Bissetriz de um ângulo utilizando régua e compasso.

Instruções

1. Represente em uma folha de papel um ângulo qualquer.
2. Com a ponta seca do compasso no vértice do ângulo e uma abertura qualquer, trace um arco que encontre os lados do ângulo nos pontos A e B.

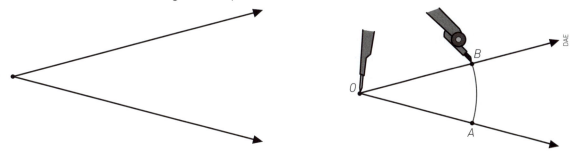

3. Com a ponta seca do compasso sobre o ponto A e uma abertura maior que a primeira, trace um novo arco. Mantendo o compasso com a mesma abertura, trace outro arco posicionando a ponta seca do compasso no ponto B. Esses dois arcos devem se encontrar num ponto P.

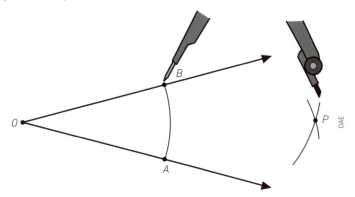

4. Agora, usando uma régua ligue o vértice do ângulo com o ponto B. Essa linha dividirá o ângulo inicial em dois ângulos congruentes (mesma medida). Essa linha é chamada de bissetriz do ângulo.

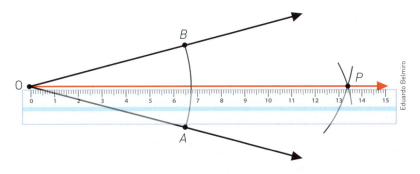

Faça o que se pede.
1. Faça a construção da bissetriz de um ângulo em uma folha e mostre-a aos demais colegas.
2. E se você tivesse que dividir um ângulo em quatro ângulos de mesma medida, como iria proceder?

3ª construção

Ângulo reto utilizando régua e compasso.

1. Represente uma reta. Marque um ponto P, não pertencente à reta, conforme desenho.

2. Centralize a ponta seca do compasso no ponto P e, com a abertura maior que a distância de P à reta, trace um arco que intercepte a reta em dois pontos: A e B.

3. Agora, com a ponta seca do compasso no ponto A e com um raio igual à medida AB, trace outro arco. Em seguida, trace outro arco com a mesma abertura, porém com centro no ponto B. O ponto de encontro desses dois arcos será o ponto C.

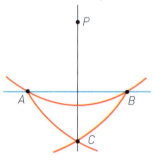

Responda:
1. Se após as etapas indicadas para a construção da figura anterior, você traçar a reta por P e C, usando uma régua, qual é o ângulo formado entre as retas AB e PC?
2. Você saberia obter duas retas perpendiculares utilizando apenas os esquadros?

1 Com a régua e compasso, desenhe um ângulo de 90° conforme as instruções a seguir.

1. Utilizando a régua, trace uma reta e marque nela um ponto A, que representará o vértice do ângulo que será construído.

2. Com a ponta seca do compasso no ponto A e abertura qualquer, trace um arco interceptando a reta e marque os pontos B e C.

3. Com a ponta seca do compasso no ponto B e uma abertura maior que a do arco anterior, trace outro arco. Ainda com essa mesma abertura do compasso e ponta seca, agora, no ponto C, trace mais um arco. Esses dois arcos devem se encontrar, nesse encontro marque o ponto D.

4. Ligando o ponto A ao ponto D, obtenha uma reta perpendicular à reta inicial. Você acaba de construir um ângulo reto.

2 Junte-se a um colega e façam a seguinte construção.

Com base na construção de um ângulo reto (feita na atividade anterior), vocês irão construir um ângulo de 45° utilizando apenas régua e compasso. Inicialmente interpretem o desenho a seguir e, depois, façam a construção. Expliquem como vocês procederam.

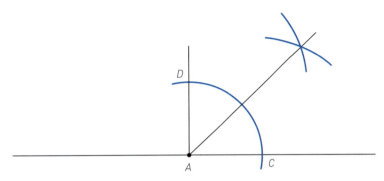

3 Utilizando régua e compasso, você irá construir um ângulo de medida 60°. Para isso, siga as instruções a seguir.

1. Desenhe, com o auxílio de uma régua, um segmento e indique o ponto A em uma de suas extremidades, que será o vértice do ângulo a ser construído.

2. Posicione a ponta seca do compasso no ponto A, mantenha uma abertura menor que o comprimento do segmento representado e trace um arco, que cortará o segmento no ponto 1.

3. Com a mesma abertura do arco traçado anteriormente e com a ponta seca no ponto 1, trace um novo arco, que interceptará o anterior no ponto 2.

4. Ligue o ponto A com o ponto 2 por meio de um segmento utilizando uma régua. O ângulo obtido medirá 60°.

4 No desenho a seguir está representada a construção de um ângulo de medida 30°.

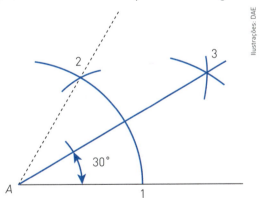

a) Explique como você acha que essa construção foi feita.

b) Reproduza essa construção em uma folha.

5 Agora que você já viu como pode construir ângulos com o auxílio de régua e compasso, utilize uma folha de papel e construa cada um dos seguintes ângulos:

a) um ângulo de medida 90°;

b) um ângulo de medida 45°;

c) um ângulo de medida 60°;

d) um ângulo de medida 30°.

6 Utilizando apenas régua e compasso, você deverá representar em uma folha de papel um ângulo de medida 15°. Em seguida, explique como fez tal construção.

Uma sugestão: interprete a figura a seguir, observando os pontos A (início) e os pontos 1, 2, 3 e 4, nessa ordem.

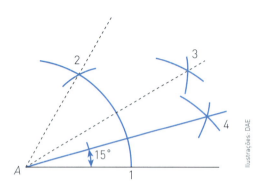

7 Junte-se a um colega e resolva as situações a seguir.

a) A equipe de planejamento urbano de uma cidade recebeu da prefeitura a doação de um terreno desocupado para a construção de um centro comunitário de jogos. O terreno é localizado entre algumas ruas conforme destacado na imagem. A equipe pensou em duas opções para a divisão do terreno:

Opção 1: separar aproximadamente esse terreno por uma reta representada pela mediatriz entre duas ruas.

Opção 2: separar aproximadamente o terreno por uma reta que representasse a bissetriz entre duas ruas.

- A ilustração mostra a obra finalizada, com destaque ao terreno original. Qual opção foi a escolhida pela equipe de planejamento? Por quê?

b) Um fazendeiro precisou preparar a terra de uma região retangular de seu terreno para o plantio de alface. Essa região deve ter exatamente 4 partes de mesma medida. A sobrinha do fazendeiro sugeriu o seguinte método para determinar com exatidão essas partes:

"Primeiro desenhamos a região retangular dedicada ao plantio e, depois, vamos precisar de um compasso para definir a reta que dividirá, primeiramente, o terreno em duas partes iguais e, posteriormente, a reta que dividirá as duas partes criadas em outras duas iguais".

- Descreva o processo de construção proposto pela sobrinha do fazendeiro.

8 Um dia, o professor Marcos contou uma lenda à turma do 8º ano. A lenda dizia que havia um tesouro enterrado em um local construído pelos antigos maias. Ao chegarem ao local, depois de muitas pistas falsas e tentativas infrutíferas, os caçadores de tesouros depararam-se com uma imensa vegetação que cobria todo o local e se diferenciava um pouco das demais. Conforme a pista que eles haviam encontrado num antigo documento, leram a pista ao lado:

Localizado está em um ponto a mesma distância de todos aqueles que limitam o local. Pedras e mais pedras revestem o local. A retirada de uma pedra falsa para sempre fecha o acesso ao último legado.

Depois de ficar um dia inteiro discutindo e tentando entender a última pista, os caçadores resolveram vasculhar todo o local. Observaram que, apesar de coberto por uma densa vegetação, ele era perfeitamente plano. Com um pedaço de metal, o mais velho dos caçadores tocou o solo e escutou um estalido diferente. Limparam em volta e constataram que, por baixo da vegetação, pedras de mesmo tamanho e perfeitamente lisas cobriam o local. O passo seguinte foi remover toda a vegetação. Foi então que entenderam a última pista fornecida: havia um círculo imenso perfeitamente revestido por pedras. Segundo a pista, somente a pedra que estava situada exatamente no centro poderia ser retirada.

O mais novo dos caçadores desenhou em uma folha de papel um pequeno círculo. Traçou duas cordas nesse círculo e, depois de encontrar o ponto médio de cada uma dessas cordas, traçou duas retas perpendiculares pelo ponto médio delas. O ponto de encontro dessas duas retas indicava o local exato do centro da circunferência.

A pedra foi retirada com extremo cuidado e o segredo foi revelado!

Embora seja uma lenda, temos aqui algo extremamente interessante que você pode explorar. Imagine que alguém desenhou uma grande circunferência, mas não deixou marcado o centro dela. Seguindo os passos do caçador, podemos localizar precisamente o centro de uma circunferência.

1. Com o auxílio de régua e compasso, faça uma circunferência de raio igual a 10 cm em uma folha de papel.
2. Trace duas cordas da circunferência e determine o ponto exato que corresponde ao centro dela.

Conviver

Ângulo e bissetriz

A ideia desta atividade é utilizar recursos de geometria dinâmica para fazer construções de ângulos e de bissetrizes.

Junte-se a três colegas e utilizem o *software* de geometria dinâmica GeoGebra. Sigam as instruções.

1 Construindo ângulos

Cliquem em (**Ângulo com amplitude fixa**) para criar um ângulo exato. Selecionem, então, 2 locais quaisquer no plano.

Na caixa de mensagem que aparecerá, vocês podem definir: (1) o ângulo que desejam construir; (2) o sentido do ângulo a ser construído. Construam os ângulos de 30°, 45°, 60° e 90° definindo qualquer sentido.

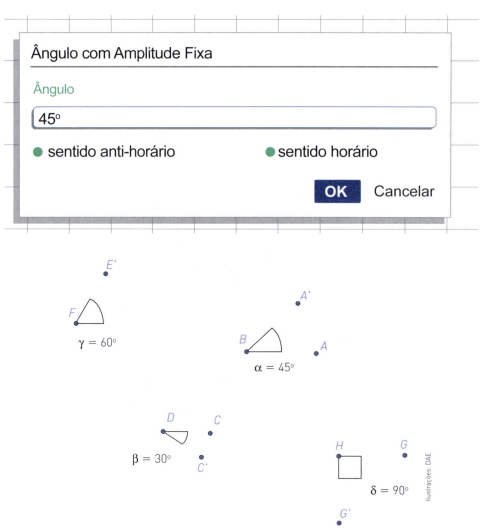

Explorem essa ferramenta e criem outros ângulos. Clicando primeiramente no botão (**Mover**), arrastem os pontos criados e verifiquem o que acontece com o ângulo construído.

2 Construindo bissetrizes

Tomando como base um ângulo de 120°, construiremos sua bissetriz utilizando seus elementos.

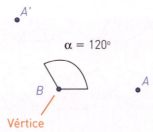

Cliquem no botão ⤺ (**Bissetriz**) e então, nessa ordem, cliquem em um dos pontos que formam o ângulo, depois no vértice do ângulo e depois no outro ponto, como nesse exemplo: A, B e A' ou então A', B e A. A bissetriz desse ângulo será criada.

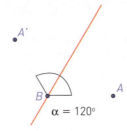

Para checar o valor dos ângulos determinados pela bissetriz, criem um ponto na reta referente a ela.

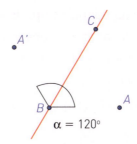

Agora, cliquem no botão ⦛ (**Ângulo**) e então selecionem, no nosso exemplo, os pontos A, B e C respectivamente, depois C, B e A'. As medidas obtidas formam juntas o ângulo de 120°.

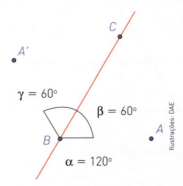

Criem a bissetriz dos ângulos de 30°, 60°, 90° e de outros que desejarem e mostrem os resultados ao professor.

Construções de polígonos regulares

A fotografia a seguir é de um mosaico construído com peças de cerâmica. Note que foram utilizadas três formas geométricas para criá-lo: triângulo equilátero, quadrado e hexágono regular.

Utilizando cartolina e os instrumentos de desenho, você também poderá construir peças que apresentem essa forma. A seguir, apresentamos instruções para compor três construções com esses instrumentos. Observe as etapas de cada uma para que também possa obter essas formas.

1ª construção

Triângulo equilátero utilizando régua e compasso.

Instruções

1. Traça-se um segmento AB que representará um dos lados do triângulo equilátero.
2. Com a ponta seca do compasso no ponto A e abertura AB, traça-se um arco.
3. Com a ponta seca no ponto B e mesma abertura do compasso, traça-se um novo arco.
4. Os dois arcos traçados devem se encontrar no ponto C.
5. Com a régua, deve-se ligar o ponto C com o ponto A e o ponto C com o ponto B por meio de segmentos.

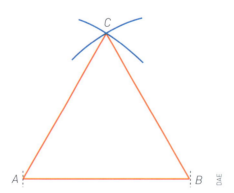

Obtém-se assim o triângulo equilátero ABC.

1. Quais são as medidas dos ângulos internos do triângulo desenhado?
2. Em uma folha de papel, desenhe um triângulo equilátero cujo lado meça 10 cm. A seguir, mostre o desenho aos colegas.

2ª construção

Quadrado utilizando régua, esquadro e compasso.

Instruções

1. Traça-se um segmento AB que representará um dos lados do quadrado.
2. Com o auxílio de esquadros, traça-se uma reta perpendicular ao segmento AB pela extremidade B (poderia ser a extremidade A).
3. Com a ponta seca no ponto B e abertura do compasso igual a medida de AB, traça-se um arco que cortará a perpendicular no ponto C.
4. Com a mesma abertura do compasso e a ponta seca em C, traça-se um arco.
5. Com a mesma abertura do compasso e a ponta seca em A, traça-se um arco de tal maneira que intercepte o arco anterior. Obtém-se assim o ponto D.
6. Por meio de segmentos, ligam-se os pontos C a D e os pontos D a A.

Você poderá construir um quadrado usando apenas régua e compasso.

Instruções

1. Traça-se um segmento AB que representará um dos lados do quadrado.
2. Levanta-se uma perpendicular à extremidade B.
3. Nessa perpendicular, utilizando a abertura do compasso na medida de AB e centro em B, marca-se o ponto C.
4. Depois do passo **3**, procede-se como acima.

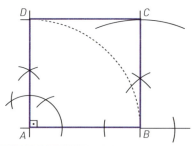

1. Qual das duas maneiras você achou mais simples para construir um quadrado?
2. Desenhe um quadrado em uma folha de papel que tenha o lado de 10 cm. Em seguida, apresente essa construção aos colegas.

Antes de você observar a próxima construção, note que um hexágono regular pode ser dividido em 6 triângulos equiláteros. Além disso, o ponto de encontro desses triângulos representa o centro de uma circunferência de raio igual à medida do lado do triângulo equilátero ou do hexágono regular.

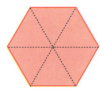 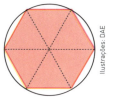

Responda:
1. Qual é a medida de cada um dos 6 ângulos que têm o vértice no centro da circunferência?
2. Qual é a medida de cada ângulo interno do hexágono regular?

Agora, vamos à construção do hexágono regular!

3ª construção

Hexágono regular utilizando régua e compasso.

Instruções

1. Traça-se um segmento AB que representará um dos lados do hexágono.

2. Com a abertura do compasso AB e ponta seca no ponto A, traça-se um arco.
3. Repete-se a operação anterior com a ponta seca no ponto B. O ponto de encontro desses dois arcos será o centro O da circunferência de raio igual à medida do segmento AB.

4. Com a ponta seca do compasso em O, traça-se a circunferência de raio AB.
5. Com a ponta seca do compasso no ponto B e abertura AB, traça-se um arco que cortará a circunferência no ponto C.
6. Com a ponta seca do compasso no ponto C e abertura AB, traça-se um arco que cortará a circunferência no ponto D.
7. Com a ponta seca do compasso no ponto D e abertura AB, traça-se um arco que cortará a circunferência no ponto E.
8. Com a ponta seca do compasso no ponto E e abertura AB, traça-se um arco que cortará a circunferência no ponto F.
9. Com a régua, traçam-se os segmentos BC, CD, DE, EF e FA.

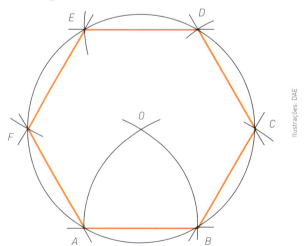

Obtemos assim o hexágono regular.

Atividades

1. Siga as instruções para construir um hexágono regular cuja medida do lado é 5 cm.

   Instruções
   1. Com uma régua, construa um segmento AB de medida 10 cm.
   2. Determine o ponto médio desse segmento e indique-o pelo ponto O.
   3. Com a ponta seca do compasso no ponto O e abertura 5 cm, trace uma circunferência.
   4. Com a mesma abertura do compasso e ponta seca no ponto A, traçamos um arco que cortará a circunferência em dois pontos.
   5. Repita esse procedimento com a ponta seca no ponto B.

   Responda:

   a) Você obteve uma figura com a que está representada a seguir?

   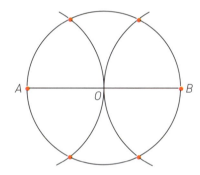

   b) Como você pode construir o hexágono regular com base na figura anterior?

2. Outra estratégia para a construção de um hexágono regular utilizando uma circunferência é a que segue.

   Instruções
   1. Desenhe uma circunferência de raio qualquer.
   2. Marque nessa circunferência um ponto A.
   3. Com a ponta seca do compasso nesse ponto A e mesma abertura do raio da circunferência, trace um arco que cortará a circunferência num ponto B, como representado a seguir.

   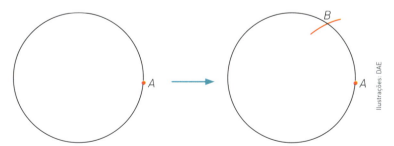

   4. Seguindo no mesmo sentido nessa circunferência e mantendo-se a mesma abertura do compasso, com a ponta seca do compasso no ponto B, trace um arco para obter o ponto C.
   5. Prossiga dessa mesma maneira para obter os pontos D, E e F.
   6. Com a régua, obtenha os segmentos AB, BC, CD, DE, EF e FA.

3 Juliana construiu um hexágono regular de uma maneira bem diferente. Observe algumas instruções para a construção que ela elaborou.

Instruções
1. Traçou uma reta e nela marcou um ponto O.
2. Com a abertura do compasso qualquer e ponta seca em O, traçou uma circunferência que cortou a reta nos pontos A e D.
3. Com a ponta seca do compasso no ponto A e mesma abertura da anterior, traçou uma nova circunferência.
4. Repetiu esse procedimento com a ponta seca do compasso no ponto D.
5. Os pontos obtidos nas interseções entre as circunferências são B, C, E e F. Assim, ela ligou os pontos e obteve o hexágono regular ABCDEF abaixo representado.

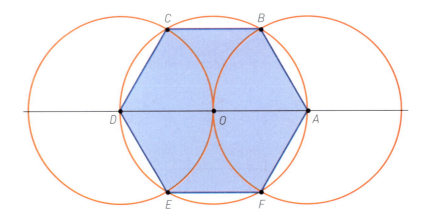

a) Em uma folha de papel desenhe, utilizando o procedimento de Juliana, um hexágono regular de medida de lado 7 cm.

b) Em uma folha de papel desenhe, utilizando o procedimento de Juliana, um hexágono regular de medida de lado 8 cm.

4 Para você construir um triângulo equilátero, poderá desenhar inicialmente um hexágono regular. Observe os dois desenhos a seguir:

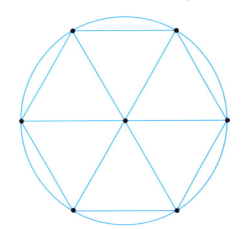
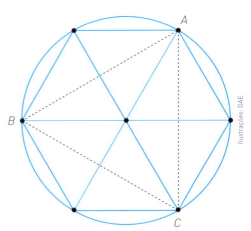

Observando o desenho, em poucas palavras, explique como obter o triângulo equilátero ABC. Apresente essa explicação aos colegas.

5 Siga as instruções e complete-as para a construção de um quadrado dada uma circunferência.

Instruções

1. Traça-se um segmento AB e determina-se o ponto médio O desse segmento traçando-se a mediatriz.

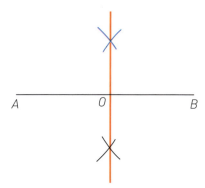

2. Com a abertura do compasso de mesmo comprimento de OB e centro no ponto O, traça-se a circunferência que cortará a mediatriz do segmento AB nos pontos C e D.

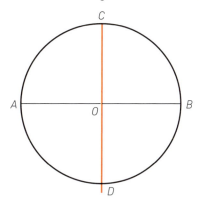

Escreva a instrução que está faltando para a construção do quadrado.

6 Junte-se a um colega e, observando os quatro desenhos a seguir, escrevam as principais instruções para a construção de um octógono regular.

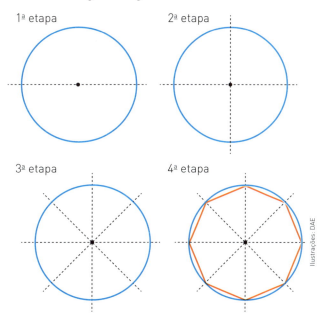

Conviver

Polígonos regulares

Esta atividade propicia a utilização de recursos de geometria dinâmica para construir polígonos regulares e estudar seus elementos.

Junte-se a três colegas e utilizem o *software* de geometria dinâmica GeoGebra. Sigam as instruções.

1 Construindo polígonos regulares

Cliquem em ![ícone] **(Polígono regular)** para criar um polígono regular. Selecionem, então, 2 pontos quaisquer no plano. Aparecerá uma janela para a escolha do número de vértices do polígono desejado. Selecionem 3 para triângulo, 4 para quadrado, 5 para pentágono etc. Como, construiremos um hexágono, vamos selecionar 6.

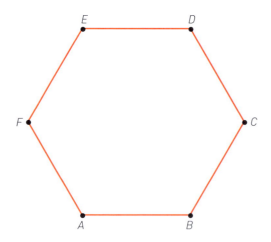

2 Medidas no polígono regular

Cliquem no botão ![ícone] **(Distância, comprimento ou perímetro)** e cliquem, então, em cada lado do polígono.

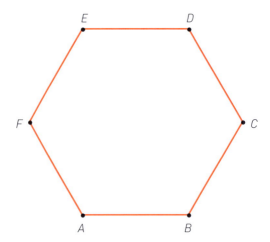

O que podemos concluir sobre os lados de um polígono regular?

Agora, cliquem no botão ângulo (**Ângulo**) e, então, cliquem em lados consecutivos do polígono, por exemplo: *A* e *B*, *B* e *C* etc. Depois, cliquem nos mesmos lados na ordem contrária: *B* e *A*, *C* e *B* etc.

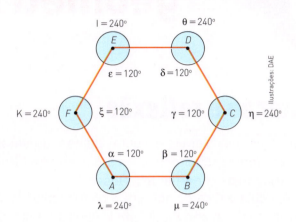

O que podemos concluir:

a) Sobre a medida dos ângulos internos de um hexágono regular?

b) Sobre a soma de um ângulo interno e um ângulo externo de um polígono?

3 Construção do hexágono regular a partir da medida do ângulo central.

Acompanhem a sequência de passos para a construção de um hexágono utilizando esquadro e compasso:

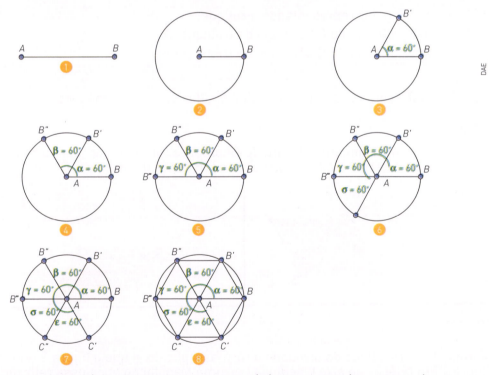

a) Descrevam o processo de construção, passo a passo, do hexágono regular apresentado acima.

b) Por que foi construído um ângulo de 60° no passo 2 e, posteriormente, sucessivos ângulos de 60° para a formação desse hexágono?

c) Para garantir que esse hexágono seja regular, quais medidas temos de fixar e garantir que sejam as mesmas até o final da construção?

d) Elaborem um fluxograma que permita construir um hexágono regular a partir de seu ângulo central.

CAPÍTULO 23
Transformações geométricas

Translação, rotação e reflexão

Paula e Ricardo estavam construindo diversas figuras utilizando *softwares* geométricos. Em determinado momento, produziram uma imagem formada por um círculo e quatro triângulos congruentes. Observe-a.

Por meio do triângulo A, Paula e Ricardo obtiveram os triângulos B, C e D fazendo apenas reflexões em torno do eixo x e do eixo y. Após a construção, escreveram as seguintes explicações sobre as construções obtidas.

- Triângulo B – pode ser obtido do triângulo A fazendo-se apenas uma reflexão em relação ao eixo y.
- Triângulo C – pode ser obtido do triângulo B fazendo-se uma reflexão em relação ao eixo x.
- Triângulo D – pode ser obtido do triângulo C fazendo-se apenas uma reflexão em torno do eixo y.

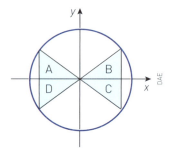

Observando os triângulos representados, explique:
1. como obter o triângulo C por meio do triângulo A;
2. como obter o triângulo D por meio do triângulo B.

Vamos observar agora duas situações relacionadas às transformações.

1ª situação

Luiza e Carlos, utilizando um *software* de Geometria, tinham que representar duas figuras, das quais a segunda figura seria uma transformação geométrica da primeira. Observe o que eles fizeram:

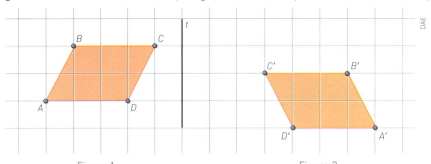

Figura 1   Figura 2

Ao apresentar o resultado da atividade à turma, explicaram que a figura 2 representa uma reflexão da figura 1 em relação ao eixo t, seguida por uma translação após essa reflexão.

Responda:
1. As medidas dos segmento da figura 1 foram mantidas para a composição da figura 2? Por que?
2. É possível obter a figura 2 realizando apenas 1 transformação geométrica (rotação, reflexão ou translação) na figura 1? Por que?

2ª situação

Utilizando uma malha quadriculada, Pedro e Ana ficaram encarregados de representar um movimento de translação. Muito espertos, decidiram mostrar ao professor que é possível obter esse movimento de translação a partir de duas reflexões sucessivas de uma figura. Veja como fizeram:

Responda:
1. Descreva como foi possível obter a translação do coelho a partir do processo adotado por Pedro e Ana.
2. A composição de 5 reflexões de uma figura garante que a última figura seja uma translação da primeira? Por que?

3ª situação

Utilizando uma malha quadriculada, Pedro e Ana ficaram encarregados de representar um movimento de rotação. Para isso, iniciaram a construção em um ponto da malha quadriculada (ponto O) e desenharam a bandeira 1. Tendo-a como base, representaram as bandeiras 2, 3 e 4, conforme a figura a seguir.

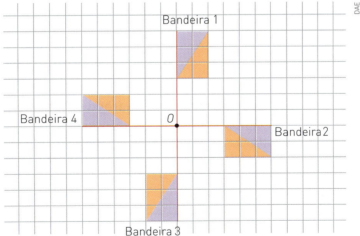

Observando os triângulos representados, explique:
1. Explique como obter a bandeira 2, a bandeira 3 e a bandeira 4 por meio de rotações no mesmo sentido.
2. Com base na bandeira 3, qual é a bandeira que pode ser obtida por uma rotação de 270° no sentido anti-horário?

Em uma rotação, as figuras permanecem com as mesmas medidas.

Atividades

1 Observe os dois ponteiros de um relógio em dois momentos do mesmo dia.

1º movimento  1 hora depois  2º movimento

a) Do 1º momento para o 2º momento, descreva o que aconteceu com o ponteiro dos minutos.

b) E o que aconteceu com os ponteiros das horas?

2 No plano cartesiano a seguir estão indicados os pontos A, B, C e D.

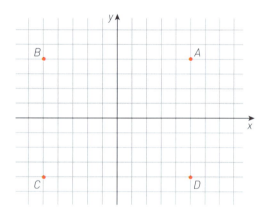

a) Escreva as coordenadas dos quatro pontos.
b) Qual é o ponto que representa uma reflexão do ponto A em relação ao eixo das abscissas?
c) Qual é o ponto que representa uma reflexão do ponto C em relação ao eixo das ordenadas?
d) Transladando o ponto B 10 unidades para a direita, obtemos qual ponto?
e) O ponto A é uma translação do ponto C? Explique.
f) O ponto D é uma translação do ponto B? Explique.

3 Os dois quadrados representados abaixo são congruentes e têm o mesmo centro no ponto O.

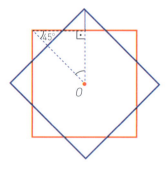

Responda:
a) Rotacionando 45° o quadrado azul em torno do ponto O no sentido anti-horário, o que irá acontecer?
b) Rotacionando 90° o quadrado vermelho em torno do ponto O no sentido horário, o que irá acontecer?

4 Considerando o triângulo equilátero em verde, quais movimentos sucessivos a figura a seguir sugere até chegar ao triângulo equilátero congruente em lilás?

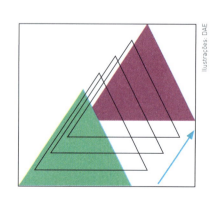

5 Junte-se a um colega para fazer a seguinte atividade seguindo as instruções.

Instruções
1. Usando uma folha de papel quadriculado, desenhem um retângulo em que a base tenha o dobro da medida da altura.
2. Representem o centro desse retângulo traçando duas diagonais.
3. Desenhem, em cima desse mesmo retângulo, outro retângulo que represente a rotação de 90° do retângulo original em torno de seu centro.
4. Apresentem o desenho aos colegas.

6 Um pedreiro dispõe de 4 peças de cerâmica iguais, conforme a seguir.

Ele começa a manipular essas peças no chão para verificar como elas ficarão dispostas. Então, obtém duas opões:

1ª opção   2ª opção

Analise essas opções e responda:

a) Utilizando a posição de uma peça como referência, em qual das opções podemos obter as demais peças por meio de translações da primeira peça?

b) Utilizando a posição de uma peça como referência, em qual das opções podemos obter as demais peças como rotação da peça inicial?

7 Marcos desenhou dois triângulos equiláteros de mesmo tamanho em cartolina, recortou-os e colocou um exatamente em cima do outro. Utilizando um alfinete, furou os dois triângulos bem no centro e começou a girar apenas o triângulo de cima no sentido horário.

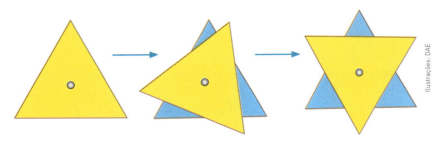

Ilustrações: DAE

Responda:
Qual é a rotação necessária do triângulo amarelo para, por meio da figura à esquerda, obter a figura à direita?

 **Conviver**

Translação, rotação e reflexão

Por meio desta atividade, você utilizará recursos de geometria dinâmica para fazer construções de polígonos regulares e estudar seus elementos.

Junte-se a três colegas e utilizem o *software* de geometria dinâmica GeoGebra. Sigam as instruções.

1 Construindo uma figura geométrica

Vamos construir um trapézio para trabalhar essas transformações. Cliquem em (**Polígono**) e, então, desenhem um trapézio com o auxílio da malha quadriculada. Para isso, cliquem em um ponto inicial e definam os outros vértices até fechar o polígono no vértice inicial.

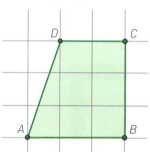

2 Translação

Cliquem em (**Translação por um vetor**), depois cliquem no trapézio criado e selecionem dois pontos quaisquer na malha quadriculada. Após esse procedimento, será criado um vetor EF e outro trapézio A′ B′ C′ D′, tomando como base o trapézio criado inicialmente. Para transladar esse trapézio, basta mover um dos extremos do vetor EF, o E ou o F. Explorem essa ferramenta.

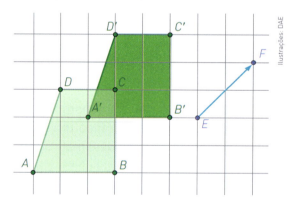

3 Rotação

Voltando ao trapézio inicial, criem um ponto qualquer na malha quadriculada utilizando o botão (**Ponto**).

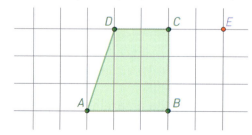

Depois, cliquem em [ícone] **(Rotação em torno de um ponto)**, selecionem a parte interior do trapézio e, então, cliquem no ponto criado. Na caixa de diálogo, selecionem o ângulo e o sentido para o qual desejam que esse trapézio seja rotacionado. Por exemplo, a rotação a seguir se dá em torno do ponto E, a um ângulo de 45°, no sentido anti-horário.

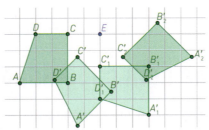

4) Reflexão

Voltando ao trapézio inicial, utilizaremos os eixos do plano cartesiano para efetuar as reflexões. Cliquem no botão [ícone] **(Reflexão em relação a uma reta)** e, então, selecionem o interior do trapézio e um dos eixos do plano cartesiano para realizar a reflexão, considerando o eixo selecionado como uma reta. Façam isso sucessivas vezes, de maneiras diferentes.

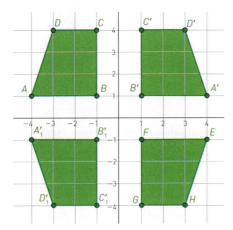

Movam o trapézio inicial e verifiquem o que ocorre com suas reflexões.

5) A partir das transformações exploradas nesta atividade, criem uma figura obtida a partir da composição de duas ou mais transformações geométricas, veja:

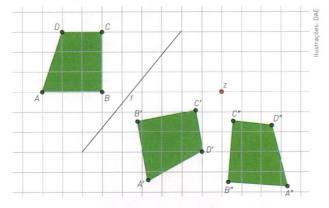

A terceira figura foi obtida refletindo a primeira sob o eixo *f*, e, posteriormente, rotacionando a segunda figura 75° em torno do ponto Z.

Apresentem suas composições aos colegas!

CAPÍTULO 24

Volume e capacidade

Relacionando volume com capacidade

Ao construir uma fábrica, Mateus ficou encarregado de pesquisar um reservatório de água. Com a pesquisa, ele descobriu que havia um tipo de reservatório em forma de bloco retangular, conforme ilustrado a seguir, com as seguintes medidas: comprimento – 4,80 m; largura – 3,60 m; altura – 2,50 m.

Responda:
1. Qual é o volume desse reservatório em metros cúbicos?
2. Nessa caixa cabem mais ou menos que 10 mil litros?

zoom
Lembrando que 1 L equivale a 1 000 mL

Na situação apresentada, para determinar a quantidade de litros de água que cabem na caixa, temos que determinar a capacidade do reservatório. Nesta coleção, você já teve contato com as seguintes unidades de capacidade: litro (L), mililitro (mL).

Uma maneira de compreendermos o que representa a capacidade de 1 litro é observar um cubo de 10 cm (1 dm) de medida de aresta (parte interna) em que as faces são feitas de vidro, como sugere a imagem a seguir.

Para que esse cubo fique completamente cheio de água, é necessário despejar 1 litro de água. Analisando isso, conseguimos verificar a relação entre volume e capacidade.

Volume do cubo: 1 dm³ = (10 cm)³ = 1 000 cm³
Capacidade do cubo: 1 L = 1 000 mL

Agora, se você considerar um cubo de aresta 1 m, isto é, de volume igual a 1 m³, a capacidade dele será de 1 000 L.

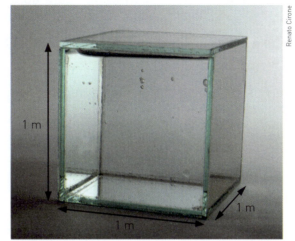

Uma explicação!

Lembrando que 1 m corresponde a 10 dm, podemos escrever que o volume (V) do cubo é dado por:

$$V = 1 \text{ m}^3$$
$$\downarrow 1\text{m} = 10 \text{ dm}$$
$$V = (10 \text{ dm})^3$$
$$V = 10^3 \text{ dm}^3$$
$$V = 1\,000 \text{ dm}^3$$

Como o volume de 1 dm³ corresponde à capacidade de 1 L, temos que 1 000 dm³ corresponderá à capacidade de 1 000 L.

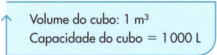

Volume do cubo: 1 m³
Capacidade do cubo = 1 000 L

Atividades

1 Se a capacidade de 1 L corresponde ao volume de 1 dm³, a capacidade de 1 mL corresponderá ao volume de quantos centímetros cúbicos?

2 Uma embalagem de suco que contém 350 mL de líquido corresponderá ao volume de quantos centímetros cúbicos?

3 A imagem ao lado representa um cubo. Considere que a capacidade da parte interna deste cubo é de 1 000 litros e responda:

a) Qual é a medida da correspondente aresta?

b) Qual é o volume, em metros cúbicos, desse cubo?

239

4 Junte-se a um colega e combinem de um de vocês trazer para a sala de aula uma embalagem vazia de leite longa vida, como mostra a imagem ao lado. Faça, então, o que se pede a seguir.

a) Observe o rótulo e escreva a capacidade, em litros, dessa embalagem.

b) Essa embalagem tem a forma de um cubo?

5 Considere os volumes internos de alguns recipientes e informe, em litros, qual é a capacidade correspondente a eles.

a) 3,5 m³

b) 45 m³

c) 22 dm³

d) 7 800 cm³

e) 0,1 m³

f) 430 dm³

6 A conta do consumo de água das residências é feita em metros cúbicos. Considerando que 1 metro cúbico corresponde a 1 000 litros de capacidade, responda:

- Se em uma residência a conta do consumo de água mensal do mês de abril indicou 25 m³, qual é o consumo médio em litros por dia?

7 Junte-se a um colega para fazer uma experiência sobre vazão de água em uma torneira. Sigam as instruções a seguir.

I. Coloquem uma garrafa PET com capacidade de 2 litros embaixo de uma torneira.

II. Abram apenas um pouquinho a torneira para simular um vazamento.

III. Cronometrem o tempo que leva para essa torneira encher a garrafa.

IV. Calculem qual seria o desperdício de água se essa torneira ficasse com esse "vazamento" durante um dia inteiro.

8 Na empresa em que Carlos trabalha são consumidos três galões de 10 litros de água por dia. Observando a imagem a seguir e considerando um copo com capacidade de 200 mL, elabore um problema que envolva a capacidade dos três galões e a capacidade do copo. Apresente esse problema a um colega para que ele o resolva.

As imagens desta página não estão representadas na mesma proporção.

Cálculo do volume de blocos retangulares

No início deste capítulo, apresentamos uma caixa-d'água com a forma de um bloco retangular. O conhecimento das medidas das arestas de um bloco retangular possibilita calcular o espaço que ele ocupa, isto é, permite calcular seu volume.

Assim, por exemplo, se quisermos determinar a capacidade de um aquário, precisaremos conhecer as três medidas internas:

> O volume de um **bloco retangular (ou paralelepípedo)** pode ser obtido multiplicando-se a medida do **comprimento** pela medida da **largura** e pela **altura**.
> Volume do paralelepípedo = comprimento · largura · altura

Assim, por exemplo, considere que no aquário anterior as medidas sejam conhecidas:
- comprimento: 2,90 m;
- largura: 1,25 m;
- altura: 1,40 m.

O cálculo do volume (V) desse aquário poderá ser feito por meio da multiplicação dessas três medidas, isto é:

$$V = (2,90 \text{ m}) \cdot (1,25 \text{ m}) \cdot (1,40 \text{ m})$$
$$V = 5,075 \text{ m}^3$$

Responda:
1. Qual seria essa medida de volume em decímetros cúbicos?
2. Considerando o aquário completamente cheio, qual é sua capacidade em litros?

 Atividades

1. Vamos retomar agora a situação descrita no início deste capítulo. Cálculo da capacidade de uma caixa-d´água em formato retangular com as seguintes medidas:
comprimento – 4,80 m; largura – 3,60 m; altura – 2,50 m.

   a) Determine o volume dessa caixa-d'água considerando que as medidas indicadas anteriormente são medidas internas.

   b) Calcule a capacidade, em litros, dessa caixa considerando que ela está completamente cheia.

2 Considere que o bloco retangular abaixo foi construído por meio do empilhamento de blocos retangulares menores iguais com as medidas a seguir.

Comprimento – 12 cm; Largura – 15 cm; altura – 8 cm.

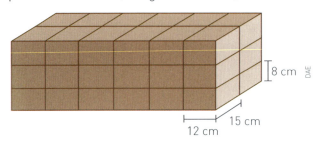

a) Quantos blocos menores é necessário empilhar para obter o bloco maior?

b) Qual é o volume de cada bloco menor?

c) Considerando o volume de cada bloco menor, explique como obter o volume do bloco maior. Qual é esse volume?

3 Ainda em relação ao bloco retangular formado na figura anterior, responda:
a) Quais são as medidas do comprimento, da largura e da altura?

b) Qual é o volume desse bloco retangular?

4 Uma piscina de um clube, em forma de bloco retangular, tem as seguintes medidas internas:
- comprimento: 25 m;
- largura: 12 m;
- profundidade: 1,20 m;

Determine:

a) o volume, em metros cúbicos, dessa piscina;

b) a quantidade de litros necessária para encher completamente essa piscina.

5 Elabore um problema que envolva volume e capacidade em litros. Pode utilizar como referência as medidas internas de uma piscina ou de caixa-d´água. Após elaborar o problema, apresente-o a um colega para que ele o resolva. Ao final, confronte a resposta obtida pelo seu colega com a resposta esperada quando da elaboração do problema.

6 Uma folha de papel no formato A4 (forma de retângulo) tem as seguintes medidas: 210 mm por 297 mm. Normalmente essas folhas são vendidas em resmas, isto é, pacotes com 500 folhas. Esses pacotes têm a forma de um bloco retangular, como aparece na figura abaixo.

Determine, em centímetros cúbicos, o volume aproximado desse pacote.

7 Junte-se a um colega e, com base nas informações da atividade anterior, obtenham a espessura de cada uma das folhas do pacote.

Cálculo do volume de cilindro reto

Quando estamos diante de um bloco retangular, calculamos o volume por meio do produto das três medidas: comprimento, largura e altura, como no bloco retangular a seguir, em que essas medidas estão representadas pelas letras *a*, *b* e *c*.

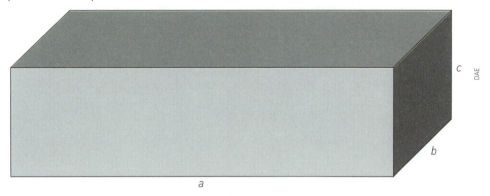

Se representarmos por V o volume desse bloco, podemos escrever:

Imagine que um bloco retangular seja feito por meio do empilhamento de folhas de papel retangulares em cima de uma mesa. Observe a imagem a seguir e considere que todas as folhas sejam do mesmo tamanho (comprimento *a* e largura *b*) e que as três pilhas de folhas de papel tenham a mesma altura *c*.

$$V = a \cdot b \cdot c$$

Essa relação possibilita calcular a medida do volume do bloco retangular com base nas medidas de comprimento, largura e altura.

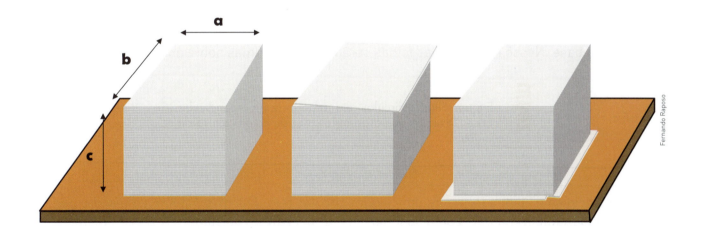

Responda:
1. As três pilhas ocupam o mesmo espaço, então isso significa que as três pilhas têm o mesmo volume?
2. Como podemos representar o volume de cada uma dessas três pilhas?

Agora, observe que o volume de cada pilha pode ser calculado multiplicando-se a área de cada folha retangular pela altura da pilha. Na ilustração abaixo, imagine que a linha tracejada representa uma caixa em forma de bloco retangular (um recipiente) em que as folhas de papel serão colocadas umas em cima das outras:

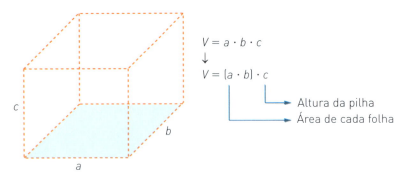

E se agora pensarmos em uma pilha de folhas de papel circulares?

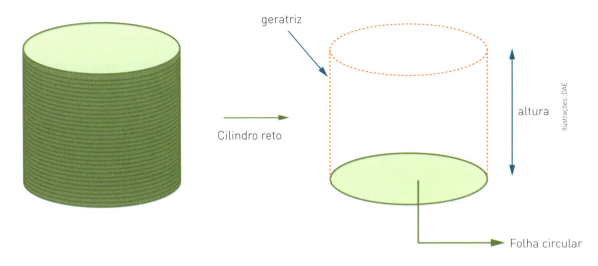

Considere que na figura a linha tracejada represente um recipiente cilíndrico com a geratriz perpendicular à base. Nesse recipiente, as folhas serão colocadas umas sobre as outras.

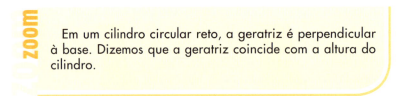

Em um cilindro circular reto, a geratriz é perpendicular à base. Dizemos que a geratriz coincide com a altura do cilindro.

Esse "recipiente" tem a forma de um cilindro circular reto. Assim, o volume do cilindro poderia ser calculado multiplicando-se a área da folha circular pela altura do cilindro.

1. Qual é a relação matemática que possibilita a você calcular a área de um círculo?
2. Se representarmos a altura do cilindro por h, qual relação matemática fornecerá o volume de um recipiente em forma de cilindro circular reto?

A turma pode fazer uma experiência para comprovar a validade da relação obtida como resposta no cálculo do volume de um cilindro. Para isso, siga as instruções.

Instruções

1. Pegue uma vasilha ou copo que tenha a forma de um cilindro reto.
2. Obtenha a altura interna desse recipiente e também a medida do diâmetro dele.
3. Calcule aproximadamente qual seria o volume, em centímetros cúbicos, de acordo com a relação:

$$V = \pi \cdot r^2 \cdot h \cong 3{,}14 \cdot r^2 \cdot h$$

4. Lembrando que 1 mL corresponde a 1 cm³, informe de quantos mL seria a capacidade dessa vasilha.
5. Encha a vasilha com água para descobrir qual é a capacidade dela.

Responda: Essa capacidade é aproximadamente a que foi determinada no item 4?

1. Observe a imagem da lata em forma de cilindro circular reto e responda à questão.

Quais medidas dessa lata que você pode obter com régua possibilitarão calcular o volume ocupado por ela? Explique.

2. Junte-se a um colega e combinem de um de vocês providenciar uma lata em forma de cilindro circular reto. Utilizando uma régua e uma calculadora, determinem:

a) a medida do diâmetro da base da lata;

b) a medida do raio da base da lata;

c) a medida da altura dessa lata;

d) o volume da lata considerando que $\pi \cong 3{,}14$.

3 Desprezando-se a espessura da lata na atividade anterior e utilizando o volume obtido no item *d*, calcule aproximadamente a capacidade dessa lata em mL.

4 Os três recipientes a seguir têm a forma de cilindros retos. Os três têm os círculos das bases com o mesmo diâmetro: 4 cm.

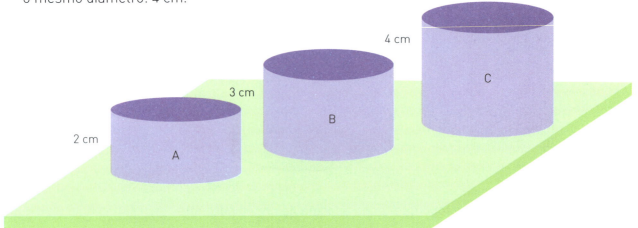

Copie e complete o quadro (utilize a aproximação 3,14 para π):

Cilindro	Área da base	Altura	Volume
A			
B			
C			

5 Agora imagine que esses três recipientes em forma de cilindro reto tenham a mesma altura: 2 cm. Note que os diâmetros estão indicados nas figuras.

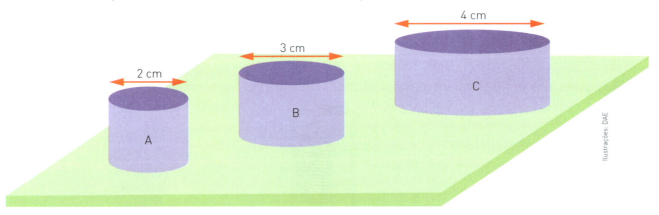

Copie e complete o quadro (utilize a aproximação 3,14 para π):

Cilindro	Área da base	Altura	Volume
A			
B			
C			

6 Uma fábrica, por ocasião de uma data comemorativa, produziu moedas especiais, sem valor monetário. Para presentear os funcionários, as moedas foram colocadas em embalagens em forma de cilindro circular reto. Observe que na figura estão empilhadas 9 dessas "moedas" e, ao lado, estão indicadas as medidas de cada uma.

- Diâmetro: 5 cm
- Espessura: 0,5 cm

Responda:

a) Considerando que $\pi \cong 3,14$, qual é o volume de cada uma dessas "moedas"?

b) E o volume ocupado pelas 9 "moedas", conforme ilustração acima?

7 Junte-se a um colega para realizar esta atividade.
Uma empresa criou uma embalagem em forma de bloco retangular com nove latas de leite em pó, conforme ilustração a seguir.

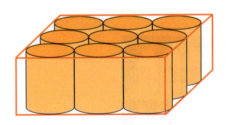

Vista superior

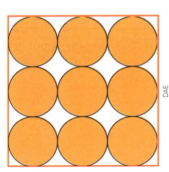

Considerando que cada lata tem 15 cm de altura e 12 cm de diâmetro, determinem:

a) as medidas das partes internas da caixa, considerando que as faces dela irão "encostar" nas latas, conforme sugere a figura;

b) o volume da caixa, desconsiderando a espessura do material a ser utilizado;

c) o volume disponível na caixa após a inserção das nove latas, considerando que $\pi \cong 3,14$.

8 Ainda com um colega, elaborem um problema como o que foi proposto na atividade anterior, porém considerando 12 recipientes cilíndricos na embalagem. Após elaborarem o problema, resolvam-no e apresentem-no aos demais colegas. Façam, para essa apresentação, um desenho da caixa e das latas cilíndricas.

9 Um determinado tipo de queijo é vendido em cortes aproximadamente cilíndricos. O diâmetro da base do cilindro aproximado é de 25 cm e a medida da altura é de 8,5 cm. Esse queijo será colocado em uma caixa com forma de prisma reto com medidas de 27 cm de largura e 9 cm de altura.
Qual o volume da caixa que não será ocupado pelo queijo? Considere $\pi = 3,14$.

Conviver

Volumes e embalagens

Junto com os colegas você vai analisar, nesta atividade, o processo de produção de embalagens de grande consumo, a maneira com que essas embalagens são transportadas, como são recicladas e o motivo de seus formatos.

Participantes:
- 3 ou 4 alunos.

Material:
- calculadora;
- papel;
- lápis;
- computador com acesso à internet ou acesso à bibliotecas.

Encaminhamento

Vocês já notaram que as embalagens de produtos líquidos e laticínios que consumimos, como latas, caixas de milho e ervilha, leite, suco, azeite, óleo etc., costumam ter formatos de prismas retos ou cilindros? Vocês imaginam o motivo desses produtos serem embalados nesses formatos? A partir de algumas etapas de pesquisa vamos verificar como esses sólidos geométricos têm seu papel em diferentes tipos de embalagem.

1. Escolham quatro produtos, sendo dois embalados em formato cilíndrico e dois em formato de prisma reto, e pesquisem algumas informações sobre eles, por exemplo:
    - O motivo desses produtos serem armazenados em embalagens de diferentes formatos.

- A composição dos materiais de cada embalagem.
- O transporte dos produtos.
- O custo da tonelada dos materiais utilizados em cada embalagem.
- A possibilidade de reciclagem dessas embalagens.

Apresente à turma as embalagens dos produtos selecionados e as informações coletadas.

2 Analisem a seguinte situação sobre reciclagem de latinhas de alumínio.

Algumas pessoas buscam sua renda através da coleta de materiais recicláveis: papel, papelão, latinhas de alumínio, aço, etc. Essas pessoas contribuem, indiretamente, com a reciclagem desses materiais. Suponha que uma pessoa consiga reunir em um saco plástico cerca de 84 latinhas de alumínio, sem líquido em seu interior e sem amassá-las. Considere que essa latinha tenha medida de diâmetro de 6 cm e altura 12,5 cm. Considere $\pi = 3{,}14$.

a) Caso a latinha seja amassada, verticalmente, a medida de seu diâmetro é mantida, mas sua altura passa a ser, em média 4,5 cm. Quantas latinhas amassadas caberiam no saco plástico? Considere $\pi = 3{,}14$.

b) Se o preço do quilograma de latinhas de alumínio fica em torno de R\$ 3,21 e a latinha de alumínio considerada pesa aproximadamente 14,5 gramas, quantos reais seriam pagos pelo saco plástico repleto de latinhas amassadas do item anterior?

c) Se o salário mínimo do Brasil era de R\$ 954,00 em 2018, quantas latinhas uma pessoa deveria vender para alcançar esse valor?

3 Agora, analisem a seguinte situação que envolve embalagens em formato de prisma.

A definição de uma embalagem de suco com capacidade de 1 litro com sabores naturais de frutas leva em consideração algumas opções de prismas retos, todos com medida de 20 centímetros de altura:

- Prisma de base quadrada: medida do lado do quadrado da base de 7,2 centímetros.
- Prisma de base retangular: medidas do retângulo da base com comprimento e largura de 7 e 6,5 centímetros, respectivamente.
- Prisma de base triangular: medidas do lado do triângulo regular da base em 8 centímetros.

A embalagem escolhida deve apresentar o menor custo de produção e, dentro de uma caixa de papelão em formato de bloco retangular, deve caber uma quantidade de embalagens de suco sem que haja sobras.

a) Calcule a quantidade de material utilizada, aproximadamente, para produzir cada embalagem cogitada. Aproxime a área de um triângulo equilátero através da fórmula $A = 0{,}866 \cdot \ell^2$.

b) Calcule o volume de cada prisma considerado para a embalagem. Qual deles mais se aproxima da capacidade de 1 litro?

c) Com base nos dados obtidos no item anterior, preencha o seguinte quadro:

Embalagem	Área total	Capacidade
Prisma de base quadrada		
Prisma de base retangular		
Prisma de base triangular		

d) A empresa optou pela embalagem em formato de prisma de base quadrada. Escreva um pequeno texto que justifique a escolha da empresa, argumentando sobre o motivo do descarte das outras opções e o que pode ter levado a empresa a escolher essa embalagem.

Retomar

1 Qual é o instrumento de desenho geométrico que utilizamos para desenhar uma circunferência?

a) Esquadro.
b) Régua.
c) Compasso.
d) Esquadro de 45°.

2 Depois de desenhar um ângulo, Marta utilizou um transferidor e marcou, como no desenho abaixo, os pontos A e B. A seguir, com a ponta seca do compasso no ponto A e no ponto B, ela traçou dois arcos de mesmo raio que se encontraram no ponto P.

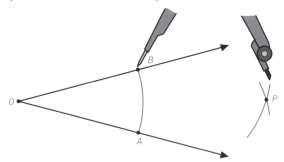

Ligando-se o ponto P ao vértice do ângulo por meio de um segmento, tem-se:

a) mediatriz do ângulo.
b) bissetriz do ângulo.
c) um ângulo de 30°.
d) um ângulo de 15°.

3 Marcos desenhou um segmento AB conforme a figura abaixo. Utilizando um transferidor com ponta seca no ponto A e depois com a ponta seca no ponto B, obteve dois pontos. Em seguida, ele ligou esses dois pontos por um segmento.

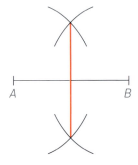

Sobre a construção feita por Marcos, **não** é correto afirmar:

a) as duas retas são perpendiculares.
b) ele obteve a mediatriz do segmento AB.
c) o ponto de encontro dos dois segmentos é o ponto médio de AB.
d) ele obteve a bissetriz do segmento AB.

4 A partir das extremidades dos dois segmentos traçaram-se duas circunferências de mesmo raio. Essas circunferências encontram-se em dois pontos.

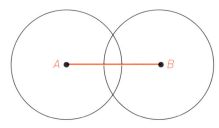

A reta que pode ser traçada ligando-se os dois pontos de interseção dessas circunferências representa:

a) uma reta perpendicular ao segmento AB no ponto médio de AB.
b) uma reta que não é perpendicular ao segmento AB.
c) uma reta que é paralela ao segmento AB.
d) uma reta que representa a bissetriz do segmento AB.

5 Observe os dois quadrados situados à mesma distância do segmento em vermelho.

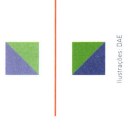

Qual é o tipo de movimento que a figura sugere?

a) Deslocamento na horizontal.
b) Translação.
c) Reflexão em torno do segmento vermelho.
d) Nenhum desses movimentos.

6 Agora os dois quadrados ocupam posições diferentes, e a seta indica um movimento da esquerda para a direita.

Qual é o tipo de movimento que sugere a figura?

a) Rotação.
b) Translação.
c) Reflexão em torno do segmento vermelho.
d) Nenhum desses movimentos.

7 Agora os dois quadrados ocupam posições diferentes, e a seta indica um movimento de baixo para cima. Qual é o tipo de movimento que a figura sugere?

a) Rotação.
b) Translação.
c) Reflexão em torno do segmento vermelho.
d) Nenhum desses movimentos.

8 O triângulo ABC representado abaixo sofreu uma rotação em torno do vértice C sendo que o segmento A'C ficou perpendicular ao segmento AC.

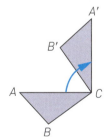

Qual é a medida do ângulo de rotação?

a) 30°
b) 45°
c) 60°
d) 90°

9 O volume correspondente a 1 cm³ equivale a uma capacidade de:

a) 1 L.
b) 1 mL.
c) 0,1 L.
d) 10 mL.

10 O consumo de água na escola em que Lúcia estuda, em alguns meses, é de 65 metros cúbicos. Isso equivale a quantos litros de água?

a) 65 litros
b) 65 000 litros
c) 650 litros
d) 6 500 litros

11 Uma garrafa contém 600 mL de água. Quantas dessas garrafas cheias contêm 3 L de água?

a) 3 garrafas.
b) 4 garrafas.
c) 5 garrafas.
d) 6 garrafas.

12 Uma caixa cúbica de volume interno igual a 1 dm³ tem capacidade de:

a) 10 litros.
b) 1 litro.
c) 0,1 litro.
d) 0,01 litro.

13 O relógio está indicando 14 horas.
O tempo necessário para que o ponteiro dos minutos rotacione 180° em torno do centro do relógio é:

a) 1 hora.
b) 15 minutos.
c) 30 minutos.
d) 45 minutos.

14 Num aquário com as dimensões apresentadas a seguir foi colocada água até a altura de 10 cm, como indicado na figura.

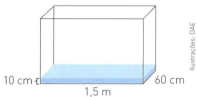

Quanto de água há nesse aquário?

a) 9 litros
b) 0,09 litro
c) 90 litros
d) 900 litros

15 Observe na figura a seguir como será construído um bloco retangular com blocos cúbicos.

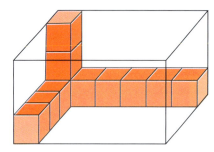

Quantos blocos cúbicos serão necessários para formar completamente esse bloco retangular?
a) 72 blocos
b) 36 blocos
c) 48 blocos
d) 60 blocos

16 Observe os cilindros representados a seguir e indique a afirmação correta.

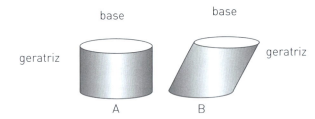

a) No cilindro B, a geratriz é perpendicular à base.
b) No cilindro B, a geratriz é igual à altura do cilindro.
c) No cilindro A, a geratriz não é perpendicular à base.
d) No cilindro A, a altura e a geratriz têm a mesma medida.

17 Para calcular o volume de um cilindro, basta conhecer as seguintes medidas:
a) diâmetro da base.
b) altura do cilindro.
c) área da base do cilindro.
d) o raio da base do cilindro e sua altura.

18 A ilustração indica as medidas de um recipiente em forma de cilindro circular reto.
Qual é a expressão numérica que indica, em centímetros cúbicos, o volume do cilindro?
a) 108π
b) 88π
c) 216π
d) 232π

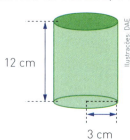

12 cm

3 cm

19 (Obmep) João formou um cubo 5 × 5 × 5 usando cubinhos menores numerados, sendo que cada cubinho recebeu um número diferente dos demais. O cubo foi montado de tal modo que a soma dos números em qualquer bloco de 5 cubinhos alinhados lado a lado fosse sempre a mesma. A soma dos números de todos os cubinhos é 7 875. Qual é a soma dos números dos cubinhos de uma face qualquer do cubo?

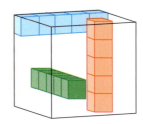

a) 315
b) 1 575
c) 2 875
d) 5 625
e) 7 875

20 (Obmep) Maria desenhou duas circunferências e duas retas, determinando 11 pontos de intersecção, como mostra a figura. Se ela desenhar mais três retas distintas entre si e também das demais, qual será, no total, o maior número possível de pontos de intersecção?

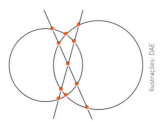

a) 17
b) 24
c) 32
d) 40
e) 54

21 (Obmep) Maria viajou de Quixajuba e Pirajuba, fazendo uma parada quando tinha percorrido exatamente um terço do caminho. O rendimento de seu carro foi de 12 km por litro de combustível antes da parada e de 16 km por litro no restante do trajeto. Qual foi o rendimento do carro na viagem completa?
a) 13,3 km/L
b) 14 km/L
c) 14,4 km/L
d) 14,7 km/L
e) 15 km/L

Ampliar

Geometria dos mosaicos,
de Luiz Márcio Imenes
(Scipione)

Você sabe o que é um mosaico? Nesse livro, você terá a oportunidade de descobrir como se faz um mosaico, além de fazer diversas atividades interessantes a respeito de construções geométricas em malhas quadriculadas. Em alguns momentos curiosos, você irá se deparar com as simetrias de translação, rotação e reflexão.

Gabarito ▪■▫

UNIDADE 1

Capítulo 1

Página 13 – Atividades

1. a) $\dfrac{32}{100}$ **d)** $-\dfrac{5}{2}$ ou $-\dfrac{25}{10}$

b) $-\dfrac{3}{2}$ ou $-\dfrac{15}{10}$ **e)** $\dfrac{2}{100}$ ou $\dfrac{1}{50}$

c) $\dfrac{652}{100}$ ou $\dfrac{163}{25}$ **f)** $\dfrac{91}{10}$

2. a) $-3,5$ **c)** $-8,25$ **e)** $0,007$

b) $1,6$ **d)** $-0,02$ **f)** $-6,25$

3. a) $27,75$ **d)** $0,0125$

b) $28,8$ **e)** $-0,09375$

c) $-14,53125$ **f)** $12,5$

4. a) O maior é aquele que estiver mais à direita na reta.

b) O menor é aquele que estiver mais à esquerda na reta.

5. a) 25; 9; 45; 450; 42 e 24

b) 25; 9; 45; 450; 42; 24; -32 e -13

c) 450

d) -32

e) $-3,2$; $0,9$; $-9,01$; $-4,5$; $\dfrac{5}{3}$; $-\dfrac{7}{2}$; $4,2$; $-8,1$; $-\dfrac{2}{5}$ e $99,1$

6. a) $>$ **c)** $=$ **e)** $>$

b) $<$ **d)** $>$ **f)** $<$

7. a) $0,5$ ou $\dfrac{1}{2}$ **b)** $4,5$ ou $\dfrac{9}{2}$ **c)** $1,5$ ou $\dfrac{3}{2}$

8. R$ 6,25

9. R$ 20,20 positivos.

10. a) $-0,3$ e $-0,2$, respectivamente

b) $0,3$ e $0,2$, respectivamente

11. b) Nem todo número inteiro é natural.

d) Os números naturais são não negativos.

f) Os números inteiros são números racionais.

12. a) Racional inteiro.

b) Racional não inteiro.

c) Racional inteiro.

d) Racional não inteiro.

e) Racional inteiro.

Página 18 – Atividades

1. a) $\dfrac{34}{99}$ **c)** $\dfrac{54}{99}$

b) $-\dfrac{27}{99}$ **d)** $\dfrac{78}{99}$

2. a) $0,2444...$ **e)** $16,666...$

b) $156,25$ **f)** $0,08333...$

c) $0,888...$ **g)** $0,052$

d) $1\,333,333...$ **h)** $0,0008$

Não, devido ao limite quanto ao número de algarismos que pode aparecer no visor, o resultado indica apenas alguns algarismos da dízima.

3. a) $\dfrac{22}{90}$; $\dfrac{80}{90}$; $\dfrac{4\,000}{3}$; $\dfrac{150}{9}$ e $\dfrac{25}{300}$

b) $\dfrac{1\,250}{8}$; $\dfrac{26}{500}$ e $\dfrac{2}{2\,500}$

4. a) $\dfrac{17}{9}$ **b)** $\dfrac{321}{999}$ **c)** $\dfrac{170}{99}$ **d)** $\dfrac{77}{9}$

5. a) $1,989$ **c)** $1,713$

b) $0,326$ **d)** $10,341$

6. Resposta esperada: duas parcelas de R$ 133,33 e uma parcela de R$ 133,34.

7. Resposta pessoal.

8. Não, pois a divisão de R$ 1.500,00 por 9 resulta em uma dízima periódica.

9. $\dfrac{220}{63}$

Capítulo 2

Página 21 - Atividades

1. 16; -8; 4; -2; 1; $-\dfrac{1}{2}$; $\dfrac{1}{4}$; $-\dfrac{1}{8}$ → Os resultados ficam divididos por -2.

2. a) 1 **c)** 256 **e)** 64

b) 0 **d)** -27 **f)** 1

3. a) Positivo. **c)** Positivo.

b) Negativo.

4. a) 8

b) $\dfrac{3}{2}$

c) $\dfrac{1}{100}$

d) 6,25

e) $\dfrac{1}{8} = 0,125$

f) $-0,00032$

Resposta pessoal.

5. a) 3^4

b) $\left(\dfrac{1}{2}\right)^6 = \left(\dfrac{1}{2^6}\right) = 2^{-6}$

c) $(-2)^3$

d) b^{10}

6. a) $=$

b) $<$

c) $>$

d) $=$

e) $<$

f) $>$

g) $>$

h) $>$

7. a) 9   **b)** 0   **c)** 25

8. a) 2^{41} **b)** 3^{26}

9. a) A quantidade total de quadradinhos da ilustração.

b) 55

10. Calcular a área do quadrado.

11. $2^{10} = 2014$

Página 26 – Atividades

1. a) 6^{10}

b) 7^2

c) 3^{-4}

d) 10^{12}

e) 4^2

f) x^3

g) $y^0 = 1$

h) a^{15}

i) k^5

2. 5^3

3. 3^{11}

4. a) 9

b) $2 \cdot 10^{20}$. Sim. Resposta pessoal.

c) 160; 4 860

5. 72,25 m².

6. $1 = 2^0$; $2 = 2^1$; $3 = 2^0 + 2^1$; $4 = 2^2$; $5 = 2^0 + 2^2$; $6 = 2^1 + 2^2$; $7 = 2^0 + 2^1 + 2^2$; $8 = 2^3$;
$9 = 2^0 + 2^3$; $10 = 2^1 + 2^3$; $11 = 2^0 + 2^1 + 2^3$; $12 = 2^2 + 2^3$; $13 = 2^0 + 2^2 + 2^3$; $14 = 2^1 + 2^2 + 2^3$; $15 = 2^0 + 2^1 + 2^2 + 2^3$; $16 = 2^4$

7. Resposta pessoal.

8. Ambas são falsas. Pode-se justificar mostrando o cálculo de cada lado da igualdade.

Página 28 – Atividades

1. a) 6 000

b) 153 000

c) 101 000 000

d) 0,7

e) 0,000001

f) 0,00055

2. a) $1,53 \cdot 10^5$; $1,01 \cdot 10^8$; $1 \cdot 10^{-6}$

b) $1,01 \cdot 10^8$

c) $1 \cdot 10^{-6}$

3. a) D, B, A, C.   **b)** $8 \cdot 10^2$

4. 2 993,78 metros.

5. a) $5 \cdot 10^8$

b) $9 \cdot 10^7$

c) 10^3

d) $3 \cdot 10^2$

6. a) $k = 7$

b) $k = 9$

c) $k = -3$

d) $k = -5$

7. a) $k = 5$ **c)** $k = 3$ **e)** $k = 1$

b) $k = 4$ **d)** $k = 2$

8. Resposta pessoal.

9. $36 \cdot 10^{-4}$ m²

10.

Planeta	Distância do Sol (km)	Distância do Sol em potência de 10 (km)
Mercúrio	57 910 000	$5,791 \cdot 10^7$
Terra	149 600 000	$1,496 \cdot 10^8$
Marte	227 940 000	$2,2794 \cdot 10^8$
Saturno	1 429 400 000	$1,4294 \cdot 10^9$
Urano	2 870 990 000	$2,87099 \cdot 10^9$

Capítulo 3

Página 33 – Atividades

1. a) 0

b) 1

c) 12

d) 0,2

e) 0,5

f) 2,5

g) 2,4

h) 0,3

i) $\dfrac{5}{9}$

j) $\dfrac{1}{5}$

k) $\dfrac{12}{7}$

l) $\dfrac{1}{20}$

2. a) V   **b)** F   **c)** V   **d)** V

3. a) Entre 3 e 4.   **d)** Entre 14 e 15.
  b) Entre 5 e 6.   **e)** Entre 22 e 23.
  c) Entre 6 e 7.

4. a) V   **b)** F   **c)** F   **d)** V

5. a) 81 m^2 **b)** 9 m

Página 35 – Atividades

1. a) $x = 625$
  b) $x = 225$
  c) $x = \dfrac{1}{4}$
  d) $x = 0$

2. a) $k = \dfrac{5}{6}$ **c)** $k = \dfrac{12}{20}$
  b) $k = \dfrac{1}{10}$ **d)** $k = 0{,}2$

3. a) 20   **d)** 35   **g)** 64
  b) 30   **e)** 16   **h)** 45
  c) 32   **f)** 17

4. a) 17 e -17
  b) Somente 17.

5. a) 13 e -13
  b) 0
  c) 9 e -9
  d) $\dfrac{1}{5}$ e $-\dfrac{1}{5}$

6. 9 cm, 7 cm e 5 cm

7. a) 49 e 64   **b)** 7 e 8   **c)** 10

8. 1, 4, 9, 16, 25, 36, 49, 64, 81, 100, 121, 144, 169, 196, 225, 256 e 289

9. a) Sim.   **c)** Não.
  b) Não.   **d)** Sim.

10. a) 2,236
  b) 6,083
  c) 13,601
  d) 30,397

Página 39 – Atividades

1. a) 121   **c)** 27,04 cm^2
  b) 576   **d)** 30 cm

2. a) $x^2 = 81$ **b)** $x = \sqrt{81}$

3. a) $x^3 = 216$
  b) $x = \sqrt[3]{216}$
  c) 6 cm

4. a) 64
  b) 125
  c) 1,728 cm^3
  d) 10 cm

5. a) $50^{\frac{1}{2}}$
  b) $10^{\frac{1}{3}}$
  c) $9^{\frac{1}{3}}$
  d) $122^{\frac{1}{2}}$

6. a) $\sqrt[4]{3^3}$ **c)** $\sqrt[3]{0{,}1^2}$
  b) $\sqrt[3]{8^2}$ **d)** $\sqrt[3]{125}$

7. Resposta pessoal.

8. a) 20   **c)** 13
  b) 2   **d)** 3

Página 40 – Retomar

1. d   **14.** c

2. b   **15. a)** 70

3. c   **b)** $\dfrac{\sqrt{19}}{8}$

4. d   **16.** b, a, e, d, c

5. a   **17. a)** 0,4

6. b   **b)** 1,5

7. a) 10   **c)** 1,3
  b) 225   **d)** 0,7

c) $\dfrac{1}{2}$ **18.** a

d) 625   **19.** c

e) $\dfrac{1}{9}$ **20.** b

f) 27   **21.** c

8. c   **22.** b

9. d   **23.** d

10. b   **24.** b

11. d   **25.** d

12. a   **26.** a

13. d   **27.** d

28. b

UNIDADE 2

Capítulo 4

Página 48 – Atividades

1. Resposta pessoal.

2. a) Três segmentos.
   b) *AB*, *AC* e *BC*.
   c) Sim.
   d) Sim.
   e) O ponto *A*.
   f) Um ponto apenas, o ponto *B*.

3. a) 8 cm
   b) 5 cm
   c) Não é possível determinar o comprimento da reta, pois ela é infinita.

4. 4 cm

5. a) Segmentos de mesmo comprimento.
   b) 5 cm

6. a) O conceito de mediatriz.
   b) Resposta pessoal.
   c) 8 665 m × 8,93 m

7. Os dois quadriláteros têm os quatro lados congruentes, isto é, os quatro lados do quadrado são congruentes e os quatro lados do losango são congruentes.

8. a) 5,15 cm   **c)** 10,3 cm
   b) 10,3 cm

Página 51 - Atividades

1. São congruentes tanto os ângulos com vértices nos pontos *A* e *C* como com vértices nos pontos *B* e *D*.

2. a) 40°, 60° e 40°
   b) 100°
   c) 100°
   d) O ângulo *PÂQ*.

3. a) 30°   **d)** 20°
   b) 20°   **e)** 30°
   c) 40°   **f)** 20°

4. A bissetriz desses ângulos.

5. Os dois ângulos medem 60°.

6. No quadrado os quatro ângulos são congruentes, enquanto no losango isso não ocorre necessariamente.

7. A medida é 60°.

Página 55 – Atividades

1. a) 127°, 53° e 53°
   b) Não, basta considerar que dois ângulos que são opostos pelo vértice têm medidas iguais.

2. a) 25°   **b)** 30°

3. a) $x = 30°$
   b) 90°

4. a) F   **c)** V
   b) F   **d)** V

5. O aluno deve desenhar o retângulo e representar nele os segmentos que indiquem suas diagonais. As duas diagonais formam quatro ângulos, sendo congruentes os opostos pelo vértice.

6. a) $x = 8°$
   b) 48°, 24° e 18°

7. a) 157°   **b)** 23°

Página 57 – Atividades

1. Os ângulos *a* e *e*, *b* e *f*, *c* e *g* e *d* e *h* são congruentes.

2. $a = c = e = g = 30°$; $b = d = f = h = 150°$

3. a) 53°   **b)** 127°   **c)** 53°

4. a) 20°   **d)** 120°
   b) 22°   **e)** 100°
   c) 40°

5. a) $x = 110°$; $y = 110°$; $z = 70°$; $w = 70°$
   b) São iguais.
   c) São iguais.
   d) São suplementares, isto é, somam 180°.
   e) São suplementares, isto é, somam 180°.

6. a) 45°
   b) 60°

Capítulo 5

Página 62 – Atividades

1. 28 cm

2. 12 cm

3. Resposta pessoal.

4. a) 3 cm   c) 36 cm
   b) 18 cm

5. a) Não.   b) Não.   c) Sim.

6. $x = 2$ e $y = 6$

7. a) Resposta pessoal.
   b) Resposta depende do triângulo traçado.

Página 64 – Atividades

1. a) 89°   c) 64°
   b) 27°   d) 89°

2. a) Sim, cada ângulo interno mede 60°.
   b) Não, pois os lados têm medidas diferentes.

3. a) 82°
   b) 48°, 82° e 50°, respectivamente.
   c) 4 cm.

4. a) Sim.
   b) Sim.

5. a) Não.
   b) Há dois pares de triângulos que são congruentes.

Página 66 – Atividades

1. LAL

2. LLL

3. Os dois triângulos são congruentes, conforme o caso LAL, por exemplo.

4. a) 20 cm
   b) Sim, os dois triângulos devem ser congruentes.

5. Os quatro casos são válidos.

6. a) 2,5 cm   d) 90°
   b) 60°   e) 5 cm
   c) 30°

---

7. a) 4,16 cm
   b) 7 cm
   c) 40°
   d) 35°
   e) 105°

8. a) Sim.
   b) LLL

9. LAL

10. a) LAL   b) ALA   c) LLL_0

Capítulo 6

Página 72 – Atividades

1. c) Sim.   d) Sim.

2. a) No paralelogramo, no retângulo, no losango e no quadrado.
   b) No paralelogramo, no retângulo, no losango e no quadrado.

3. c) Sim, conforme propriedade das diagonais de um paralelogramo.

4. No paralelogramo, no retângulo, no losango e no quadrado.

5. c) Sim.
   d) No retângulo e no quadrado.

6. c) Sim.   e) No quadrado.
   d) Sim.

7. b) Sim.

Página 74 - Retomar

1. a) 15°   b) 50°   c) 165°

2. a) 45° e 135°
   b) 55° e 125°
   c) 41° e 139°
   d) 180°
   e) 180°

3. a) 60°
   b) 120°
   c) São ângulos suplementares, isto é, somam 180°.

4. a) 98°   b) 98°

5. 40°

6. $x = 60°$; $2x = 120°$; $y = 120°$

7. Os lados medem 10 cm, 20 cm e 28 cm.

8. c

9. b

10. b

11. c

12. d

13. d

14. b

15. d

16. b

17. d

18. a

19. b

20. a

21. e

22. b

UNIDADE 3

Capítulo 7

Página 81 – Atividades

1. a) Resposta pessoal.

b) $\dfrac{5}{7}$ (caso os alunos tenham aulas de segunda-feira a sexta-feira).

c) $\dfrac{1}{4}$

2. a) Um para dois mil.

b) 2 000 cm de medida real.

3. $\dfrac{1}{4}$

4. $consumo = \dfrac{\text{distância percorrida}}{\text{quantidade de litro de gasolina consumido}}$

$consumo = \dfrac{385 \text{ km}}{35 \text{ L}}$

$consumo = 11 \text{ km/L}$

5. $consumo = \dfrac{\text{total de metros cúbicos}}{\text{número de dias}}$

$consumo = \dfrac{28 \text{ m}^3}{30 \text{ d}}$

$consumo \cong 0,93 \text{ m}^3\text{/d}$

Página 83 – Atividades

1. a) 25   **c)** 12

b) 20   **d)** 90

2. 1 : 100

3. 31,25 metros

4. a) 8 km   **b)** 8 L

5. Resposta pessoal.

6. 105 000 habitantes

7. a) $\dfrac{6}{10} = 0,6$

b) $\dfrac{9}{15} = 0,6$

c) Representa uma ampliação.

8. a) 4

b) Aproximadamente 1,4.

9. a) 1 : 400

b) 80 cm

10. Resposta pessoal.

11. a) Resposta pessoal.

b) Resposta pessoal.

c) Aproximadamente 3,1.

Capítulo 8

Página 88 – Atividades

1. a) 20; 100; 400

b) 20; 40; 80

c) 350; 700; 1050

d) 900; 90; 9

2. a) 80%

b) 62,5%

3. a) 85%

b) 7 500 pessoas

c) 42 500 pessoas

4. a) 9%
   b) 0,15
   c) 25%
   d) 0,23
5. a) R$ 135,00
   b) R$ 3.135,00
6. Resposta pessoal.
7. a) 3,125%
   b) 21,875%
   c) 3,1%
   d) 2%
8. a) R$ 807,50
   b) R$ 901,00; R$ 225,25
9. Resposta pessoal.

Capítulo 9

Página 92 – Atividades

1. a) $\dfrac{L}{P} = 4$
   b) Sim.
   c) Não é diretamente proporcional, por isso não podemos expressar essa proporcionalidade por meio de uma razão.

2. a) Sim.
   b) Situação I: $\dfrac{D}{t} = 80$ ou $\dfrac{t}{D} = \dfrac{1}{80}$
      Situação II: $\dfrac{P}{G} = 4,49$ e $\dfrac{P}{E} = 2,79$
   c)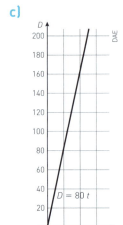

3. a) $\dfrac{y}{x} = -32$ ou $\dfrac{x}{y} = -\dfrac{1}{32}$

4.

Escala	1 : 50	1 : 100	1 : 200
Comprimento no desenho	4 cm	1,8 cm	4,5 cm
Comprimento real	200 cm	180 cm	900 cm
Razão entre R e D	$\dfrac{R}{D} = 50$	$\dfrac{R}{D} = 100$	$\dfrac{R}{D} = 200$

5. e
6. Resposta pessoal.

Página 95 – Atividades

1. a) Inversamente proporcionais.
   b) 5 000
   c) 0,25
   d) Não.

2. $x \cdot y = -5$

3.

Velocidade (y)	80	90	96	100	120
Tempo (x)	9	8	7,5	7,2	6

   a) 720
   b) $x \cdot y = 720$

4. Não.
5. Resposta pessoal.

Página 96 – Retomar

1. b
2. c
3. d
4. a
5. d
6. c
7. a
8. c
9. d
10. a
11. b

12. c

13. b

14. d

15. c

16. b

17. b

18. d

19. c

20. a

21. e

22. d

UNIDADE 4

Capítulo 10

Página 103 – Atividades

1. a) 90,25 cm²

   b) 90 cm

   c) 4

2. a) 623,7 cm²

   b) 6

3. a) Resposta pessoal.

   b) Resposta pessoal.

4. Resposta pessoal.

5. a) Desenho do trapézio conforme medidas solicitadas.

   b) 35 cm²

6. a) A superfície ocupada pelo triângulo equivale à metade da superfície ocupada pelo paralelogramo de mesma base e de mesma altura.

   b) Desenho do triângulo conforme medidas indicadas.

   c) 25 cm²

7. a) Resposta pessoal.

   b) Resposta pessoal.

8. Resposta pessoal.

9. a) 122 m   **b)** 945 m²

10. a) *ABC*, *ABD* e *ABE*.

   b) Resposta pessoal.

   c) Sim.

11. a) 2 ha   **b)** 1.320 reais

12. a) 225 m²

   b) 1 275 m²

   c) A razão entre a área do depósito e a área do terreno: 0,15 = 15%.

13. Respostas pessoais.

Capítulo 11

Página 110 – Atividades

1. a) 4 cm

   b) 4π cm

   c) $\dfrac{4\pi}{6}$ cm $= \dfrac{2\pi}{3}$ cm

   d) $\dfrac{4\pi}{8}$ cm $= \dfrac{\pi}{2}$ cm

2. a) $28\,\pi$ cm

   b) $7\,\pi$ cm

   c) $\dfrac{28\pi}{3}$ cm

3. a) $24\,\pi$ cm   **b)** $4\,\pi$ cm

4. $\dfrac{120}{\pi}$ cm

5. a) Aumenta 2 vezes, pois o novo raio será o triplo do anterior.

   b) Aumenta 1 vez, pois o novo raio será multiplicado por 2.

6. a) 100π m ou, aproximadamente, 314 m

   b) 200 voltas

7. a) 10 cm   **b)** $40\,\pi$ cm

Página 114 – Atividades

1. Respostas pessoais.

2. a) 11,54 cm

   b) 418,16 cm²

3. a) 207,37 cm

   b) 9 645 voltas, aproximadamente.

4. Resposta pessoal.

Página 116 – Atividades

1. $100\,\pi$ cm²

2. a) $\dfrac{4\pi}{3}$ cm²

   b) 2π cm²

   c) 4π cm²

   d) $\dfrac{16\pi}{3}$ cm²

3. a) Por quatro.

   b) A área é multiplicada por 2,25.

4. 7π cm²

5. $\dfrac{64\pi}{5}$ cm²

6. a) 45°

   b) π cm

   c) 2π cm²

7. $(100 - 25\pi)$ cm²

8. a) 16π cm²

   b) 6π cm

   c) 10π cm

9. Aproximadamente R$ 421,94.

10. Resposta pessoal.

Página 120 – Retomar

1. d

2. b

3. c

4. c

5. a

6. d

7. a

8. c

9. d

10. b

11. a

12. d

13. a

14. b

15. c

16. d

17. a

UNIDADE 5

Capítulo 13

Página 127 – Atividades

1. 12 possibilidades

2. a) 7

   b) 5

   c) 12

3. 318 camisetas

4. Resposta pessoal.

Página 130 – Atividades

1. a) 3, 2 e 2, respectivamente

   b) 6

   c) 12

2. a) 10, 12, 14, 16, 18, 30, 32, 34, 36, 38, 50, 52, 54, 56, 58, 70, 72, 74, 76, 78, 90, 92, 94, 96 e 98

   b) Resposta pessoal.

   c) Não.

3. a) 3 possibilidades

   b) 5 possibilidades

   c) 15 maneiras

4. 24 possibilidades

5. Resposta pessoal.

Capítulo 14

Página 132 – Atividades

1. a) Sim.

   b) Cara ou coroa.

   c) Sim.

2. a) 8 resultados

   b) $2 \cdot 2 \cdot 2 = 8$

   c) (K, K, K), (K, K, C), (K, C, K), (K, C, C), (C, K, K), (C, K, C), (C, C, K), (C, C, C)

262

3. a) 4

b) (K, K),(K, C),(C, K) e (C, C)

Página 136 – Atividades

1. a) $\dfrac{1}{5}$ **b)** 1

2. a) Sim.   **b)** $\dfrac{1}{7}$ **c)** $\dfrac{5}{7}$

3. a) $\dfrac{25}{50}$ **c)** $\dfrac{10}{50}$

b) $\dfrac{12}{50}$ **d)** $\dfrac{6}{50}$

4. Resposta pessoal.

5. a) $\dfrac{12}{20}$

b) $\dfrac{6}{20}$

c) $\dfrac{2}{20}$

6. a) $\dfrac{11}{19}$ **c)** $\dfrac{12}{19}$

b) $\dfrac{12}{19}$

7. $\dfrac{1}{11}$

8. $\dfrac{1}{26}$

9. a) $\dfrac{1}{24}$ **b)** $\dfrac{1}{21}$

Capítulo 15

Página 139 – Atividades

1. Respostas pessoais.

2. a) 100%   **b)** 0%

3. a) 0%

b) 100%

c) Os dois naipes têm a mesma probabilidade de ocorrência.

4. a) Resposta pessoal.

b) Resposta pessoal.

5. a) $\dfrac{2}{20}$

b) $\dfrac{4}{20}$

c) $\dfrac{0}{20} = 0$

d) $\dfrac{20}{20} = 1$

Página 141 – Atividades

1. a) 50%

b) 50%

c) São complementares.

2. a) 10%

b) 90%

c) Sim.

3. Resposta pessoal.

4. a) $\dfrac{4}{52}$

b) $\dfrac{2}{52}$

c) $\dfrac{1}{52}$

d) Resposta pessoal.

e) Resposta pessoal.

5. a) $\dfrac{7}{28}$

b) $\dfrac{21}{28}$

Página 142 – Retomar

1. b   **10.** b

2. d   **11.** c

3. b   **12.** b

4. c   **13.** d

5. b   **14.** c

6. c   **15.** c

7. a   **16.** a

8. a) 1 024   **17.** b

b) 768   **18.** b

9. a) 1 000

b) $\dfrac{1}{1\,000}$

UNIDADE 6

Capítulo 16

Página 152 – Atividades

1. a) Os 150 alunos matriculados.

b) Amostragem casual simples (ou aleatória simples) e a amostra é composta de 30 alunos sorteados (20% da população).

2. a) 12 elementos

b) 33,33%, aproximadamente

c) Sugere uma amostragem sistemática.

3. a) Pesquisa 1 e pesquisa 3.

b) Pesquisa 2 e pesquisa 4.

4. a) Pesquisa 1.   **b)** Pesquisa 3.

5.

Amostra (15%)
801
969
535
448
2 753

6. a) Resposta pessoal.   **b)** Resposta pessoal.

7. a) 18 laranjas, 15 mexericas e 14 carambolas.

b) Resposta pessoal.

8. Primeira situação: c.   Terceira situação: b.
Segunda situação: a.

Capítulo 17

Pagina 160 – Atividades

1. a) Sim, pois 65% dos pesquisados estão satisfeitos.

b) 150 consumidores.

2. a) Inverno: amplitude 15 °C; primavera: amplitude 10 °C; outono: amplitude 5 °C; verão: amplitude 15 °C.

b) 32,5 °C

c) Porque as temperaturas mínimas foram diferentes.

3. Resposta pessoal.

Capítulo 18

Página 164 - Atividades

1. 166.000 reais

2. Média: 7,9; mediana: 7,8; moda: 7,2.

3. Salário médio: R$ 3.920,00; salário mediano: R$ 3.000,00; salário modal: R$ 2.400,00.

4. a) Média: 40,1 (aproximado); mediana: 40; moda: 36.

b) Sugestão de resposta:

Idade	Frequência
23 ⊢ 29	2
29 ⊢ 35	1
35 ⊢ 41	7
41 ⊢ 47	4
47 ⊢ 53	5
Total	19

c) A nova média é 39,82 (aproximadamente). A moda não mudou. A nova mediana é 39,5.

5. 17 anos. Resposta pessoal.

6. a) 50   **b)** 50   **c)** 50

7. a) 11,3   **b)** 11 anos   **c)** 11 anos

Página 168 – Atividades

1. a) Em média, 350 livros por ano.

b) 500 livros

2. Resposta pessoal.

3. O medicamento E.

4. a) Média $\cong$ 1,33; moda = 1.

b) Não.   **c)** Sim.

5. Não. Essa média está "mascarando" o fato de que a maioria dos alunos está com nota 9. A moda, nesse caso, representa melhor o grupo de notas da turma.

6. Resposta pessoal.

Página 170 – Retomar

1. a) Média: 58; moda: 56; mediana: 58.

b) Resposta pessoal.

2. c

3. a

4. b

5. a

6. b

7. b

8. a) Não.

   b) Trabalho.

   c) 23,6%

9. b

10. b

11. c

12. b

13. e

14. d

UNIDADE 7

Capítulo 19

Página 179 – Atividades

1. a) $3x + 300 = 660$ **b)** $x = \dfrac{360}{3}$; 120 g

2. a) $x + (x + 1) + (x + 2) = 102$

   b) 33, 34 e 35

3. 23, 25 e 27

4. a) $3x + 400 = 1\,000$

   b) 200 g

5. a) $7 \cdot C = 18 + 2 \cdot A$

   b) 5 kg

6. $x = 2$

7. a) $x = 30$ **f)** $x = 1$

   b) $x = 1$

   c) $x = \dfrac{21}{2}$ **g)** $x = \dfrac{1}{6}$

   d) $x = -2$ **h)** $x = \dfrac{3}{10}$

   e) $x = -13$ **i)** $x = -3$

8. a) F   **b)** V   **c)** V   **d)** F

9. 10 km

10. R$ 30,00

11. a) $R = 2\,300 + 0,02x$

   b) R$ 95.000,00

12. Resposta pessoal.

Página 182 – Atividades

1. a) $x^2 + 2x$ **e)** $n(n + 1)$

   b) $y + 2x$ **f)** $x^2 - 5x$

   c) $(x + y)^2$ **g)** $x^2 - y^2$

   d) $(x - y)^2$ **h)** $x^2 - \dfrac{x}{2}$

2. a) 10   **c)** -2 **e)** 19

   b) 3   **d)** -5 **f)** 43

3. a) $16x + 8$ **c)** 64   **e)** $x = 5$

   b) 48   **d)** 80

4. a) $7x + 5$ **b)** $24y + 16$ **c)** $12z - 3$

5.

x	y	$x^2 + y^2$	$(x + y)^2$
4	5	41	81
-2	7	53	25
10	5	125	225
0,3	1,4	2,05	2,89
1,8	-2	7,24	0,04
-3	-6	45	81
9	10	181	361

6.

x	y	$(x - y)^2$	$x^2 - 2xy + y^2$
-4	-5	81	81
-2	-7	81	81
10	-5	25	25
0,3	1,4	2,89	2,89
1,8	-2	0,04	0,04
-3	-6	81	81
9	-10	1	1

Sim.

7.

x	y	$(x + y)^2$	$x^2 + 2xy + y^2$
14	5	81	81
12	7	25	25
10	-5	225	225
5,4	1,4	16	16
3,8	-2	33,64	33,64
4	-2	36	36
29	10	361	361

Sim.

8. São equivalentes.

Página 185 – Atividades

1. 63x

2. a) 5x c) 52x²
   b) 2m d) 6y

3. a) 9m − 9x + 4   e) 4xy + 40x − 36y
   b) 2y + 8p − 10x f) 4x² + 56x + 6y²
   c) 27m² − 23x²   g) 51x − 6y
   d) 18t³ + 11   h) 16ab − 16a + 10

4. a) 24x + 12   b) 34x + 10

5. a) 12x + 28
   b) 84x
   c) 64 unidades de comprimento
   d) 252 unidades de área

6. a) 4x + 5   d) 15x + 4
   b) 10x − 13   e) x − 19
   c) 3x + 24   f) 25x − 9

7. 20ac + 20bc + 20ab

8. a) Resposta possível: 65x + 53y, em que x representa a quantidade de centos de doces e y representa a quantidade de centos de salgadinhos.
   b) R$ 537,00. Não há dados suficientes para responder.

9. Resposta pessoal.

Página 189 – Atividades

1. a)

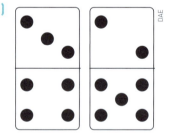

   b) As quantidades dos pontinhos vão diminuindo de 1 em 1 da parte de cima de cada peça (da esquerda para a direita) e aumentando de 1 em 1 na parte de baixo das peças.

2. a)
| Quantidade | 3 | 5 | 7 | 9 | 11 | 13 |

   b) A cada figura, depois da primeira, a quantidade de bolinhas vai aumentando de 2 em 2, mantendo o padrão de disposição das bolinhas.
   c) 41 bolinhas
   d) 199 bolinhas

3. a)
| Número de quadradinhos | 2 | 6 | 12 | 20 | 30 | 42 |

   b) A partir da figura 1, cada figura seguinte tem 1 coluna e 1 linha a mais que a figura anterior.
   c) n + 1; n(n + 1)

4. Resposta pessoal.

5. a) (1, 3, 6, 10, 15)
   b) 21
   c) 28
   d) De uma figura para outra, os quadradinhos aumentam, respectivamente: 2, 3, 4 e 5.

6. a) 55   b) A 11ª figura.

7. 1, 1, 4, 10, 28, 76, 208, 568, 1 552, 4 240

Capítulo 20

Página 194 – Atividades

1. a) $x = 5; y = 10$
   b) $x = 4; y = 2$
   c) $x = -1; y = -1$
   d) $x = \frac{1}{4}; y = \frac{3}{4}$
   e) $x = -3; y = 0$
   f) $x = 58; y = -22$

2. a) $x = -4; y = -2$
   b) $x = -\frac{15}{2}; y = 9$
   c) $x = -9; y = 1$
   d) $x = -5; y = -20$
   e) $x = 4; y = 1$
   f) $x = 6; y = 5$

3. Maçã: 280 g; pera: 160 g.

4. Lápis: R$ 3,50; borracha: R$ 2,00.

5. 32 vacas e 40 cavalos

6. 4 carros e 10 motos

7. 87 moedas de 5 centavos e 33 moedas de 25 centavos.

8. 9 cédulas de R$ 100,00 e 31 cédulas de R$ 20,00

9. Resposta pessoal.

10. 20 mil sócios

Página 197 – Atividades

1.

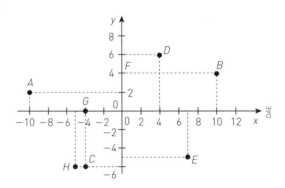

2. a) A mesma ordenada 4.

   b) Sim.

3. Resposta pessoal.

4. Resposta pessoal.

5. Resposta pessoal.

6.

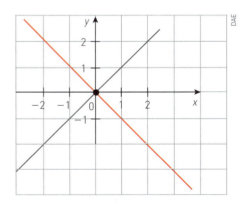

As retas se encontram no ponto correspondente à origem do sistema de coordenadas cartesianas, isto é, quando $x = 0$ e $y = 0$.

Página 201 – Atividades

1. a) Para $x = 1$ e $y = 4$.

   b) Apenas um.

   c) (1, 4)

2. a)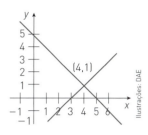

   b)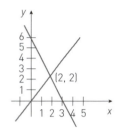

   c)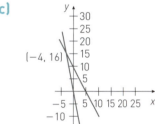

   d)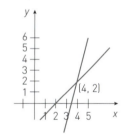

   e)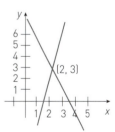

   f)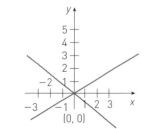

3. a) Nenhum.
   b) Nenhuma solução.
   c) O sistema é impossível.

4. a) Infinitos pontos.
   b) Infinitas soluções.
   c) O sistema é possível e indeterminado.

5. a) Sistema possível e determinado.
   b) Sistema possível e determinado.
   c) Sistema impossível.
   d) Sistema possível e determinado.

6. a) Sistema possível e determinado.
   b) Sistema possível e indeterminado.
   c) Sistema impossível.

7. a) Nenhum.
   b) Nenhuma solução.
   c) O sistema é impossível.

8. a) Infinitos pontos.
   b) Infinitas soluções.
   c) O sistema é possível e indeterminado.

9. a) $x = 3$ e $y = 0$
   b) $(3, 0)$
   c) $(0, 3)$
   d) $(0, -3)$

10. 9

11. I –

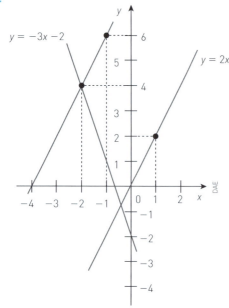

II – a) $\begin{cases} y = 2x + 8 \\ y = 2x \end{cases}$

b) $\begin{cases} y = 2x \\ 2y = 4x \end{cases}$

c) $\begin{cases} y = 2x + 8 \\ y = -3x - 2 \end{cases}$

III – Resposta pessoal.

Capítulo 21
Página 206 – Atividades

1. a) 3 e -3
   b) 10 e -10
   c) 20 e -20
   d) 25 e -25

2. a) 7 cm
   b) 0,7 cm
   c) 1,2 m
   d) 0,1 m

3. a) $x = \dfrac{4}{3}$ ou $x = -\dfrac{4}{3}$
   b) $x = 0{,}2$ ou $x = -0{,}2$
   c) $x = \dfrac{12}{7}$ ou $x = -\dfrac{12}{7}$
   d) $x = 0{,}3$ ou $x = -0{,}3$

4. 6 cm

5. Resposta pessoal.

6. I. $2x^2 = 128$; $x = 8$ ou $x = -8$
   II. $x^2 + 22 = 23$; $x = 1$ ou $x = -1$
   III. $x^2 = 4 \cdot 9$; $x = 6$ ou $x = -6$

7. Respostas pessoais.

8. a) $x^2 + 2x^2 + 3x^2 = 600$
   b) Mede 10 cm.
   c) 20 cm e 30 cm

9. a) Não.
   b) Sim, o número 4.
   c) Não.

Página 210 – Retomar

1. c
2. a
3. c
4. b
5. d
6. 30 anos
7. $-\dfrac{20}{7}$
8. 19 cm; 27 cm
9. $x = 12$
10. O mais moço recebe R$ 100,00, o do meio recebe R$ 200,00 e o mais velho recebe R$ 400,00.
11. 50 litros
12. 9
13. a
14. c
15. d
16. b
17. c
18. b
19. c
20. d
21. a
22. d
23. c
24. b
25. b
26. b
27. a) $-\dfrac{10}{3}$ b) -55
28. a) $16x$
    b) $16x^2 - 9$
29. a) 32
    b) 160
    c) 55
    d) 1 591

30. a) do ponto P_6 (2, −1) deslocam-se 3 unidades para cima para obter o ponto P_7 (2, 2);

do ponto P_7 (2, 2) deslocam-se 4 unidades para a esquerda para obter o ponto P_8 (−2, 2);

do ponto P_8 (−2, 2) deslocam-se 4 unidades para baixo para obter o ponto P_9 (−2, −2);

do ponto P_9 (−2, −2) deslocam-se 5 unidades para a direita para obter o ponto P_{10} (3, −2);

do ponto P_{10} (3, −2) deslocam-se 5 unidades para cima para obter o ponto P_{11} (3, 3).

b) As coordenadas x e y de cada um dos pontos são iguais.

c) P_{12} (−3, 3), P_{13} (−3, −3), P_{14} (4, −3) e P_{15} (4, 4).

UNIDADE 8

Capítulo 22

Página 218 – Atividades

1.

1.

2.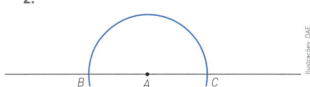

3.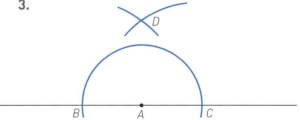

4.

2. Resposta pessoal.

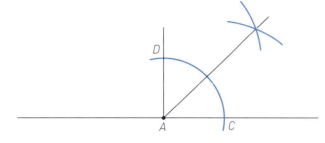

3.
1.
_____
A

2.

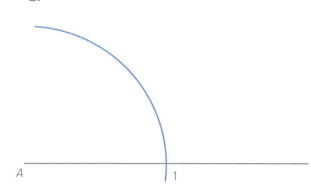

3.

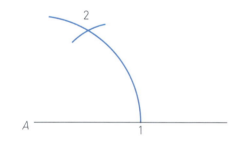

4.

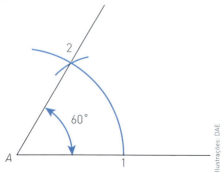

4. a) Resposta pessoal.
   b)

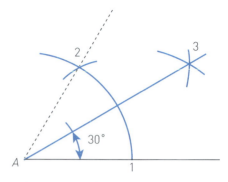

5. Respostas pessoais.
6. Resposta pessoal.

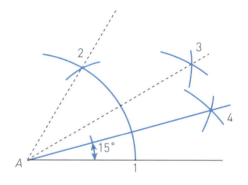

7. a) Opção 2: Resposta pessoal.
   b) Resposta pessoal.
8. Resposta pessoal.

Página 227 – Atividades

1. Resposta pessoal.   4. Resposta pessoal.
2. Resposta pessoal.   5. Resposta pessoal.
3. Resposta pessoal.   6. Resposta pessoal.

Capítulo 23

Página 234 - Atividades

1. a) O ponteiro dos minutos girou 360° no sentido horário ou podemos dizer que o ponteiro dos minutos rotacionou 360° em torno do centro do relógio.
   b) O ponteiro das horas girou 30° em torno do centro do relógio no sentido horário ou podemos dizer que o ponteiro das horas rotacionou 30° em torno do centro do relógio.

2. a) $A(5, 4)$; $B(-5, 4)$; $C(-5, -4)$; $D(5, -4)$

  b) O ponto D.

  c) O ponto D.

  d) O ponto A.

  e) Sim.

  f) Sim.

3. a) O quadrado azul ficará sobreposto ao quadrado vermelho.

  b) Ficará sobreposto a ele mesmo.

4. Resposta pessoal.

5. Resposta pessoal.

6. a) 1ª opção

  b) 2ª opção

7. A rotação necessária é de 90° em torno do centro.

Capítulo 24

Página 239 – Atividades

1. 1 cm³

2. 350 cm³

3. a) 1 m   **b)** 1 m³

4. a) Resposta pessoal.   **b)** Não.

5. a) 3 500 L   **d)** 7,8 L

  b) 45 000 L   **e)** 100 L

  c) 22 L   **f)** 430 L

6. Consumo médio diário = 833,33 L/d.

7. Resposta pessoal.

8. Resposta pessoal.

Página 241 – Atividades

1. a) Volume = 43,2 m³.

  b) 43 200 L

2. a) 36 blocos menores

  b) 1 440 cm³

  c) 51 840 cm³

3. a) Comprimento: 72 cm; largura: 30 cm; altura: 24 cm.

  b) 51 840 cm³

4. a) 360 m³   **b)** 360 000 L

5. Resposta pessoal.

6. O volume aproximado é 2 806,65 cm³.

7. Resposta pessoal.

Página 245 – Atividades

1. Resposta pessoal.

2. Respostas pessoais.

3. Resposta pessoal.

4.

Cilindro	Área da base	Altura	Volume
A	12,56 cm²	2 cm	25,12 cm³
B	12,56 cm²	3 cm	37,68 cm³
C	12,56 cm²	4 cm	50,24 cm³

5.

Cilindro	Área da base	Altura	Volume
A	3,14 cm²	2 cm	6,28 cm³
B	7,065 cm²	2 cm	14,13 cm³
C	12,56 cm²	2 cm	25,12 cm³

6. a) 9,8125 cm³

  b) 88,3125 cm³

7. a) Comprimento: 36 cm; Largura: 36 cm; Altura: 15 cm.

  b) 19 440 cm³

  c) 15 260,4 cm³

8. Resposta pessoal.

9. 2 636 cm³

Página 250 – Retomar

1. c   **7.** a   **13.** c   **19.** b

2. b   **8.** d   **14.** c   **20.** c

3. d   **9.** b   **15.** a   **21.** c

4. a   **10.** b   **16.** d

5. c   **11.** c   **17.** d

6. b   **12.** b   **18.** a

Referências

ABDOUNUR, Oscar João. *Matemática e música*: o pensamento analógico na construção de significados. São Paulo: Escrituras Editora, 1999. (Coleção Ensaios Transversais).

ALBRECHT, J. *Resolução de problemas matemáticos*: uma abordagem metodológica da proposta educação para o pensar. São Paulo: Editora Clube dos Autores, s/d.

ALMOULOUD, S. A.; SILVA, M. J. F. da. Engenharia Didática: evolução e diversidade. *Revemat – Revista Eletrônica de Educação Matemática*, Florianópolis: ISSN, 1981-1322, v. 7, n. 2, p. 22-52, 2012.

BARBOSA, João Lucas Marques. *Geometria euclidiana plana*, 1995. (Coleção do Professor de Matemática, SBM).

BAYÓN, M. I. V.; SALDAÑA, M. A. H.; FERNÁNDEZ, J. R.; FERNANDÉZ, M. M. *Projeto de inteligência Harvard*: resolução de problemas. Madrid: Ciencias de la Educación Preescolar y Especial [CEPE], s.d.

BIANCHINI, Edwaldo; PACCOLA, Herval. *Sistemas de numeração ao longo da história*. São Paulo: Moderna, 1997. p. 8-9.

BOYER, Carl B. *História da Matemática*. São Paulo: Edgard Blücher, 1974.

BROLEZZI, A. C. *Criatividade e resolução de problemas*. São Paulo: Editora Livraria da Física, 2013.

CÂNDIDO, Suzana Laino. *Formas num mundo de formas*. São Paulo: Moderna, 1997. p. 15-18.

COVER, Front; MILIES, Francisco C. P.; COLEHO, Sonia P. *Números*: uma introdução à Matemática. São Paulo: Edusp, 2001.

CURY, Helena Noronha; VIANA, Carlos Roberto (Org.). *Formação do professor de Matemática*: reflexões e propostas. Santa Cruz do Sul: Editora IPR, 2012.

DANTZIG, Tobias. *Número*: a linguagem da ciência. Trad. Sergio Goes de Paula. Rio de Janeiro: Zahar Editores, 1970.

DAVIS, Harold T. *Computação*: tópicos de história da Matemática para uso em sala de aula. Trad. Hygino H. Domingues. São Paulo: Atual, 1992.

EVES, Howard. *Introdução à história da Matemática*. Campinas: Unicamp, 1997.

_____. *Geometria*: tópicos de história da Matemática para uso em sala de aula. Trad. Hygino H. Domingues. São Paulo: Atual, 1992.

GARBI, Gilberto G. *O romance das equações algébricas*. São Paulo: Editora Livraria da Física, 2010.

GUELLI, Oscar. *Equação*: o idioma da álgebra. 5. ed. São Paulo: Ática, 1995. (Coleção Contando a História da Matemática).

GUNDLACH, Bernard H. *Números e numerais*: tópicos de história da Matemática para uso em sala de aula. Trad. Hygino H. Domingues. São Paulo: Atual, 1992.

HOGBEN, Lancelot. *Maravilhas da Matemática*: influência e função da Matemática nos conhecimentos humanos. Trad. Paulo Moreira da Silva, Roberto Bins e Henrique Carlos Pfeifer. 2. ed. Rio de Janeiro: Globo, 1956.

KARLSON, Paul. *A magia dos números*: a Matemática ao alcance de todos. Trad. Henrique Carlos Pfeifer, Eugênio Brito e Frederico Porta. Rio de Janeiro: Globo, 1961.

MACHADO, Nilson José. *Medindo comprimentos*. São Paulo: Scipione, 1995. p. 28-31. (Coleção Vivendo a Matemática).

MLODINOW, Leonard. *O andar do bêbado*: como o acaso determina nossa vida. Rio de Janeiro: Zahar, 2009.

OLIVEIRA, Ana Teresa de C. C. de. Reflexões sobre a aprendizagem da álgebra. *SBEM – Sociedade Brasileira de Educação Matemática – Educação Matemática em Revista*, ano 9, n. 12, p. 35-39, jul. 2002.

PETITTO, S. *Projetos de trabalho em informática*: desenvolvendo competências. Campinas: Papirus, 2003.

POLYA, George. *A arte de resolver problemas*. Rio de Janeiro: Interciência, 1978.

ROQUE, Tatiana. *História da Matemática*. Rio de Janeiro: Zahar, 2012.

SILVA, C. M. S. *Explorando as operações aritméticas com recurso da história da Matemática*. Brasília: Plano Editora, 2003.

SOUZA, Júlio César de Mello. *Matemática divertida e curiosa*. 10. ed. Rio de Janeiro: Record, 1998.

STEWART, Ian. *Almanaque das curiosidades matemáticas*. Rio de Janeiro: Zahar, 2010.

_____. *Incríveis passatempos matemáticos*. Trad. Diego Alfaro. Rio de Janeiro: Zahar, 2010.

TARDIF, Maurice. *Saberes docentes e formação profissional*. 17. ed. Petrópolis: Vozes, 2014.